U0452948

壹卷
YE BOOK

让思想流动起来

"经典与解释"论丛

刘小枫 主编

尤利安与晚期罗马帝国

马勇 著

四川人民出版社

目录

§ 导　论 / 001

1　尤利安的历史形象嬗变 / 001
2　问题与视野 / 013

§ 第一章　尤利安与君士坦丁王朝 / 031

1　君士坦丁时代 / 032
2　尤利安的童年和少年 / 049
3　哲学青年 / 069
4　抉择 / 088

§ 第二章　尤利安与帝国的蛮族危机 / 105

1　高卢的地缘特征和蛮族问题 / 106
2　征伐野蛮人 / 115
3　"尤利安是奥古斯都" / 135

§ 第三章　尤利安与理想君王 / 167

1　尤利安与哲人王传统 / 169
2　尤利安的理想君王 / 183
3　尤利安的王政观 / 201
4　哲学与政治的纠缠 / 217

§ 第四章　尤利安与罗马帝国的文明内战 / 223

1　罗马帝国的文明问题 / 225
2　新柏拉图主义与罗马帝国的文明危机 / 237
3　尤利安的师承 / 256
4　尤利安的新柏拉图主义 / 270
5　尤利安对基督教的批判 / 301
6　尤利安的异教教会 / 329

§ **第五章　罗马与波斯** / 343

1　罗马帝国亚洲疆域的地缘特征 / 345
2　罗马与波斯的战争史 / 353
3　远征波斯 / 360

§ **结　语** / 407

§ **参考文献** / 417

（一）中文文献 / 417
（二）外文文献 / 419

§ **尤利安年表** / 423

§ **后　记** / 427

导 论

1 尤利安的历史形象嬗变

公元330年（东晋晋成帝咸和五年）年初，罗马帝国的新首都君士坦丁堡建造完工，5月11日，**君士坦丁大帝**（Constantine the Great，272—337年）举行盛大的新都落成典礼。这堪称罗马帝国的关键时刻。君士坦丁大帝将新首都命名为"新罗马"，就昭示着这一事件的全部政治历史意义：新罗马帝国或者说第二罗马帝国诞生。其时，君士坦丁治下的帝国一扫3世纪的混乱无序，绵延近5个世纪的帝国重新恢复活力，显出万象更新之势，仿佛一切都在告诉世人，君士坦丁重建的帝国将再造往日的辉煌。

君士坦丁堡落成典礼一年后的331年5月，**尤利安**

（Flavius Claudius Julianus Augustus）在新首都出生，他是这座新的永恒之城诞生的第一位皇帝。尤利安是君士坦丁大帝的侄子，其父是君士坦丁大帝同父异母的弟弟**尤利乌斯·君士坦提乌斯**（Julius Constantius）。

337年5月22日，君士坦丁大帝驾崩，帝国分成三个部分，由他的三个儿子继承：**君士坦丁二世**（Constantine II，316—340年）治理高卢、伊比利亚半岛和大不列颠岛；**君士坦提乌斯二世**（Constantius II，317—361年）治理帝国东部；**君士坦斯一世**（Constans I，323—350年）治理意大利和北非。君士坦丁大帝统一的帝国再度分为三部分，埋下内战的隐患。同年，三兄弟合谋杀害君士坦丁家族的几乎所有成年男性，以根除家族内部对帝位的觊觎，其中包括尤利安的父亲。尤利安与同父异母的哥哥伽卢斯（Constantius Gallus，325—354年）尽管因年幼得以幸免，但仍被堂兄们软禁。

340年，帝国内战再起，长兄君士坦丁二世与弟弟君士坦斯一世争夺帝国西部的统治权，君士坦丁二世在内战中被杀，帝国西部的最高统治权归于君士坦斯一世。350年，**玛格嫩提乌斯**（Magnentius）在高卢谋反，君士坦斯一世被部下谋杀。控制帝国东部的君士坦提乌斯二世发兵平叛。君士坦提乌斯二世挥师西进时，任命尤利安的哥哥伽卢斯为副帝，加恺撒称号，负责治理帝国东部。

351年,君士坦提乌斯二世通过引日耳曼蛮族进入高卢侵袭玛格嫩提乌斯后方,取得内战胜利,重新统一帝国。在此期间,尤利安一直被软禁。三年后,伽卢斯涉嫌谋反,被君士坦提乌斯二世处死。鉴于伽卢斯与尤利安的关系,君士坦提乌斯二世怀疑尤利安也参与了兄长的谋反,将其召到米兰,意图将其处死,永绝后患。幸亏有皇后欧西比娅(Flavia Aurelia Eusebia)护佑和求情,尤利安躲过一劫,获准前往他心仪的智慧之城雅典游学。尤利安存世的演说词有一篇《欧西比娅皇后颂》献给这位天使般的皇后,饱含深情地感激后者对他的护佑。

君士坦提乌斯二世平息玛格嫩提乌斯的叛乱后,一直致力于剿灭被他引入高卢境内的日耳曼蛮族,但收效甚微,到355年,高卢已陷入全面混乱,日耳曼蛮族近乎占领整个高卢。是年秋,萨珊波斯帝国的沙普尔二世(Shapur II,309—379年在位)再起兵锋,威胁罗马帝国东部边境。鉴于帝国面临东西两个方向的战争,君士坦提乌斯二世于这年11月将尤利安召到米兰。11月7日,君士坦提乌斯二世在米兰任命尤利安为副帝,加恺撒称号,命他前往高卢清剿蛮族。

355年12月1日,尤利安在300名护卫队和少数友人的陪同下,由米兰出发前往高卢。实际上,尤利安尽管高居副帝之位,却不拥有治理高卢的实际权力。君士坦提乌斯二世的如意算盘是,用一位皇室成员镇守西部,真正掌握政治军事权力的是君士坦提乌斯二世的心腹。与时人的预料相反,尤利安在恺撒任上,展现出优秀的政治军事才能。进入高卢后,尤利安才着手组建自己的权力核心,并逐步掌握高卢的政治军事大权,这对于一个年仅24岁、此前从未有任何政治经验的年轻人来说,着实不易。尤利安展现出自己拥有治理帝国的卓越政治军事才能。

357年秋,尤利安率大军在斯特拉斯堡战役中以少胜多,大败日耳曼族的阿拉曼尼人。在这场战役中,尤利安指挥有方、勇猛有加,宛如亚历山大大帝再生。实际上,亚历山大大帝也是尤利安的两位帝王偶像之一,另一位是马可·奥勒留(121—180年)。经过三年的剿匪战争和对高卢的治理,尤利安荡清莱茵河以西的日耳曼蛮族,深入莱茵河以东的日耳曼部族腹地,重建图拉真时代的北部边境,同时恢复了高卢境内的秩序。尤利安的政治军事声望和实力也水涨船高,成为高卢人民和各军团的救星和偶像。依照君士坦提乌斯二世的政治安排,身为恺撒的尤利安显然是未来的帝位继承者。从君士坦丁王朝角度来看,这一政治安排可谓完美,一来因为君士坦提乌斯二世没有男性子嗣，二来因为尤利安已证明他能够成为一个合格的皇帝。但是，君士坦提乌斯二世认为，尤利安的声望日甚一日，已经对自己的权力构成重大威胁：尤利安已有举兵叛乱、称霸一方的实力。最重要的是，君士坦提乌斯二世此时刚四十岁出头，距离和平交接权力为时尚远。

359年冬，萨珊波斯国王沙普尔二世攻陷底格里斯河西岸的军事重镇阿米达（Amida），君士坦提乌斯二世以此为借口，命令尤利安派高卢的军团增援东方，意图削弱尤利安的军事实力。高卢士兵不愿远征帝国东部，随即于360年2月在今巴黎拥立尤利安为皇帝，加奥古斯都称号。君士坦提乌斯二世匆匆结束与波斯的战争，一边调集兵力准备西进，一边以外交手段稳住尤利安。尤利安请求高卢地区自治，获准他保留奥古斯都的称号，但仍低于君士坦提乌斯二世的权威。君士坦提乌斯二世拒绝这一要求，内战即将再次降临。

361年春，谈判破裂，尤利安率大军朝君士坦丁堡挺进，内战爆发。然而，这一年11月3日，君士坦提乌斯二世病逝于军中，临终前指定尤利安继承帝位。12月11日，尤利安进入君士坦丁堡，即位为罗马帝国皇帝。这一年，尤利安30岁。

尤利安的父母皆是基督徒，因此从小接受基督教教育,还在教会担任过低级职务。但是,尤利安一登上帝位,立即发动复兴古典希腊罗马传统的文明-宗教运动。362年2月4日,尤利安发布宗教宽容敕令,宣布所有宗教以及各教派皆合法,可在帝国境内自由传播。这一敕令堪称绝妙,因为赋予基督教内部各教派以合法性,势必导致基督教激烈内讧。同年6月17日,尤利安发布著名的教育法令,禁止基督徒担任公共学校的教师,从而将基督徒逐出了教育领域。同时,尤利安积极复兴异教,包括重建各地神庙、恢复献祭活动、重振异教的宗教体制等。经过几次大迫害,基督教不仅没有被削弱,反而愈发强势。

312年,君士坦丁大帝发布米兰敕令,基督教取得合法地位。君士坦提乌斯二世已是基督徒皇帝。随着帝国皇帝皈依基督教,基督教的地位愈发稳固,而绵延几个世纪的希腊罗马传统逐渐式微。尤利安发起文明-宗教复兴运动,意在复兴罗马帝国自身的古代传统,阻止帝国变成一个基督教帝国。由此来看,尤利安被称作"背教者(Apostate)"和敌基督者,一点也不冤枉。

尤利安天性热爱哲学,他在《赫利俄斯王颂》(*Hymn to King Helios*)中说,他从小就对星空充满好奇,小小年纪就被人们视作天文学家(130c-d);在《憎恶胡子的人》中说,他从童年开始就阅读柏拉图、亚里士多德和忒奥弗拉图斯等人的著作(353b)。尤利安发起文明-宗教复兴运动绝非凭一己之力,当时异教的好些著名智识人都牵涉其中。在这些智识人眼中,尤利安不仅是希腊罗马传统中的理想君王在世,更是这一文明传统的承载者。因此,尤利安发起的文明-宗教复兴运动堪称罗马帝国史上第一次也是最后一次真正的"文明内战"。从后世来看,这次文明内战是基督教文明与古典希腊罗马文明的决战,因而具有世界历史意义。

尤利安在发动"文明内战"的同时,意图效仿亚历山大大帝,彻底解决萨珊波斯帝国的威胁。362年6月中旬,尤利安从君士坦丁堡出发,7月底抵达叙利亚的安提阿(Antioch),为远征萨珊波斯做准备。经过8个月的准备,363年3月5日,尤利安率领9万大军离开安提阿,开始远征波斯。

5月中旬,罗马大军连战连捷,抵达萨珊波斯首都泰西封(Cteisphon)城下。久攻泰西封不下,此时补给已经告急,尤利安决定率大军沿着底格里斯河东岸向北运动,逐步后撤。在撤退的路上,罗马大军不断遭到萨珊波斯小股部队的袭击。6月26日,在萨马拉(Samarra,今伊拉克北部)附近的一次小规模遭遇战中,尤利安被一支标枪击中,伤势极为严重。当天夜里,尤利安驾崩。去世前,尤利安还与哲学家友人进行哲学对话。尤利安的逝世,导致他的文明-宗教复兴运动半途而废。他的继任者约维安努斯（Flavius Claudius Jovianus，332—364年）随即推翻尤利安的政策，重新回到君士坦丁大帝开创的新传统上。此后，罗马帝国再无异教皇帝。

尤利安甫一去世，基督教和异教智识人就围绕尤利安的历史形象展开斗争。先来看异教一方。晚期罗马帝国最著名的修辞大师利巴尼乌斯（Libanius）既是尤利安的老师也是他的朋友，有数篇演讲词与尤利安有关。尤利安去世后，利巴尼乌斯的剩余时光几乎都花在为尤利安辩护上。《尤利安葬礼上的演说》（*Funeral Oration Over Julian*）篇幅很长，算得上是一部尤利安传，以动人的笔调叙述了尤利安的一生，将尤利安提升到罗马帝国的救世主这样的地位。但是，随着这样一位救世主的驾崩，异教复兴的大业无可挽回地失败了。

尤利安去世将近二十年后，利巴尼乌斯又创作《论为尤利安的复仇》（*Upon Avenging Julian*）献给刚刚继承东部帝国皇帝的狄奥多西大帝（Theodosius，346—395年，379—395年在位），请求狄奥多西为尤利安复仇。在利巴尼乌斯眼中，尤利安是一个完美王者。亲眼见证尤利安统治的史家阿米安努斯（Ammianus Marcellinus）的《罗马史》接着塔西佗的《历史》讲起，迄378年阿德里安堡战役止，是古代版的罗马帝国衰落史。全书共30卷，现存后17卷。现存部分开头即尤利安登上政治舞台的关键时刻。

整部史书横跨280年，前面13卷叙述公元98年到355年的历史，表明对这段历史的处理相当简略，这与后面23年所占的篇幅形成鲜明对照，23年的时间占了17卷的篇幅。其中，355年至363年这8年，占了12卷，从卷14到卷25。显然，阿米安努斯叙述的重心是尤利安皇帝。对于阿米安努斯来说，尤利安的统治是扭转帝国命运的关键时刻。**尤纳皮乌斯**（Eunapius）要比尤利安晚一代，著有《哲人与智术师列传》（*Lives of Philosophers and Sophists*）和大部头的《天下史》（*Universal History*），核心人物亦是尤利安，提醒后代新柏拉图主义者所承担的文明使命。

这三位异教智识人的作品都完成于395年前，这个年份是晚期罗马帝国的又一重要时刻：基督教终获取国教地位，异教再无复兴之可能。在上述三位异教智识人笔下，尤利安近乎古希腊罗马传统结出的最美果实，尤利安是哲人王，是完美的王者。值得强调的是，上述三位作家没有凸显尤利安的反基督教形象，而是从帝国赓续、政制角度凸显尤利安的完美王者形象。393年，狄奥多西皇帝正式立基督教为国教，彻底废除一切形式的异教。尽管如此，5世纪后期的史家佐西莫斯

（Zosimos）在《罗马新史》反思罗马帝国的衰亡，仍将尤利安视作唯一有机会扭转罗马帝国命运的皇帝。

再来看基督教一方。鉴于异教与基督教的敌对关系，可以想见基督教如何描述这位"背教者"的形象。与德基乌斯（Decius，201—251年，249—251年在位）、戴克里先（Diocletianus，244—312年，284—305年在位）诸帝迫害基督教不同，尤利安的文明-宗教复兴不仅拥有更宏大的目标，且得到了异教智识者的拥护，从而是两种文明之间的对决。

此后基督教占统治地位的一千年内，尤利安的敌基督和背教者形象理所当然不会变化。关键的变化出现在近代欧洲人的反基督教时期。蒙田已有对尤利安的正面评价。[1]16、17世纪尤利安的著作被译成拉丁文、英、法等语言，思想家们一方面从中汲取反基督教的材料，一方面重构尤利安的形象。[2]在反基督教人士眼中，尤利安成为反基督教的英雄，无不为尤利安的复兴运动功

---

[1] 蒙田：《论信仰自由》，见《蒙田随笔集》卷二，马振骋译，上海：上海书店出版社，2009年，第328—331页。

[2] 如 *Misopogon and letters* (with Latin version), Martin in edition, Paris, 1566; *Caesars*, edited and translated by Spanheim, Paris, 1683; *Traduction de quelques Ouvages de l' Emeprur Julien*, edited and translated by Abbe de la Bleterie, Paris, 1748.

亏一篑扼腕叹息。尽管此时的欧洲仍是君主制主导的时代，彼时的智识者却没有凸显尤利安的完美君王形象。由此可见，近代的文艺复兴隐含着西方古今文明品质的嬗变。近代欧洲反基督教运动持续近三个世纪，却不是意在复兴尤利安曾经试图复兴的那个古典传统，而是创造新的文明统绪。

近代欧洲的反基督教人士所怀的政治-文明理想在启蒙运动中一览无余。在启蒙的政治与哲学视野下，吉本在名作《罗马帝国衰亡史》中重新刻画了尤利安的形象：

> 一般的皇帝，如果剥去他们的紫袍，把他们光着身子抛到广大的人群中去，他们都会立即沉入社会的最底层，决无从一个不知名的人浮上社会顶端之望。但是，尤利安的个人才德在某种程度上是和他幸运的出身不相干的。不论他选择一条什么样的生活道路，依靠他无畏的胆略、灵巧的机智以及强烈的进取精神，他都将得到，或应当得到他所从事职业的最高荣誉，因而即使在一个国家中尤利安生为普通公民，他也完全有可能使自己上升到大臣或将军的地位。如果可厌的难以捉摸的权力转移使他的希望落空了，如果他明智地拒绝了那条通向伟大的道路，那么把他现有

的才能用于勤奋学习，那他现在的幸福和不朽名声必非任何一位帝王所敢向往。[①]

吉本对尤利安的评价有三点值得注意。

第一，吉本延续了尤利安作为反基督教的英雄形象的传统，将尤利安的统治刻画为基督教与异教决战的关键时刻。

第二，吉本着重强调了尤利安的迷信和对异教的狂热。在吉本的这一强调中，启蒙运动的理性品味和敌视任何宗教的态度一览无余。吉本更进一步暗示，尤利安的复兴运动之所以没有成功，很大原因是尤利安本人迷失于迷信和宗教狂热，而非尤利安早逝。古代异教作家从没有强调过尤利安的迷信和宗教狂热问题。这一重大变化表面上是理性与宗教之争，实际上隐含着近代欧洲人不再将古典希腊罗马传统视作典范。由于吉本的这一评价，后世几乎所有尤利安研究者无不为尤利安的迷信和宗教狂热扼腕叹息。不过，与其说吉本的评价影响了后世的尤利安研究者，不如说是这些学者与吉本共享同一种对迷信和宗教狂热的观念。就认识和理解尤利安而

[①] 吉本:《罗马帝国衰亡史》（上），北京：商务印书馆，1997年，第522页。

言，如果不能在这个问题上突破现代偏见，就无法还原历史上真实的尤利安，也无法真正理解尤利安。

第三，吉本尽管以优美的文笔描画了尤利安的天性，但未提及尤利安的完美王者形象。从吉本依凭利巴尼乌斯、阿米安努斯的著作描画尤利安来看，他忽略了尤利安的这个面相。恰如上述引文最后一句所言，吉本以为，尤利安本该拒绝帝位。

总而言之，吉本笔下的尤利安是反基督教的悲情英雄，尽管天性卓越，却沉迷于迷信和宗教狂热。吉本对尤利安的刻画基本奠定了现代学者对尤利安的理解，当然基督教学者除外。随着欧洲反基督教事业取得胜利，尤利安的历史形象定格于一个反基督教的悲剧英雄。

历史上的尤利安皇帝是否真的如此？

2　问题与视野

西方古代的政治人物中，很少有人像尤利安皇帝那样留下如此丰富的文献记载和富有传奇性，可能只有亚历山大大帝具有类似的魅力。尤利安皇帝不到两年的统治之所以具有如此大的魅力，原因很多，比如，他极富戏剧性的人生经历，哲人身份与皇帝身份的重叠，崇高的道德品质等。但最重要的原因在于，尤利安皇帝身处古典希腊罗马文明与基督教文明的决战时刻。尤利安的统治是影响世界历史走向的关键时刻。尤利安在远征波斯的战争中意外阵亡，更加强化了这一历史时刻的悲剧性，以至于后代欧洲智识者禁不住提出下述颇具诱惑力的问题：假如尤利安皇帝没有意外阵亡，他的宗教复兴运动能否成功，世界历史会如何演化，罗马帝国的命运又将如何？

尤利安所处的那个历史时刻是罗马帝国的危机时刻。这一危机体现为政体和文明的双重危机。众所周知，公元3世纪持续半个世纪的大混乱是罗马帝国的大危机时代，其具体表现是皇帝的频繁更换和内战频仍。这一大混乱本质上是罗马帝国君主制的政体危机。戴克里先皇帝试图以四帝共治制解决这一危机，但并不成功。君士坦丁大帝重新统一帝国，只是暂时压制和掩盖了这一危机，并没有真正克服它。君士坦丁驾崩之后，篡位者和内战仍然频繁出现。尤利安皇帝本质上也是一位篡位者，只是机运使然，才避免了与堂兄君士坦提乌斯二世的血腥内战。换言之，直到狄奥多西皇帝为止，罗马帝国的君主制始终存在危机，集中体现在皇帝的继承人问题没有得到很好解决。罗马帝国君主制的这种政体危机实质上是文明危机在政制上的反映。

为了把握罗马帝国的文明问题，首先需要说明罗马帝国在世界历史上的位置。世界历史由西方和东方的历史构成。此处的东方不是指西方文明语境中的东方,而是指地理意义上的东方,即欧亚大陆东部的中国。西方则指中国以西的地理范围。从公元前5世纪起,亚欧大陆东部的周朝的诸侯们放弃"尊周王"的观念,开始生发出新的政治想象,试图通过血腥的兼并战争,创建一个取代周朝的大一统帝国。

公元前221年,秦国成为最终的胜利者。秦二世而亡,汉帝国崛起,至此东方的天下大一统帝国出现。同样是从公元前5世纪起,帕米尔高原以西的世界进入帝国争雄的纪元。从波斯帝国开始,先后有亚历山大帝国、塞琉古帝国、罗马帝国称雄于西方。在这一意义上,西方古代政治史也是帝国更替史。在帝国的互相冲撞中,西方人的地理视野逐渐扩大,视野所及,西起大西洋,东至中亚大草原和印度河。最终,罗马帝国终结争夺天下霸权的历史运动,建立起西方历史上第一个真正的天下大一统帝国。

历史哲学家沃格林(Voegelin)认为,从波斯帝国到罗马帝国的世界历史是诸帝国争夺天下霸权、建立天下式帝国的时代。[1] 沃格林的这一判断得到史家珀律比

---

[1] 沃格林:《天下时代》,叶颖译,南京:译林出版社,2017年,第182—250页。

俄斯（Polybius）的印证，后者的《罗马兴志》正是基于对罗马帝国乃是天下式帝国的意识而作。[①]简言之，罗马帝国是西方古代史上最大的帝国，是第一个天下式大一统帝国，是西方历史的新纪元。可以说，从公元前5世纪起，亚欧大陆的东方和西方同时进入构建天下大一统帝国的时代，随之而来的是连绵不绝的血腥战争，结果是至公元前3世纪晚期，欧亚大陆两端同时崛起两个天下式帝国：汉帝国和罗马帝国。

天下大一统帝国要求大一统的文明，东西皆然。秦帝国的车同轨、书同文，汉帝国的独尊儒术、罢黜百家是我们自己确立大一统文明的经验，且颇为成功。对于踩着其他帝国的尸体称雄于地中海世界的罗马帝国来说，同样存在确立大一统文明的问题。因为帝国的大一统只是依靠强大的武力结束了疆域内的血腥战乱，而真正要让这种大一统存续下去，需要打造大一统文明来教育和形塑臣民的灵魂。真正的大一统帝国不仅要"协和万邦"，而且要"协和万民"，实现同心同德。

不过，与中华帝国相比，罗马帝国创建大一统文

---

① 珀律比俄斯：《罗马帝国兴起与天下一统》，马勇译，见《西方古代的天下观》，刘小枫编，杨志城等译，北京：华夏出版社，2018年，第2—6页。

明的难度要大得多。首先,罗马帝国与此前的诸帝国一样,是一个后进的小型政治体以秋风扫落叶般的速度,迅速获取天下霸权的帝国。这意味着,统治帝国的民族在帝国中是少数。同时,统治民族在文明上落后于被统治民族。其次,对罗马人而言,并不存在可以效仿的大一统传统,而他们要统治的是远比他们古老的多种文明族群,其中最重要的是古希腊文明。

早在亚历山大帝国时期,大一统文明的理念就已经出现。亚历山大大帝已经有万民"和谐共处(homonoia kai koinonia)"[①]的观念,意在使希腊人和波斯人和谐共处。廊下派的世界城邦和世界公民概念也具有类似的功能。同样,罗马人的天下式帝国一经确立,天下大一统文明的想象随之出现。珀律比俄斯的普遍历史观念和"共通感"观念正式为罗马帝国提出了构建大一统文明的问题。[②]珀律比俄斯的做法引来好些后辈史家的效仿。[③]生活于共和制与帝制交替时代的狄俄多儒斯

---

① 沃格林:《希腊化、罗马和早期基督教》(政治观念史稿·卷一),段保良译,上海:华东师范大学出版社,2019年,第114—115页。
② 沃格林:《希腊化、罗马和早期基督教》,前揭,第157—159页。
③ 关于珀律比俄斯的普遍历史观念,参努涅兹:《公元前4世纪至前2世纪出现的普遍历史写作》,杨志城译,见《西方古代的天下观》,刘小枫编,杨志城等译,北京:华夏出版社,2018年,第179—189页。

（Diodorus）直接以"共通史"称呼普遍历史，意在通过叙述整个天下从起源至当时的历史，来打造一种整体的生活方式，实现天下万民的"共通"。[1]

但是，史家们通过叙述万民在时间和空间上的统一性，仅能打造出一种共通感意识，却无法打造出共通感的内核，即那种赋予万民同心同德的精神实质。西塞罗试图通过廊下派哲学赋予这种共同感以道德和法律内涵，可惜已经太晚，共和制风雨飘摇，罗马帝国的帝制时代来临。需要强调，上述打造大一统文明意识的努力皆是希腊智识人和受希腊文明影响的拉丁作家的个体行为，并且凭靠的思想资源是古希腊的共和制理论。换言之，在罗马帝国崛起之初，打造大一统文明的思想资源来自古希腊文明，且只可能来自古希腊文明。

帝制罗马取代共和制罗马后，君主制成为打造大一统文明的核心问题。在帝制时代，希腊智识人开始有意识地运用古希腊文明的王政传统，为帝制罗马打造大一统文明。这一批希腊智识人即所谓的"第二代智术师"[2]，其代表性人物有狄翁（Dio Chrysostom）、普鲁塔

---

[1] 狄俄多儒斯：《论共通史》，顾枝鹰译，见《西方古代的天下观》，刘小枫编，杨志城等译，北京：华夏出版社，2018年，第7—16页。
[2] 安德森：《第二代智术师——罗马帝国的文化现象》，罗卫平译，北京：华夏出版社，2011年。

克、琉善等。五贤帝治下的繁荣以及哲人皇帝马可·奥勒留的继位表明，第二代智术师以古希腊王政理想来填充帝国精神内核的努力取得相当成功。第二代智术师承载的文明理想集中体现在完美君王这一概念中。第二代智术师笔下的完美君王秉承古希腊的哲人王理念，通过重塑荷马笔下的王者和亚历山大大帝的形象，将皇帝塑造为天下之楷模。

换言之，第二代智术师以完美君王论的方式，通过强调王者公正、温和、仁善的统治，试图移风易俗地将天下打造为具有共同感的天下。五贤帝的平顺继位和长久和平，从图拉真皇帝开始诸位皇帝对希腊文明的热爱，更是强化了这一信念。可以设想，只需假以时日，罗马帝国完全有可能培育出一个秉承古希腊文明理想的智识-官僚阶层，这一阶层将类似于儒家智识人那样，成为帝国长治久安的护卫者和文明薪火的传承者。但是，历史没有给罗马帝国这个机会。

马可·奥勒留之后，降临罗马帝国的不是长久的和平，而是漫长的无序和内战。3世纪的大混乱，打断了希腊智识人打造大一统文明的努力。五贤帝时代的中断和大混乱的来临，凸显出罗马帝制的结构性麻烦，即它的皇帝继承问题。鉴于罗马帝国崛起于共和国和传统上对君主制的厌恶，屋大维在建立帝制时，没有建立完全意义上的君主制，而是表面上仍承袭共和制的外壳，皇帝在形式上只是帝国的首席公民和首席元老。换言之，屋大维建立的元首制是君主制和共和制妥协的产物，这为皇帝和元老院的权力冲突埋下了伏笔。[①]尽管经过公元1世纪皇权对元老院权力的压制，元老院的权势遭到极大削弱，但是，作为名义上批准和认可皇权合法性的机构，一旦皇权削弱，元老院总是谋求恢复它曾有的权力，而影响皇权稳定的最大因素就是皇帝继承问题。

尤利乌斯王朝和维斯帕芗王朝之后，五贤帝以选任的方式继位。从历史角度来看，五贤帝的继位安排，是对1世纪的皇帝继承方式的矫正。尤利乌斯王朝和维斯帕芗王朝皆是家族性王朝，皇帝来自同一个家族。尽管家族性王朝不意味着不会诞生好皇帝，但1世纪暴君迭出的历史经验，让五贤帝时代选择以选任的方式交接皇权。

选任制有两大优点。第一，原则上，在任皇帝挑选继承者时，可以选择更成熟、更卓越的人，从而可以避开家族王朝中常见的幼主临朝和无能者当政。五贤帝时

---

① 关于帝制时代的元老院，参见塔尔伯特（Richard J. A. Talbert）:《罗马帝国的元老院》，梁鸣雁、陈燕怡译，上海：华东师范大学出版社，2018年。

代的繁荣，充分印证了选任制这一优点。

第二，选任制能取得元老院的支持，或者说选任制是皇权向共和制妥协的结果。换言之，五贤帝时代的选任制是罗马帝国君主制历史演进的结果，其中牵涉皇权和元老院的权力角逐。帝制时代的第二代希腊智术师恰好处在这个历史时期，依照古希腊的哲人王理想肯定选任制，将其塑造为一种君王-共和制。实际上，古希腊文明经验中从未出现过这种政制。总而言之，皇帝选任制类似于我国古代的禅让制，认为天下并非一家一姓之天下，而是天下人共有的天下，要选出最卓越者来治理。后面会看到，尤利安皇帝承接的就是这一理想。

不过，这种理论上的最佳政制很大程度上要仰赖偶然的机运。涅尔瓦、图拉真、哈德良、安东尼四帝皆无男性子嗣，而马可·奥勒留男性子嗣不少。[1]其子康茂德（Commodus，161—192年，180—192年在位）在奥勒留统治末期，已接近成年。此时，皇帝选任制面临真正的危机。理论上有两种方式度过这一危机：一，康茂德仍以选任的形式继位，康茂德不生育子嗣，继续遵从选

---

[1] 戈德斯沃司：《非常三百年——罗马帝国衰落记》，郭凯声、杨抒娟译，重庆：重庆出版集团，2010年，第24页；塞奇威克：《马可·奥勒留传》，刘招静译，上海：上海人民出版社，2018年，第208—209页。

任制度，选择家族之外的人继承皇位。二，康茂德开创家族式王朝，就如大禹之子启开创夏王朝一样。这两种情形都要求康茂德是一位贤明之君。恰恰康茂德不是一位贤君。依照罗马史书的描述，康茂德之残暴接近于1世纪的暴君。随后，康茂德被谋杀，塞维鲁（Septimius Severus，145—211年，193—211年在位）皇帝通过内战谋取帝位。塞维鲁试图通过恢复家族王朝制，来确保皇权之稳定。罗马帝国的历史再次回到1世纪。

但是塞维鲁皇帝也有创新，将皇权分给两个儿子卡拉卡拉（Septimius Caracalla，186—217年，211—217年在位）和盖塔（Septimius Geta），试图融合家族王朝制和共治制。此前，马可·奥勒留曾与维鲁斯（Verus）共治过帝国。[1] 在马可·奥勒留之前，罗马帝国未有过共治皇帝。皇帝共治制度既是对野心之辈谋取皇权这一潜在威胁的妥协，同时又可将其视作共和制下的双头执政官制的对应物。但是，塞维鲁皇帝设想的家族共治制被证明不可能成功，他驾崩后不久，盖塔就被兄长卡拉卡拉谋杀。由此开启了3世纪的大混乱。

公元后三个世纪内，罗马帝国在王朝式君主制、选任式君主制、共治式君主制之间的徘徊反复，表明罗马

---

[1] 塞奇威克：《马可·奥勒留传》，前揭，第150—164页。

帝国一直在尝试一种能解决皇权继承的制度，却没有成功。换言之，罗马帝国没有确立东方式的父承子继的独裁式君主制。此处的独裁是相对于罗马的皇帝共治制而言的，即皇权必须归一，而非分散。甚至君士坦丁开创的第二罗马帝国和君士坦丁王朝，也没有采取东方式的父承子继的独裁式君主制。这并非因为罗马帝国没有相应的历史经验可供借鉴，实际上亚历山大帝国和希腊化诸王国皆是父承子继式的独裁式君主制。但是，以第二代智术师为代表的希腊化智识人在为罗马帝国勾勒最佳政制时，突出哲人王式的最佳君王理念，却将哲人王的继承者问题交给了机运和偶然。

戴克里先皇帝解决帝国君主制不稳定的办法有两个：第一，设计出四帝共治制度；第二，引入东方君主制的仪式。四帝共治制度，某种意义上是2世纪的选任制和共治制的混合。这一制度是对马可·奥勒留选择康茂德继位和塞维鲁皇帝的家族王朝共治制的失败经验的回应。四帝共治本质上仍是马可·奥勒留和维鲁斯的双帝共治。差异在于，戴克里先的共治制度试图从制度上解决皇帝的未来继承者问题，即在皇帝活着时，预先在制度上为皇帝的未来继承者提供保证，从而最大程度上阻断继承人与当权皇帝之间的冲突；而马可·奥勒留与维鲁斯的双帝共治，没有在制度上为继承人提供保证。戴克里先的共治制度,试图通过为每位皇帝设置副帝,来解决皇权交接问题。戴克里先规定,每位皇帝在任二十年必须退休,以免副帝由于继位无望而谋杀在任皇帝。

为了保证在任皇帝与继承者之间和睦相处,戴克里先要求副帝与皇帝以姻亲的方式结成家族。可以说,戴克里先的共治制度充分考虑了人性之复杂和可能,既着眼于皇权之稳定,又着眼于皇权的顺利交接,从而解决帝国君主制不稳定的问题。但是,戴克里先设计的这套制度与2世纪的选任制一样,仍然要仰赖机运的恩赐,即每位皇帝都不会有男性子嗣。就如马可·奥勒留的情形一样,一旦有男性子嗣,这套制度就会陷入危机。

不同的是,马可·奥勒留在儿子与挑选继任者之间选择了自己的儿子。尽管伽列里乌斯(Galerius,305—311年在位)为自己和君士坦提乌斯指定了继承者,但前任皇帝马克西米安(Maxmianus)和君士坦提乌斯(Constantius I)的儿子却发动叛乱,认为自己应该有权继承父亲的帝位。简言之,戴克里先的共治制度在运行13年后,陷入混乱,并最终崩溃,这证明四帝共治制仍然无法解决帝国的皇权继承问题。

君士坦丁大帝一统帝国后,就皇权继承问题给出的解决方案是,在四帝共治经验的基础上,重新采用塞维鲁皇帝的家族王朝共治制。与塞维鲁皇帝的家族王朝共治制的差异是，君士坦丁大帝设计的制度细分了共治皇帝的统治区域，这一点显然源于四帝共治制的经验。君士坦丁大帝驾崩后，帝国被三兄弟一分为三，每人负责治理一片区域。

随后的政治史表明，君士坦丁的这一制度设想没有成功：340年，君士坦丁二世与君士坦斯一世爆发内战，351年君士坦提乌斯二世再次统一帝国。至361年尤利安登上帝位前，君士坦提乌斯二世维持着家族王朝君主制模式。君士坦提乌斯二世两次任命副帝，成员都是来自君士坦丁家族。可以说，到君士坦丁王朝为止，罗马帝国才基本确立家族式父承子继的君主制模式。但是，作为君士坦丁家族成员的尤利安，恰恰反对这种君主制，他的理想仍是2世纪时的皇帝选任制。

君士坦丁再造罗马帝国的另外一个重要举措是赋予基督教合法地位，从而开启罗马帝国基督教化的进程。从狄奥多西皇帝确立基督教国教地位和东罗马帝国的历史实践来看，基督教神学最终为父承子继的家族王朝君主制奠定了理论基础。正是从狄奥多西皇帝以后，罗马帝国的政体延续了父承子继的家族王朝君主制模式。实际上，基督教的生命力远不止此。从结构上来看，基督教的普世特征和罗马帝国的天下大一统若合符节。早在2世纪，基督教护教士萨尔迪斯的墨利托（Melito of Sardes）给奥勒留皇帝写信说：

> 我们的哲学首先从外邦人中生长出来，然后在您先祖奥古斯都的伟大统治下兴盛于您的民族，成为您帝国的吉兆，自此以后，罗马人的权势愈加强盛和辉煌。如今您是他幸运的继承者，若您保护自奥古斯都以来就与帝国一同生长的哲学，那么您的儿子也将同样如此。[①]

这段文字表明，很早就存在基督教与罗马帝国开启新纪元的意识。依照墨利托的看法，这两种新纪元相互依存。基督教的主要政治－文明功能是创造一个新共同体，而这一功能恰好对应罗马帝国对天下式共同体的呼唤。不过，这种功能上的对应并不意味着基督教能顺其自然地成为罗马帝国的文明内核，而是仅表明罗马帝国的天下新纪元意识要求一种大一统的文明。2世纪时，基督教的整体状况还远远无法满足这一历史任务。

同一时期，第二代智术师推进的复兴古希腊文明运

---

① 尤塞比乌斯：《教会史》，卷四，第7节，瞿旭彤译，上海：生活·读书·新知三联书店，1999年，第195—196页。

动要宏大得多，也更受诸皇帝和帝国精英的偏爱。不管第二代智术师运动在文化上多么复杂，其背后依凭的思想资源主要是各个哲学学派。可以想见，这场文明复兴运动主要针对的是帝国的政治和智识精英。那么，广大的下层民众怎么办？答案是宗教，即自罗马帝国崛起以来就延续的众神融合政策。帝国统治者将各个被征服族群的神灵纳入万神殿系统，从而形成一个庞杂、矛盾百出的众神系统。最重要的是，这种众神融合的宗教策略并不能完全突破众族群的藩篱，达成天下人人皆兄弟的感觉。谙熟哲学传统的智识精英们很早就意识到，需要凭靠哲学净化这个大杂烩式的众神系统，消除各种迷信和骇异的观念，赋予其普遍的道德内涵，以打造一个具有"协和万民"功能的宗教体系。廊下派诸哲人进行了这种努力，但是这种努力没有取得明显成效。[1]

如前文所述，希腊智识人的这种努力被3世纪的大混乱中断。待戴克里先皇帝结束大混乱，帝国整体的文化氛围已经发生质变。对不朽和救赎的渴念，仿佛突然迸发似的，开始遍及帝国内部各阶层。仪式化的帝国多

---

[1] 参见阿尔格拉（Keimpe Algra）：《廊下派哲学性神学与希腊-罗马宗教》，见《廊下派的神和宇宙》，里卡多·萨勒斯（Ricardo Salles）编，徐健等译，北京：华夏出版社，2018年，第329—362页。

神教已经无法满足下层民众，后者开始在各种秘仪和神秘崇拜中寻求灵魂的满足。

的确，面对生老病死和无尽的苦海，生来脆弱的民众如何能效仿哲人那种近乎严酷的坚韧和忍耐？梅列日科夫斯基笔下的阿尔诺西亚，本来是一个标准的古希腊姑娘，热衷物理学、雕塑和体操，以追求生命的欢乐和美为己任。可是，在妹妹米拉早逝时，竟不由自主地渴求与妹妹永在，想克服死亡的鸿沟。结果可以想见，阿尔诺西亚除了信靠基督的允诺，别无他法。[1] 任何传统的哲学和神灵都无法给予阿尔诺西亚这种慰藉。

此一时期，埃及和叙利亚的沙漠中，隐士和苦修士大量涌现。[2] 整个时代散发出浓重的禁欲主义气息，仿佛只有折磨身体才能让灵魂获得片刻安宁。在这种具有末世期盼的氛围中，基督教的吸引力大增。因此，至公元4世纪早期，基督教的势力已然不容忽视。312年君士坦丁大帝发布米兰敕令，赋予基督教合法地位，更强化了基督教在帝国内部的强势。尽管君士坦丁基于种种政治

---

[1] 梅列日科夫斯基：《诸神之死：叛教者尤利安》，刁绍华、赵静男译，北京：北方文艺出版社，2017年，第199—208页。
[2] 布克哈特：《君士坦丁大帝时代》，宋立宏等译，上海：上海三联书店，2017年，第285—295页。

动机赋予基督教合法地位。①但从后世来看,君士坦丁开创的是一个新传统:罗马帝国正式走上基督教化之路。墨利托在2世纪期盼的帝国与基督合一的时刻,终于来临。古希腊罗马文明生死存亡的时刻到来。

希腊智识者针对这一严峻处境给出的回应方案是**新柏拉图主义**。**普罗提诺**(Plotinus,205—270年)在3世纪后半叶综合古典哲学和宗教神秘主义传统,打造出新柏拉图主义体系,以满足智识精英对灵魂净化和灵魂不朽的需要。经过**波菲利**(Porphyrios,233—305年)和**杨布里科**(Iamblichus of Chalcis,250—330年)的改造,新柏拉图主义在4世纪早期已经蔚为大观。新柏拉图主义实际上是对希腊古典哲学和宗教传统的大综合,本质上仍是古希腊文明的子嗣,承续着第二代智术师们打造大一统文明的理想。就满足人对不朽和救赎的渴念而言,新柏拉图主义无法与基督教相抗衡。不管杨布里科为新柏拉图主义增加了多少仪式化和神秘化的内容,它所追求的"与神合一"终究要凭靠强大的理性能力进行长久地沉思默观,这远非普通民众的能力所及。

但是,新柏拉图主义者最初的目标就不是针对民众,而是智识精英。就古希腊罗马文明的命运来说,可

---

① 布克哈特:《君士坦丁大帝时代》,前揭,第259—269页。

怕的并非民众倒向基督教,而是智识精英顺服基督。就这一点而言,可以说新柏拉图主义取得相当大的成功。尤纳皮乌斯说,对4世纪的智识人来说,普罗提诺是比柏拉图更大的权威。[①] 尤利安皇帝本来是基督徒,后被新柏拉图主义俘获,成为新柏拉图主义哲人。他的文明-宗教复兴运动凭靠的就是这一思想体系,是古希腊罗马文明的担纲者们打造天下大一统文明的最后一次努力。

在这篇导论中,我描述了尤利安皇帝所处的那个危机时刻的演进渊源和本质,这本小书就打算讨论尤利安皇帝在那个历史时刻的所思和所为。

[①] 尤纳皮乌斯:《哲人与智术师列传》(*Lives of Philosophers and Sophists*),455,版本为*Philostratus and Eunapius*, trans. by Wilmer C. Wright, The Loeb Classical Library, London: William Heinemann & New York: G. P. Putnam's Sons, 1922.

第一章 尤利安与君士坦丁王朝

罗马帝国历史上（包括东罗马帝国在内），仅有少数几位皇帝被称作大帝，君士坦丁就是其中之一。从大历史的视角来看，挽救3世纪大危机的任务到君士坦丁大帝重新统一帝国才基本完成。戴克里先皇帝设计的四帝共治制看起来完美，实践证明无法解决君主制稳定的问题。324年，君士坦丁击败*李锡尼*（Licinius，263—325年，308—324年任帝国东部皇帝），重新统一帝国，3世纪的大混乱才宣告结束。此后再没有出现过3世纪那样的无序和混乱。单凭这一成就，君士坦丁就有资格获得大帝的称号。用中国古代史来比附的话，君士坦丁堪称罗马帝国的中兴之主，犹如汉光武帝中兴西汉。

但是，君士坦丁大帝的抱负要更为远大，他不仅志在谋求旧帝国大一统的格局，还想在新的基础上重建帝国,为帝国奠定新的法统。就重建帝国而言,有两个标志性事件:第一,君士坦丁赋予基督教合法地位,开启帝国基督教化的进程,这意味着更换帝国的精神法统;第二,君士坦丁为帝国重新建造了一个都城,命名为"新罗马"。因此,有理由将君士坦丁大帝开创的帝国称作第二罗马帝国。尤利安皇帝反对君士坦丁大帝开创的这一进程,试图重新回到第一罗马帝国的传统上。但是,时过境迁,完全复兴第一罗马帝国的传统已然不可能,所以尤利安皇帝必须开出新传统,方能与君士坦丁开创的基督教化传统竞争。我们会看到,尤利安皇帝想象中的帝国与第二罗马和第一罗马都有所不同。

1 君士坦丁时代

君士坦丁重建帝国的事业,既基于戴克里先皇帝解决3世纪大危机取得的成就,又是对戴克里先失败之处的回应。3世纪的大危机对帝国的秩序造成了极大破坏。像所有古代农业帝国一样,罗马帝国的税收主要是土地税。此前,帝国境内的土地税率分省而行。有些地区税率固定,有些地区时有变化,有的地区则不需要交税,例如意大利。戴克里先取消免税地区的特权,重新划分土地税的基本单位,固定土地税率,以此增加帝国的税收。为强化皇帝的权力，戴克里先分离军事和行政权，限制元老进入军事领域，此前元老们可以在行政与军事领域之间自由转换。这一政策有效地强化了皇帝对军队和元老院的掌控。至此，元老院对皇权构成的威胁才被彻底消除。戴克里先皇帝之后，帝国皇帝们已经不常居罗马城，即便迫于形势需要驻守意大利，也是选择米兰，而非罗马。同时，戴克里先将面积较大的行省划分为数个小行省，君士坦丁时代有101个行省，哈德良时代仅45个行省。行省的细分，一方面大大强化皇帝控制行省的权力，以免某个野心之辈基于某个行省就可以发动叛乱；另一方面造成官僚人数成倍增长，导致帝国的财政负担加重。戴克里先又将数个行省组成更大的行政区，每个行政区由比行省总督职位更高的大区长官统理。为了抑制大区长官的野心，这些高级官僚的下属由皇帝任命，以此来监视他们的上级，并通过一群秘密人员向皇帝告密。通过这些措施和觐见皇帝所需的复杂礼仪，大大增强了皇帝的权力和威严。

但是，令人匪夷所思的是，戴克里先的**四帝共治制**（Tetrarchy）本意是强化皇权，却具有分散帝国中央集权的倾向。四帝共治制的安排如下：285年，戴克里先任命战友**马克西米安**（Marcus Aurelius Maximianus）为副帝，加恺撒称号；286年，戴克里先又将马克西米安提升为奥古斯都,负责统治北部,他本人负责统治帝国东部。戴克里先如此分配皇权,是因为他认为,帝国幅员过于辽阔,帝国北部和东部两个方向都面临敌人的威胁,一个皇帝无法及时应对两个方向的战争。所以,马克西米安的治所在意大利北部的米兰,主要防卫日耳曼蛮族对边境的侵袭,戴克里先的治所在马尔马拉海岸亚洲一侧的尼科米底亚,紧靠波斯边界,以应对萨珊波斯的威胁。戴克里先对自身无力单独治理帝国的感觉,是帝国实力衰落的最明显表征。因为,戴克里先时的帝国并非历史上幅员最大之时,图拉真皇帝时的帝国疆域远超此时。但是,图拉真皇帝没有那种帝国过大、需要划分皇权的感觉。戴克里先之所以有这种感觉,并非因为帝国疆域过大,而是因为帝国实力已大大衰落。尽管戴克里先治下,帝国常备军总数保持在40万左右,比1世纪和2世纪军队兵员人数要多,但仍感觉应对外部威胁时捉襟见肘。[1]

罗马帝国从出现起,就不得不应对北部边境上的蛮族入侵和东部的伊朗帝国的双重威胁。这是罗马帝国

---

[1] 勒特韦克:《罗马帝国的大战略——从公元1世纪到3世纪》(修订版),孙艳萍、茅雨晨译,杭州:浙江大学出版社,2020年,第215—236页。

的地缘环境的特征。北部以莱茵-多瑙河为界,界外是蛮族辽阔的未开化地区,蛮族间或形成部族联盟,侵入帝国境内大肆劫掠。但是,越过这条边界,彻底解决蛮族威胁远远超出罗马帝国的能力。东部以幼发拉底河、亚美尼亚群山为界,东部首先是帕提亚帝国,随后是萨珊波斯帝国与罗马帝国长期对峙。帝国的南部和西部边界都没有外部威胁。与中国相比,罗马帝国的地缘处境要恶劣得多,它不得不防卫两条漫长的边界。在实力未衰落之前,罗马帝国可以越过边界,对两个方向上的敌人采取进攻态势,以积极的进攻来行防守策略。2世纪初,图拉真皇帝越过多瑙河建立达契亚行省(105年);奥勒留皇帝在北部边境与蛮族作战数年,能深入蛮族地区,且最终逝世于与蛮族的战争期间。图拉真皇帝向东越过幼发拉底河,攻陷过帕提亚帝国的都城泰西封,兵临波斯湾(116年);塞维鲁皇帝199年再次攻陷过帕提亚帝国都城。但是,3世纪的大混乱期间,越过多瑙河南下的哥特蛮族侵袭过希腊地区,251年德基乌斯皇帝在阿伯里图斯(Abrittus)战役中,被哥特人打败,德基乌斯和儿子赫仑尼乌斯(Herennius)阵亡,成为与蛮族战争中阵亡的第一位罗马皇帝。259年,萨珊波斯沙普尔一世(shapur I,?—270年,240—270年在位)攻占罗马属国亚美尼亚,入侵叙利亚,占领帝国东部最大的城市安提阿（Antioch）。260年，瓦勒里安（Valerian，253—260年在位）皇帝亲率7万兵力东征萨珊波斯，结果兵败被俘，受尽折磨而死。这是罗马皇帝从未有过的耻辱。因此，戴克里先的那种无力感是真实存在的，帝国的实力确实已大大衰落，不得不将帝国分区而治，以应对来自外部的威胁。

293年，戴克里先为自己和马克西米安分别指定两位副手。伽列里乌斯（Gaius Galerius，260—311年）是戴克里先的副手，君士坦提乌斯一世（Constantius I，250—306年）是马克西米安的副手，两位副手加恺撒称号，地位略低于奥古斯都称号，两帝共治变成四帝共治。为此，进一步划分两位皇帝的辖区，戴克里先治理埃及和亚洲部分地区，治所仍在尼科米底亚；伽列里乌斯治理巴尔干半岛，治所在西米乌姆（Sirmium，今贝尔格莱德附近）；马克西米安治理意大利和阿非利加，治所仍在米兰；君士坦提乌斯治理高卢、西班牙和不列颠，治所在今特里尔。可以看出，两位新增的副帝被分配到帝国北部的漫长边境上，以抵御愈来愈强劲的蛮族威胁。四位君王分治帝国的四个部分，各人有各人的宫廷，各人指挥一支军队。四位皇帝仿佛四位神一样，分散在帝国的四个方向保卫帝国，帝国不再有政治中心。

依照中国的经验，戴克里先的这种政治安排，是分散中央集权的行为，会加大帝国分裂和爆发内战的风险。从构建天下大一统帝国的经验来看，皇权应该愈发集中，才能有效防止帝国的分裂和内战。戴克里先皇帝显然明白这一点。为限制四位皇帝的权力斗争引发内战的风险，戴克里先规定，奥古斯都，即正皇帝任期为20年，期满后，必须退位，由副帝恺撒继任奥古斯都，同时任命新的恺撒。这是罗马帝国历史上第一个明确的皇帝继承规定。为强化副帝对正帝的忠诚，戴克里先认伽列里乌斯为养子，并将女儿戴克里缇娜嫁给后者；马克西米安认君士坦提乌斯一世为养子，将女儿忒奥多拉（Theodora）嫁给后者。但是，不管这些人为措施如何巧妙，都无法支撑这个体系持久运转，因为它与天下大一统帝国要求中央集权的趋势背道而驰。第一代四帝共治得以运转，是因为戴克里先拥有无可比拟的威望，同僚们将他看作最高统治者，因此他在统治期间，各位皇帝没有爆发权力之争。随着戴克里先和马克西米安在305年退位，这个体系立刻陷入危机。

305年5月1日，戴克里先和马克西米安在任职二十年后退位，副帝伽列里乌斯和君士坦提乌斯一世继任，伽列里乌斯同时为自己和君士坦提乌斯一世任命两位副帝：弗拉威亚斯·塞维鲁斯（Flavius Severus）治理意大利和阿非利加；马克西米努斯·戴亚（Maximinus

Daia）治理色雷斯、亚洲部分地区和埃及。戴克里先隐退到亚得里亚海附近的宫殿，种起了卷心菜；马克西米安隐退到意大利卢卡尼亚的别墅。

306年7月25日，登基仅一年的君士坦提乌斯一世在不列颠岛驾崩，其军队拥立君士坦提乌斯一世的长子君士坦丁为奥古斯都，挑战四帝共治制的权威。伽列里乌斯勉强认可君士坦丁的要求，但只是同意他任恺撒之职，坚持让君士坦提乌斯一世的副帝弗拉威亚斯·塞维鲁斯继任奥古斯都。换言之，伽列里乌斯试图通过权宜之计解决四帝共治制面临的危机，即让塞维鲁斯任命君士坦丁为自己的副帝。伽列里乌斯没有儿子，塞维鲁斯也没有儿子，若君士坦丁接受这一安排，第二代四帝共治制兴许能渡过危机，延续更长时间。麻烦在于，在卢卡尼亚隐居的前任皇帝马克西米安也有成年的儿子**马克森提乌斯**（Maxentius，278—312年）。既然君士坦提乌斯一世的儿子凭部下拥立，可以要求皇权，那么马克森提乌斯也可以。就在君士坦丁叛乱时，306年10月28日，马克森提乌斯纠集军队在罗马发动叛乱，自称恺撒，同时，已经退位的马克西米安宣称复出，恢复奥古斯都头衔。伽列里乌斯不甘示弱，正式将塞维鲁斯提升为西部奥古斯都，要求他平息马克森提乌斯的叛乱。307年，塞维鲁斯率军从米兰赶往罗马兴师问罪，结果遭到部下背叛，被马克森提乌斯俘虏，然后被处决。

面对此种危局，伽列里乌斯拒不承认叛乱者的要求。伽列里乌斯随即率军进入意大利，征讨叛乱者，但大败而归。面对僵局，伽列里乌斯仍试图恢复四帝共治制，308年，伽列里乌斯任命部下李锡尼接替被处决的塞维鲁斯任西部奥古斯都；由于李锡尼无法到西部赴任，伽列里乌斯遂命李锡尼治理他所治理的区域，为后面李锡尼与马克西米安努斯·戴亚争夺东部最高权力埋下伏笔。同年，在戴克里先仲裁下，帝国境内的六位皇帝：伽列里乌斯、马克西米安努斯·戴亚、李锡尼、马克西米安、马克森提乌斯、君士坦丁达成妥协。四帝共治制完全崩溃。同年，马克森提乌斯逼迫其父放弃奥古斯都之位，马克西米安拒绝，逃往高卢，谋求君士坦丁的支持。君士坦丁转而与马克西米安联合，并娶了后者之女**法乌斯塔**（Fausta）。310年，君士坦丁讨伐法兰克人，马克西米安趁君士坦丁后方空虚，企图夺取对高卢的控制权。君士坦丁立即返回，俘虏马克西米安。这位既是他父亲的岳父，也是他的岳父的前任皇帝，被迫自杀。311年，伽列里乌斯皇帝驾崩。君士坦丁与李锡尼达成瓜分帝国的秘密协议：君士坦丁分有西部帝国，李锡尼分有东部帝国。帝国分裂的端倪出现。

312年，君士坦丁率大军越过阿尔卑斯山，在米安维尔桥战役中击败并杀死马克森提乌斯。君士坦丁成为西部帝国的最高统治者。次年3月，李锡尼与君士坦丁在米兰会晤，李锡尼迎娶君士坦丁的妹妹**君士坦提娅**（Constantia），双方的同盟公开化。同年，李锡尼与马克西米安努斯·戴亚争夺东部帝国最高权力，后者兵败。314年，君士坦丁与李锡尼为统一帝国重启内战。316年，君士坦丁夺取巴尔干半岛；324年，君士坦丁在阿德里安堡战役中大败李锡尼，后者走投无路的情况下向君士坦丁投降。至此，经过3世纪的大混乱和戴克里先的四帝共治制尝试后，整个帝国再次复归于一位强有力君王的统治。

君士坦丁统一帝国后，依照四帝共治的经验，将整个帝国划分四个大区：东方、意大利、高卢和伊利里亚。这是帝国的一级行政区。四个大区的行政中心分别在君士坦丁堡、米兰、特里尔和西米乌姆。这四个行政区名叫prefectures，由大区长官（praetorian prefect）治理。Praetorian prefect本来是禁卫军统领，君士坦丁大帝解散禁卫军后，保留这一官职名称，用来指称治理大区的长官。君士坦丁时代的praetorian prefect仅具有民事权力，不再享有军事权力。君士坦丁大帝对帝国一级行政区的整合类似于四帝共治制四位皇帝所管辖的区域。一级行政区又被划分为数个行政区，是二级行政区，再下面才是三级行政区行省。

在军事上，君士坦丁基本沿袭戴克里先的措施，分割了民事和军事权力，各级行政区的长官都无权指挥和调动军队。戴克里先将帝国的军队分为边防军和野战军，边防军常年驻守边界，野战军作为帝国的精锐部队分驻帝国的四个战略方向，随时应对各种激变。君士坦丁削减边防军的人数，大大增加野战军的人数，并为帝国的军队设立大将军之职，分别是骑兵大将军（magister equitum）和步兵大将军（magister peditum）。基于作战需要，君士坦丁又增加三位战区级的军事主官，分别是东方将军、高卢将军和伊利里亚将军。东方将军负责指挥东部大区的军队，高卢将军负责指挥高卢大区的军队，伊利里亚将军负责指挥伊利里亚大区的军队。君士坦丁312年解散禁卫军后，设立皇家御林军（Palatini），分驻罗马和君士坦丁堡，每支御林军2500人。君士坦丁又增设名为domestici et protectores的皇家卫队，分为两个大队，每个大队500人，皇家卫队实际上是御林军的部分，这样君士坦丁堡的御林军人数增加到3500人。如前文所述，军事将领没有民事权力。这样，到君士坦丁大帝时代，帝国彻底完成民事与军事权力的分离。

整个官僚体系被分成数个等级，每个等级皆有自身的头衔。这些头衔包括"最高贵者（Nobilissimi）"、

"杰出者（Illustres）"、"可敬者（Spectabiles）"、"著名者（Clarissimi）"和"最完美者（Perfectissimi）"。[①]"最高贵者"头衔仅授予皇室成员，"杰出者"授予帝国各行政部门的长官、帝国军队的两位大将军、罗马和君士坦丁堡两个城市的市政长官。"可敬者"授予皇帝宫廷的一些官员、行省的总督、各大区军事主官等。"著名者"最初只是元老院的元老才能享有，到君士坦丁时代，该头衔开始授予行省的地方官吏，比如负责运粮的地方官和负责守夜的地方官。"最完美者"本来是骑士阶层享有的头衔，随着骑士阶层的崩溃，这一头衔逐渐贬值。君士坦丁时代，负责人口普查的执事也可享有这一头衔。君士坦丁大帝在上述等级的基础上创设另外一个荣誉等级，一个是纯粹荣誉性的"显贵（Patricus）"头衔，另一个是"伯爵（comites）"头衔。前者仅公开授予四大政区的长官、罗马和君士坦丁堡两个都城的市政长官以及军队的两位大将军。这一头衔终身保有，拥有这一头衔意味着是整个帝国最高的显贵，优先于除执政官之外的所有官员。"伯爵"头衔，原初只是皇帝的侍从或陪同他出行的高级官吏的称号，君士坦丁将这一头衔授予行

[①] 罗特：《古代世界的终结》，王春侠、曹明玉译，上海：上海三联书店，2008年，第95—97页。

政部门的首席负责人或为皇帝服务的官员。因此，拥有这一头衔意味着与皇帝关系密切，是帝国政府中的显赫人物。

在整个帝国官僚体系中，四个大区的长官、两个都城的市政长官和军队的两位大将军无疑是最重要的官员。仅次于他们的是皇帝的宫廷内务大臣（Grand Chamberlain），权力巨大。内务大臣拥有庞大的下属，所有下属都是雇来为皇帝提供私人服务的。另一个与皇帝联系密切的要职是幕僚长（the Master of the offices），前述的皇家御林军和皇家卫队就由幕僚长统领。所以，幕僚长之职对应之前的禁卫军统领。皇帝接见官员和外国使臣，需由幕僚长引导。幕僚长还管理皇家文书局、帝国驿站体系、武器制造和供应。所以，幕僚长的权力很大，属于皇帝的心腹之一。

法律大臣也是皇帝的重要官员，与皇帝接触密切。法律大臣是皇帝的喉舌，向皇帝提出法律议案、回复臣民向皇帝的请愿，监管所有试图来帝国都城定居的人员，调查从行省进入首都之人的品行，弄清楚他们从哪个行省来，为什么来首都，以清除那些无价值的人在首都定居。

帝国的首席财政官员有两位，一位是帝国的财政大臣，另一位是皇帝私库大臣。前者管理帝国的财政经济事务，后者管理皇帝的私人财产。上述这些官员加上帝国军队的两位大将军构成皇帝的御前内阁，他们负责整个帝国的运转。

经过戴克里先和君士坦丁对帝国行政体制和军事体制的调整，大大降低了重演3世纪那样的大混乱的可能性。比如，之前军队和元老院拥立皇帝的情形在此后大为减少。但是，官僚体制的调整并没有真正改变罗马帝国君主制皇权不稳定的问题，即皇帝继承者的问题。要想真正解决这一问题，即确立稳固的父承子继的家族王朝君主制模式，需要政体理论的革新。从后世来看，恰恰是基督教为这种君主制模式提供了理论基础。

据说，在米安维尔桥战役前夕，基督在君士坦丁大帝梦中显现，告诉他，如果他将基督的希腊文首字母X和P印在士兵的盾牌上，他将击败马克森提乌斯。君士坦丁立即遵照梦的指示，在士兵的盾牌上画了那两个希腊字母。312年2月28日，君士坦丁在米安维尔桥战役中打败马克森提乌斯。还有另外一个故事，据说在战役过程中，君士坦丁看到天空中出现一个十字架，十字架周围用希腊文写着"征服"的字样。不管这些故事的真相如何，君士坦丁确信他得到了基督徒的上帝的护佑。第二年，君士坦丁与李锡尼在米兰会面，二人共同发布了赋予基督教合法地位的法令，即"米兰敕令"。不管君士坦丁和李锡尼基于何种动机发布这一具有世界历史意义的敕令,重要的事实是,经过近三个世纪的努力,基督教终于取得合法地位。

基督教已经在科林多、帖撒罗尼迦、安提阿、亚历山大里亚和罗马建立自己的教会组织。一开始,基督徒们陷于狂热的末世期盼,等待基督的再临,但很快就不得不与这个世界妥协。基督教起初的信众大多是帝国的底层民众,这些人由于生存的不幸和痛苦以及脆弱的灵魂,渴求个人的拯救,而基督教恰恰允诺此种拯救。帝国境内允诺个人拯救的宗教并非只有基督教,但基督教的共同体组织拥有很强的吸纳能力。比如,一个安提阿的基督徒到了罗马,能立即被罗马的教会接受。这赋予基督徒一种共同体感觉,而其他宗教缺乏这种能力。实际上,迟至君士坦丁发布"米兰敕令"时,帝国境内的基督徒人数也不占多数,据布克哈特估计,基督徒比例在帝国西部占十五分之一,帝国东部占十分之一。[1] 早期基督教并不强势,由于追求内在的和精神的目标,基督徒们不认为有必要积极寻求帝国的支持。对他们来说,罗马帝国是这个世界的生存现实,他们既不反对,也不支持它。基督徒们与异教同胞混合生活,一

---

[1] 布克哈特:《君士坦丁大帝时代》,前揭,第103页。

起工作，彼此贸易，若处境允许，也会成为政府官员。他们只是不参加异教献祭。基督教教父们偶尔会迫于帝国施加迫害的威胁，向皇帝证明基督教于帝国有利，如萨尔迪斯的墨利托向奥勒留皇帝建言的那样，但总体来说，基督徒对此不抱太大希望。3世纪，德基乌斯皇帝的迫害、戴克里先时代的大迫害，也不是出于理念的分歧，而是出于政治动机。[①] 尽管偶有异教智识人撰文批驳基督教，但帝国政治精英们并不真正严肃看待基督教。尽管基督教的普世特征与大一统帝国的普世渴求若合符节，但是，只有在基督教取得合法地位后，这种意识才有被实践的可能性。基督教的大史家**尤塞比乌斯**（Eusebius）是实践这种意识的第一人。

312年的"米兰敕令"是基督教史上的关键时刻，它首先意味着帝国对基督教的大迫害结束。基督教的历史迎来一个新阶段：尘世最大的普世帝国开始对它变得友好。思想非常敏锐的尤塞比乌斯意识到，这是一个极其重要的机遇，一个可以将尘世的普世帝国与属灵的普世教会合二为一的机遇。313年以后，尤塞比乌斯接连写下两部作品《福音的准备》和《福音的证明》以尝试这一前所未有的事业。尤塞比乌斯在《福音的证明》中

---

① 布克哈特：《君士坦丁大帝时代》，前揭，第219—228页。

说道：

> 谁不会为此感到惊讶呢？——如果他认真地思考、衡量过，为何世界上大多数民族臣服于罗马的统治发生在耶稣降临之后，而没有发生在之前？这绝非人类所为。因为，与耶稣在人间的神奇驻留同时，罗马进入了全盛时期，奥古斯都也首次成为管理大多数民族的唯一统治者，其中包括埃及托勒密王朝的后裔，该王朝在克丽奥佩特拉被捉后终结。自人类伊始便存在的埃及帝国，从彼时起便彻底消亡。从那时起，犹太民族也臣服于罗马人，此外还有叙利亚人、卡帕多奇亚人、马其顿人、比提尼人和希腊人，简而言之，还有所有余下的受罗马统治的民族。谁能够否认，这些是按照上帝的旨意成就的，并且与我们救世主的教义相符合呢？……[①]

这段引文清楚表明，尤塞比乌斯试图论证罗马帝国

[①] 转引自《西方古代的天下观》，刘小枫编，杨志城等译，北京：华夏出版社，2018年，第231页。

与基督教的同时性。罗马帝国在上帝的救赎计划中被尤塞比乌斯赋予一项积极的任务，罗马帝国的职责就在于统治万民，为基督教的传播铺平道路。基于罗马帝国对基督教的这一贡献，尤塞比乌斯反过来确证罗马帝国必须维持大一统的普世特征。

324年，君士坦丁重新统一帝国，君士坦丁成为唯一的统治者。尤塞比乌斯更进一步，阐述以皇帝为核心的政体论，将君士坦丁大帝直接与基督联系在一起。毕竟，君士坦丁之前的所有皇帝对基督教并无好感，基督教对漫长的大迫害仍记忆犹新。君士坦丁重新统一帝国和赋予基督教合法地位，成为尤塞比乌斯区分旧帝国和新帝国的重要事实基础。在尤塞比乌斯笔下，君士坦丁成为上帝在人间的使者，通过基督作为中介，皇帝与上帝相连。[1]尤塞比乌斯的这种神学想象为基督教的君主制政体论奠定了坚实基础。由此可引申出"一个上帝、一位皇帝、一个帝国"的结论，从而为一种政教合一的帝国形态提供理论基础。后来东罗马帝国的君主制就基于尤塞比乌斯的这种政治想象。因此，312年的"米兰敕

---

[1] 厄格尔：《尤塞比乌斯历史神学中的皇帝和教会》，王一力译，见《西方古代的天下观》，刘小枫编，杨志城等译，北京：华夏出版社，2018年，第235页。

令"是罗马帝国的关键时刻。这一时刻开启了基督教与帝国的合流进程。这一进程不可避免地会加剧基督教与异教的敌对。

君士坦丁大帝另一个具有开创性意义的举措是为帝国营建新都。君士坦丁堡326年奠基,330年5月11日举行落成典礼。营建新都充分表明,君士坦丁大帝具有再造罗马帝国的明确意识。君士坦丁大帝像罗慕路斯为罗马城奠基那样,为君士坦丁堡奠基。新都的守护神是命运女神,但命运女神的前额上粘有一个巨大的十字架,表明君士坦丁大帝希望让异教和基督教融合,以此为帝国创造新的精神内核。但是,命运女神显然无法代表异教的精神。对异教智识人来说,命运女神前额上的那个十字架简直是对旧帝国以及旧帝国所代表的精神的羞辱。

2 尤利安的童年和少年

君士坦丁堡落成典礼一年后,君士坦丁大帝的同父异母兄弟尤利乌斯·君士坦提乌斯的一个儿子在新都降生。这个孩子被取名为弗拉维乌斯·克劳迪乌斯·尤利安(Flavius Claudius Julianus)。尤利安是在新都诞生的第一位皇帝。

君士坦丁的父亲君士坦提乌斯·克洛卢斯

（Constantius Chlorus）在293年被戴克里先选为副帝时，被迫与妻子*海伦娜*（Helena）即君士坦丁的母亲离婚，娶了马克西米安的女儿*忒奥多拉*（Flavia Maxima Theodora）。忒奥多拉生了两个儿子，即尤利安的父亲*尤利乌斯·君士坦提乌斯*（301年出生）和*达尔马提乌斯*（Dalmatius）。海伦娜对自己受到的侮辱耿耿于怀，唆使君士坦丁憎恨他的异母兄弟们。君士坦提乌斯一世驾崩后，君士坦丁立即将他的母亲接到宫廷，确立母亲在帝国的地位。尤利安的父亲和达尔马提乌斯被送往行省软禁，周围暗探密布，禁止君士坦提乌斯一世的这两个儿子染指任何政治事务。尤利安的父亲有一段时期住在图卢兹，在那里参加修辞家和哲人们的讲座。过了若干年后，海伦娜对尤利乌斯·君士坦提乌斯兄弟俩的憎恨才有所软化。

大约4世纪20年代中期，尤利安的父亲获准居住在意大利，他在托斯卡纳有一座很大的乡间别墅。大约同时，他与一个富有的意大利望族之女*伽菈*（Galla）结婚，这个家族好几代任帝国高官，伽菈的两位兄弟分别在347年和358年出任执政官。尤利安的父亲与伽菈育有三个孩子，两个男孩，一个女孩。很快，尤利安的父亲又受到皇帝怀疑，被迫离开意大利，从一个城市流浪到另一个城市，且一直遭到君士坦丁的密探监视。有一段时间，他在科林多避难。帝国的新都落成的前一年，海伦娜去世，君士坦丁认为现在不必再担忧这位兄弟对自己的威胁，因为他近30年间对帝国政治毫无影响，因此准许这位兄弟前往君士坦丁堡。

在前往君士坦丁堡之前，尤利乌斯·君士坦提乌斯的第一任妻子伽菈已经去世。他迅速再婚，第二任妻子名叫巴西丽娜（Basilina），是尤利乌斯·尤利安努斯（Julius Julianus）之女，后者曾在李锡尼手下任禁卫军长官和政府的最高长官，类似于李锡尼的宰相。君士坦丁击败李锡尼后，称赞尤利乌斯·尤利安努斯对政府的管理堪称他自己官员的楷模，因此任命尤利安努斯出任325年的执政官。巴西丽娜的母亲非常富有，在小亚细亚拥有庞大的地产。331年5月，尤利乌斯·君士坦提乌斯和巴西丽娜唯一的孩子，未来的皇帝尤利安降生。我们不知道君士坦丁是否留意到家族新添的这个男孩。对于皇室家族来说，新添男丁可能不会让君士坦丁大帝开心。5年前，他先下令处死他的长子克里斯普斯（Crispus），随后又将他的第二任妻子法乌斯塔溺死在浴缸中。不管这些事件出于何种原因，君士坦丁大帝都不太可能欢迎这个孩子，他的儿子们估计也不会。

尤利安出生几个月后，他的母亲巴西丽娜就去世了。尤利安在父亲和保姆的照顾下成长。他父亲第一次婚姻的三个孩子中的老二伽卢斯,也与尤利安一起生活。尤利安的外祖母非常疼爱他,尤利安经常前往外祖母位于马尔马拉海滨的乡间别墅度假。

简言之,尤利安降生的最初几年过着一种贵公子的生活,周围奴仆成群。尽管他缺乏母爱,但不必夸大这一缺失,他的生活与那些母亲健在的贵族阶层的子女没有什么不同。尤利安6岁的时候开始上学,学习读写。君士坦丁家族来自说拉丁语的巴尔干地区,君士坦丁大帝本人从未能流利地说希腊语。尤利安的母亲一系则来自说希腊语的小亚细亚,而新都的主要语言是希腊语,尽管大街上也能找到说拉丁语的人。[1] 对于晚期罗马帝国的人来说,没有如今所谓的母语问题。希腊语是帝国东部城市的主要语言,是智识活动的通用语言,拉丁语则是帝国官方用语,军队、法庭和市政用语。所以,对于当时的人来说,使用什么语言,要依靠处境决定。尤利安当然通晓拉丁语,而希腊语是他的家人所用的语言。

但是,命运的突转发生了。337年年初,君士坦丁大帝统军前往东部边界,意图进击萨珊波斯,他的次子君士坦提乌斯已经先行抵达安提阿,负责为战争准备物

---

[1] Robert Browning, *The Emperor Julian*, Weidenfeld and Nicolson, London, 1975,第33页。

资。据说，当时的一位叫曼特罗多洛斯（Metrodorus）的哲学家曾前往印度游历。这位曼特罗多洛斯获得印度佛教大师的接纳后，却从寺庙中偷盗诸多珍宝。印度的国王也赐予他很多珍宝，要求曼特罗多洛斯献给君士坦丁大帝。曼特罗多洛斯返回君士坦丁堡后，呈上珍宝，并谎称珍宝本来更多，但是在途经波斯时，被波斯人抢走了。君士坦丁听信曼特罗多洛斯的谎言，[①]要求沙普尔二世归还被抢走的珍宝，君士坦丁没有得到回应，于是重启与萨珊波斯的战争。君士坦丁4月3日离开君士坦丁堡，在路上很快患病。高烧一个星期后，君士坦丁于5月22日驾崩于尼科米底亚附近。

君士坦丁大帝可能没有想到自己会突然离世，所以没有预先指定继承者。帝国官员无从知晓君士坦丁如何看待他之后的皇权继承问题。因此，只能基于他生前的政治安排，对这个问题做一推测。326年，君士坦丁突然将他的长子克里斯普斯处决。据佐西莫斯讲，君士坦丁怀疑克里斯普斯与法乌斯塔有染。随后不久，又将法乌斯塔溺死在浴缸里。克里斯普斯是君士坦丁第一次

---

① 阿米安努斯：《罗马史》，25.4.23。所用版本为 *Ammianus Marcellinus I II III*, trans. By John C. Rolfe, The Loeb Classical Library, Cambridge, Massachusetts, Harvard University Press, 1935—1940.

婚姻的孩子，在统一帝国的内战中，表现卓异，被君士坦丁提升为帝国的副帝，加恺撒称号。依照戴克里先四帝共治制的原则，此举意在确定克里斯普斯为皇位继承人。克里斯普斯被突然处决，帝国的皇位继承出现空缺。不管是什么原因促使君士坦丁处决自己的儿子，其中必定涉及争夺皇位继承权的政治斗争。布克哈特认为，君士坦丁此举象征着以杀戮的方式消除皇室内部家族竞争者的开端，[①]其隐含的意思是帝国只能有一个奥古斯都。但是，令人匪夷所思的是，君士坦丁晚年的政治安排与此矛盾，布克哈特认为这是君士坦丁最难令人解释的一个方面。[②]

335年，君士坦丁首先将他的同父异母弟弟达尔马提乌斯之子小达尔马提乌斯（Dalmatius）提升为恺撒，此时，这位小达尔马提乌斯年龄还很小。同一年，君士坦丁正式划分帝国，他与法乌斯塔的长子，君士坦丁二世得到不列颠、高卢和西班牙；次子君士坦提乌斯二世得到小亚细亚、叙利亚和埃及；君士坦斯一世获得意大利和阿非利加。小达尔马提乌斯获得色雷斯、伊利里亚和希腊地区，甚至小达尔马提乌斯的弟弟汉尼拔里安努

---

① 布克哈特：《君士坦丁大帝时代》，前揭，第252页。
② 布克哈特：《君士坦丁大帝时代》，前揭，第252页。

斯（Hannibalianus）也获得亚美尼亚、本都以及周边地区的统治权。为什么在经过残酷内战统一帝国后，君士坦丁还要分割帝国？考虑到君士坦丁把至关重要的首都区交给侄子，而非儿子，这个问题尤其令人困惑。布克哈特认为，这是因为君士坦丁的三个儿子品行不佳。如果指定其中一人为单独的继承者，那么等君士坦丁驾崩，必将发生兄弟相残的事情。所以，为了王朝的存续，君士坦丁被迫划分帝国。布克哈特分析：

> 毫无疑问，君士坦丁预见到儿子们争夺帝位的战争，但还是希望，在三到五家皇亲国戚中能有一位具有他血统的继承人幸存下来，只要他们还有时间生出新王子来。君士坦丁大帝在自己依然健在的时候，就把儿子们分派到各行省，这并非毫无道理。[1]

这意味着，君士坦丁将家族王朝的利益看得比帝国的利益更重。毕竟，君士坦丁应该很清楚，诸子争夺帝位必定导致大规模的内战。更何况，君士坦丁怎么能肯定，诸子中必有一子能幸存下来重获最高皇权，万一像

---

[1] 布克哈特：《君士坦丁大帝时代》，前揭，第254页。

查理曼大帝（Charles the Great，742—814年）的三个儿子那样，谁都无法击败对方，导致帝国分裂呢？笔者以为，君士坦丁主观上并不想分割皇权，而是试图凭靠分封制的方式，确保帝国的统一和诸王子之间的和睦。君士坦丁的这种设想是对已有历史经验反思的结果。第一，君士坦丁不是第一位让嫡子继承帝国权力的君王，在他之前，塞维鲁皇帝已经尝试让两个儿子共治帝国，但塞维鲁皇帝没有为两个儿子划分具体的统治区，故引发兄弟相残。君士坦丁显然是想通过为诸子划分统治区，来确保诸子彼此能和睦相处，共同守卫帝国。第二，君士坦丁可能借鉴了戴克里先将帝国分区而治的经验。帝国面临的威胁确实太多，必须在帝国各个方向安排重量级的皇室成员加以镇守。君士坦丁可能期待，皇室成员之间的血亲纽带能够避免相互的权力征伐，避免戴克里先退位之后那样的残酷局面。

总而言之，君士坦丁试图通过具体的政治安排和兄弟之间的血亲关系，一方面避免争夺皇权的内战，另一方面友好合作，共同守卫帝国。但是，事后证明，君士坦丁大帝还是过于乐观。从塞维鲁皇帝到君士坦丁大帝的政治史，可以概括如下：一方面需要通过重新统一帝国来终结因争夺最高皇权而导致的血腥内战，另一方面又试图通过分割皇权来缓解这种对最高皇权的争夺。

诸多终结内战、统一帝国的皇帝，又无不通过分割皇权来维护帝国之统一。塞维鲁皇帝是如此，戴克里先皇帝是如此，君士坦丁皇帝也是如此。笔者始终困惑一个问题：罗马帝国为什么不能像中国和后来的奥斯曼帝国那样，确立皇权继承的唯一性和不可分割性的制度？尽管，为确保皇权继承的唯一性和不可分割性，中国和奥斯曼帝国的历代皇室付出过惨重代价，但是对于大一统帝国来说，皇权的唯一性和不可分割性是维持大一统的首要条件。

337年5月22日，君士坦丁大帝于小亚细亚的尼科米底亚附近驾崩。此时，君士坦丁二世、君士坦斯一世、小达尔马提乌斯和汉尼拔里安努斯皆在自己的封地，唯有君士坦提乌斯二世离君士坦丁大帝的位置最近。君士坦提乌斯二世的封地就是小亚细亚、叙利亚和埃及。此前，君士坦丁命君士坦提乌斯二世前往安提阿为与萨珊波斯的战争准备物资。君士坦提乌斯二世获悉君士坦丁患病时，就立即赶往父皇之处，结果还是晚了。君士坦提乌斯二世抵达时，君士坦丁已经驾崩。

君士坦提乌斯二世押着父亲的灵柩返回君士坦丁堡，未等其他两位兄弟赶来，便将君士坦丁安葬于君士坦丁堡的圣使徒教堂。随即，三兄弟展开对奥古斯都之位的争夺。君士坦提乌斯二世在父亲驾崩后，立即接过奥古斯都称号，但兄长君士坦丁二世也要求获得奥古斯都称号。到9月9日，三兄弟通过谈判达成妥协，三人为共治皇帝，每人皆加奥古斯都称号，在各自地盘的基础上瓜分了帝国。此时，长兄君士坦丁二世仅24岁，君士坦提乌斯二世21岁，君士坦斯一世20岁。小达尔马提乌斯和汉尼拔里安努斯则继续保持恺撒之位。在这一危机关头，尤利安的父亲没有想过争夺过权力，反而对自己家庭的安危焦虑不已。

瓜分帝国后，君士坦提乌斯二世仍没有获得充分的安全感。他开始在军队中散发谣言，说君士坦丁大帝留有一份遗嘱隐藏在他的寿衣下面。据说，这份遗嘱是尼科米底亚主教欧西比乌斯（Eusebius of Nicomedia）交给君士坦提乌斯二世的，君士坦丁大帝驾崩时，前者就陪在身边。也正是在这位主教的见证下，君士坦丁大帝临终时受洗为基督徒。这份遗嘱说，他的两位同父异母兄弟达尔马提乌斯和尤利乌斯·君士坦提乌斯下毒毒死了他，并任命他的三个儿子为共治皇帝，要求三个儿子惩办杀人犯。君士坦提乌斯二世谋划这一阴谋的意图，兴许只是想削弱叔叔达尔马提乌斯及其两个儿子的地位，毕竟依照君士坦丁的安排，小达尔马提乌斯领有伊利里亚、色雷斯和希腊地区，这是帝国首都所在的核心区。这一谣言一出，君士坦丁大帝那些愤怒的士兵，立即冲进两位异母弟的宫殿,将他们撕成碎片。尤利安的父亲和他的长兄被杀。他的二哥伽卢斯已有12岁,当时正患病,君士坦提乌斯二世认为他不久就会死掉,所以饶了伽卢斯一命。士兵们可怜尤利安太小,他只有6岁,逃过被杀的命运。

我们不知道尤利安是否目睹了父亲和长兄被杀,但是那一天的可怕记忆伴随了尤利安一生。不管这一事件是君士坦提乌斯二世主导,还是受人蒙骗,尤利安后来都认定他的这位堂兄是杀人凶手,因为即便君士坦提乌斯二世不是主导者,他当时也是唯一能够阻止谋杀发生的人物,而他没有。

谋杀发生后,尤利安可能是由外祖母一方照看。几周后,君士坦提乌斯二世对尤利乌斯·君士坦提乌斯一家的命运做出决断,尤利安父亲的财产被没收,伽卢斯和尤利安可以活命,但要一直受监视,就像他父亲当年的遭遇一样。尤利安被软禁在尼科米底亚,这座城市离首都君士坦丁堡不远,位于马尔马拉海靠亚洲一侧。自戴克里先起,尼科米底亚就是一处皇家行营,建有很多宫殿和别墅。6岁的尤利安被安置在这里,身边有一大堆保姆、仆人和卫兵。君士坦提乌斯二世选择上文提到的尼科米底亚主教欧西比乌斯,负责尤利安的教育,尤其是宗教信仰教育,并随时向皇帝报告尤利安的动态。

尤利安的外祖母在尼科米底亚附近有诸多地产，是一位非常慈祥的老妇人，尤利安常常拜访外祖母的乡间别墅。可能正是在这一时期，尤利安认识了他的舅舅**尤利安努斯**（Julianus），后来尤利安努斯成为他最亲密的朋友和支持者。

我们不知道在被软禁于尼科米底亚那几年，尤利安是否真正理解了337年他家庭的变故。他想必一定询问过周围的人，而那些人要么缄口不言，要么面对年幼的尤利安，不知道如何开口。多年后他被提升为恺撒时，听闻尼科米底亚在地震中被毁，愉快地回忆起他在那里度过的岁月。

负责尤利安教育的欧西比乌斯，一年后调任君士坦丁堡大主教。之后，尤利安的教育由**马尔多尼乌斯**（Mardonios）负责。马尔多尼乌斯是一位斯基泰人，也就是今日多布罗加（Dobrougjia）地区的人，可能是哥特族。马尔多尼乌斯很小就成了阉人，这意味着他是奴隶身份。但是，马尔多尼乌斯接受过很好的教育。他起初做尤利安母亲巴西丽娜的陪读。巴西丽娜的父亲后来给予马尔多尼乌斯自由。巴西丽娜嫁给尤利乌斯·君士坦提乌斯时，马尔多尼乌斯作为陪侍一同到了夫家。巴西丽娜去世后，马尔多尼乌斯又回到原来的主人那里。由于尤利安外祖母与欧西比乌斯主教关系不错，后者推荐马尔多尼乌斯做尤利安的私人教师。[1]尤利安想必从马尔多尼乌斯那里获知了他母亲的情况。在尤利安成长的关键那几年，凭借朝夕相处，马尔多尼乌斯可能取代了尤利安母亲的位置。尤利安后来提到这位老师时，称他为"将我养大的老师"，用的是一般用来指称父母的词。

马尔多尼乌斯是一名基督徒，但对古典希腊文化有很深的理解，他引导尤利安钻研古典希腊文化的美和崇高，而非仅仅宣讲道德教条。尤利安对古希腊文明的热爱，就始于这个时期。马尔多尼乌斯带领尤利安阅读古希腊的经典诗文，从荷马读起，悲剧作家和阿里斯托芬都在必读之列。经年累月的阅读让尤利安在马尔多尼乌斯的引导下建立起对古希腊文明的衷心热爱。尤利安天性沉静，尽管没有同龄人陪伴，却能沉浸于古典的言辞世界。马尔多尼乌斯面对比自己地位高很多的小主人，没有屈服于身份之别，坚决地、毫不退让地严厉对待尤利安。多年以后，那时尤利安已经是整个天下的主人，他回忆起这位老师说：

> 我的老师常常告诉我，我在去学校的路上时，要目不斜视地走路。正是他锻造了我的灵

---

[1] Robert Browning, *The Emperor Julian*, 前揭, 第38页。

魂，在灵魂中刻下了那些我并不渴望的东西，非常热情地往我的灵魂中移植，仿佛他在培育充满魅力的品质：他将粗野称作高贵，将吃缺乏味道的食物称作节制，将不屈服于他人的欲望或不通过这种方法谋取快乐称作勇敢。凭宙斯和缪斯起誓，我向你们保证，当我还是一个孩子时，我的老师就对我说："永远不要让你的玩伴——他们成群地奔向剧场——把你错误地引向渴求这些稀奇古怪的东西。你对赛马有热情吗？荷马在他的诗中清晰地描述过。读这本书，仔细研究它！"[①]

正因为如此，尤利安后来回忆起在尼科米底亚的生活时，才带着感激和愉悦的心情。

尤利安的父母都是基督徒，君士坦提乌斯二世和他的兄弟们也已接受新的信仰。自然，尤利安也会被培养成基督徒。他想必从小就熟悉《圣经》和教会仪式。但需要强调的是，4世纪前半叶，帝国的教育还未完全基督教化。接受教育意味着学习古希腊的文化。当时，异

---

① 尤利安：《憎恶胡子的人》（*Misopogon*），351a-252a；中译本见《尤利安文选》，马勇编译，北京：华夏出版社，2017年，第110页。

教和基督教的合流已经开始，但只是刚刚开始。因此，一个有教养者的智识结构仍是希腊式的。

尤利安是一个爱思考、敏感和严肃的人。换种说法，尤利安是一个有哲学天性的人。面对基督教的教义，他不会直接接受，而是寻求理解。随着他年龄的增加，对基督教教义的怀疑也不断增加。他自己说，他很小就喜欢凝望星空、静默沉思，对宇宙之神性有一种体验。[1] 尽管基督教可以强行说尤利安体验到的神性就是基督，但一个从小喜爱仰望星空的人，体验到的神性与基督徒基于渴望救赎体验到的神性想必截然不同。尤利安的那种体验始于好奇，始于自由地静观沉思，这是一种哲学天性。

尤利安大约10岁时，开始学习文法，也就是修辞术。大概342年，尤利安回到君士坦丁堡，受教于文法学家尼克克勒斯（Nikokles），后者在尤利安驾崩后多年，仍矢志不渝地捍卫尤利安的名誉。11岁的尤利安出现在首都，可能会引发市民的同情和喜爱，从而表达对君士坦提乌斯二世的厌恶，毕竟他们对尤利安家族五年前的不幸遭遇还记忆犹新。在他走路前往尼克克勒斯的

---

[1] 尤利安：《赫利俄斯王颂》（*Hymn to King Helios Dedicated to Sallust*），130c2-d4；中译本见《尤利安文选》，前揭，第60页。

学校时，路人被他谦逊的外表迷住。当然，可能确实会有野心之辈试图暗中支持他。总而言之，尤利安在首都待的时间并不长，然后被送回尼科米底亚。

君士坦提乌斯二世三兄弟瓜分帝国的协议没有维持多久。340年，君士坦丁二世先发制人，试图取得帝国西部的最高统治权，当年3月在阿奎莱亚战役中兵败被杀。君士坦斯一世控制了帝国西部。君士坦提乌斯二世与弟弟争夺帝国最高统治权的内战即将再临帝国。君士坦斯一世没有立即发动内战，而是支持尼西亚会议上决定的正统教义，而君士坦提乌斯二世是一个阿里乌派教徒，支持阿里乌派。341年，帝国东部与波斯的战争一触即发。君士坦提乌斯二世面临统治中最艰难的时刻，既要为与波斯的冲突分心，又担心弟弟君士坦斯一世从背后袭击。20年后，君士坦提乌斯二世还会再次遭遇同样的情形。

为了避免有人以伽卢斯和尤利安之名发动叛乱，君士坦提乌斯二世于344年秋，决定将尤利安和伽卢斯送往离首都更远的地方监视。伽卢斯此前被软禁于以弗所。尤利安不得不告别老师马尔多尼乌斯和外祖母，外祖母从此再未见过他。皇家卫队押送着尤利安一路向东南方向走，最终抵达卡帕多西亚的马塞卢姆（Macellum）城堡。

随着尤利安年龄的增长，对其的基督教教育也逐渐增强。我们不知道谁是他的宗教教育的直接负责人。但最终负责人是恺撒里亚主教**格里高利**（George）。尤利安与格里高利相处融洽。尤利安告诉我们，格里高利有一座图书馆，其中不仅有基督教神学著作，还有异教的修辞家和哲人的作品，包括新柏拉图主义者对柏拉图和亚里士多德的注疏作品。① 格里高利允许尤利安借任何书，可以抄写他感兴趣的任何书。在这里，尤利安第一次系统地阅读古典希腊哲学，尤其是新柏拉图主义哲学。

尤利安在卡帕多西亚期间，担任过教会的低级职务，即在圣餐期间任读经人，算是助理牧师。尤利安研究者普遍认为，这表明此时尤利安还未从信仰上脱离基督教。因为读经人职务要求尊重本人的意愿，如果尤利安反对，他不可能担任这一职务。这种推理似是而非，因为尤利安在遵从哲学的同时，完全可以表面上做一个基督徒。可能基督徒的伦理禁止这样做，但他从古希腊文明中学到的伦理并不反对他如此伪装。更何况，他在公开叛教之前，已经伪装基督徒很长时间。总之，判定

---

① 尤利安，*Letters 23*，所用版本为 *The Works of The Emperor Julian III*, trans. by Wilmer C. Wright, The Loeb Classical Library, Cambridge, Massachusetts, Harvard University Press, 1924.

尤利安何时背弃基督教信仰，并非一个至关重要的问题，重要的是他叛教的事实和他凭何种理据叛教。有的尤利安研究者，通过辨析新柏拉图主义与基督教教义共同之处，认为此时尤利安着迷于新柏拉图主义无损于他的基督教信仰，[1]这是没有看到哲学与基督信仰之间的冲突不可调和。尤利安经历的是非此即彼的抉择。不管新柏拉图主义与基督教教义有多少共同之处，若他认可新柏拉图主义，他就不可能信仰基督；若他信仰基督，就不会认可新柏拉图主义。否则，尤利安后来就没有必要基于新柏拉图主义体系发动异教复兴运动。不管基督教从新柏拉图主义那里借鉴多少思想资源，或尤利安从基督教教会组织借鉴了多少经验，但二者在最根本的问题上始终存在分歧。这才是尤利安不顾阻挠发动异教复兴运动的根本理据。

尤利安在去往马塞卢姆的路上，与他的兄长伽卢斯重逢，他们此前已分离七年。此时的伽卢斯已经成人，大概18岁。伽卢斯与尤利安的性情完全不同，因此兄弟俩即便在马塞卢姆共同生活6年，却感情不深。他们是两个世界的人。

后来，尤利安如此描述他在马塞卢姆的生活：

---

[1] Robert Browning, *The Emperor Julian*，前揭，第40—41页。

> 我该如何描述我们在那里待的六年？我们好像住在外族人的土地上，仿佛我们待在某个波斯人的要塞中被监视，因为没有任何陌生人来看我们；我们的老朋友也不准拜访我们；我们也被禁止自由的学习和自由的交谈，在大汗淋漓中与我们的奴隶共同劳作，仿佛他们是我们的友伴。因为没有一个和我们同龄的伙伴接近过我们，也不允许这样做。①

诸多研究者假定，尤利安在尼科米底亚和马塞卢姆的软禁生活对他的性格和心理有重要影响。这种现代心理学式的一般推测并没有明确证据。孤独地度过青少年阶段并不一定导致性格畸变；缺乏行动自由和被监视，也不必然造成心理缺陷。因此，我们不应夸大尤利安的幽禁生活对他人生的影响。换言之，随着尤利安逐渐长大，必定会逐渐获悉337年他家族所遇不幸事件的真相，但这并不意味着尤利安会陷入一种非理性的复仇状态。君士坦提乌斯二世对他的监视带来的恐惧，也不

---

① 尤利安：《致雅典元老院和人民》(*Letter to the Senate and People of Athens*)，271c；所用版本为 *The Works of The Emperor Julian II*, trans. by Wilmer C. Wright, The Loeb Classical Library, Cambridge, Massachusetts, Harvard University Press, 1913.

一定会扭曲他的灵魂，仿佛整日战战兢兢，惶惶不可终日。依照尤利安的说法，在那几年，哲学拯救了他。他自己说：

> 在诸神的帮助下，我才从那个地方勉强获得自由，获得更幸福的命运。但是，我的兄长被囚禁于宫廷，他的命运比任何曾活过的人都不幸。事实上，无论他的性情显露出什么样的残酷或狠厉，都因为他是在群山中被抚养大而增强。因此，我认为皇帝应该为此承担责任，他违背我们的意愿，让我们那样长大。至于我，诸神通过哲学使我不受其影响，不受其伤害，而没有哪位神赐予我的兄长这种恩惠。①

因此，凭借哲学，他能以超然的眼光看待个人和家族的不幸，能凭借追求灵魂的完整克服不幸造成的痛苦。

351年，尤利安的软禁生活突然结束。他的人生即将发生意想不到的改变。

---

① 尤利安：《致雅典元老院和人民》（*Letter to the Senate and People of Athens*），272。

3　哲学青年

自340年3月,君士坦丁二世的领地被弟弟君士坦斯一世兼并后,整个帝国就已经陷入事实上的分裂。这一分裂格局基本上就是罗马帝国后来分裂的格局。君士坦提乌斯二世控制东部帝国,君士坦斯一世控制西部帝国。尽管这两部分都面临安全威胁,帝国西部面临莱茵河-多瑙河西段一线蛮族的入侵,帝国东部面临多瑙河东段和萨珊波斯的威胁,相对而言,帝国东部的安全处境要比帝国西部弱。因为与北方的蛮族比起来,萨珊波斯是一个更具组织力、能与罗马帝国持续对抗的军事威胁。君士坦提乌斯二世独控帝国东部的十多年(337—350年),一直与萨珊波斯冲突不断。与萨珊波斯的战争,一直持续到尤利安登基。尤利安皇帝正是试图结束这场战争,在远征波斯的途中驾崩。阿米安努斯说,这场漫长的战争始于君士坦丁大帝统治末期,[①]后者正是在计划远征波斯的途中病逝。在那之前,罗马帝国与萨珊波斯维持了近40年的和平。

交战的地区集中于幼发拉底河和底格里斯河流域,

---

① 阿米安努斯:《罗马史》,25.4.13。

这里是罗马帝国的边境。对罗马帝国而言，控制幼发拉底河至关重要，就如后来拜占庭帝国与阿拉伯帝国的互相征伐表明，[1]越过幼发拉底河，就可以进入叙利亚地区。一旦从两河流域来的敌人控制叙利亚、兵临地中海沿岸，无论是罗马帝国还是后来的拜占庭帝国，都将丧失对埃及乃至北方的小亚细亚半岛的控制权。因此，为防卫狭长的叙利亚地区，也就是今日所谓的中东地区，罗马帝国必须守住幼发拉底河沿线。历史上，有数位皇帝试图控制整个两河流域，但最终都没有成功，帝国的边境始终维持在幼发拉底河沿线，尽管时有伸缩，但变化不大。从帕提亚帝国到萨珊波斯帝国，始终在与罗马帝国争夺对两河流域的控制权，双方都没有达成目标，仅是各自控制了两河流域的一部分，从而呈现为数个世纪的拉锯式对抗。相对而言，罗马帝国更易受到攻击，因为在边境地区，罗马一方有大量繁华的城市需要守卫，而4世纪的罗马帝国已经没有能力将敌人坚决阻击在边境线之外。[2]

君士坦提乌斯二世非常清楚，他无法彻底击败萨珊

---

[1] 布朗沃斯：《拜占庭帝国》，吴斯雅译，北京：中信出版集团，2016年，第165—177页。
[2] 勒特韦克：《罗马帝国的大战略——从公元1世纪到3世纪》（修订版），前揭，第215—236页。

波斯，因此他主张以谈判的方式结束战争。但是，对罗马帝国的皇帝来说，不可能主动向萨珊波斯请求和平，所以君士坦提乌斯希望，能在一场大胜之后来缔结和约，以维持一段时期的和平。不过，君士坦提乌斯二世与他的那些将军型父辈相差太远。利巴尼乌斯在《尤利安葬礼上的演说》说：

> 君士坦提乌斯二世仿佛发誓与波斯人共同行动：他不想夺取敌人的任何东西，也不想让敌人赢得属于他的任何东西。每年夏季开始，波斯人在早春时节围攻他的要塞，君士坦提乌斯率领他的军队跨过幼发拉底河，将他召集的精锐大军驻扎在那里，如果敌人露面，他就撤退，尽管他几乎能听见被围困市民的哀号，他认为最好的策略不是攻击敌人或帮助正处于危境中的臣民。那么，他的迟缓的后果是什么？当敌人攻占他的要塞，毁灭城市，带走俘虏和战利品，他会派部队去视察那片荒凉之地，庆幸敌人没有造成更大的破坏。然后，他穿过众城市返回，每天都受到常常是一场大胜之后的那种欢迎。这种状况年复一年重复：波斯人跨过幼发拉底河，他认为敌人会攻击要塞，然后

> 在敌人即将攻占要塞时开始行动,然后得到消息,敌人已经攻占要塞,他就满足于没有与敌人在战场上较量。敌人以大批俘虏为乐,他则以赛马为乐:众城市将他们的王冠送给波斯人,而他则将花冠送给他的赛马手。①

利巴尼乌斯这篇演说的主旨是赞颂尤利安,而对君士坦提乌斯则有些刻薄。但在整个统治期间,君士坦提乌斯二世的确没有取得一次对萨珊波斯的胜利。他担心,万一在与萨珊波斯的战争中失利,弟弟君士坦斯一世会从背后进攻他的领地。实际上,君士坦斯一世并无统一帝国的雄心。在取得对帝国西部的控制权后,君士坦斯一世愈来愈昏庸,愈来愈不受军队喜欢。为防卫莱茵河-多瑙河西段的边界,帝国西部必须派重兵守卫。但是,君士坦斯一世竟然忽视这条边界上驻守的军团,沉迷于卑鄙小人的阿谀奉承,拒绝边境军事将领们的意见。

350年1月18日,君士坦斯一世的私库大臣马塞林

---

① 利巴尼乌斯:《尤利安葬礼上的演说》(*Funeral Oration Over Julian*),206—207,版本为 *Libanius, Selected Orations I*, edited and translated by A. F. Norman, Loeb Classical library, London & Cambridge: Harvard University Press, 1969.

努斯（Marcellinus），在奥坦（Autun）为儿子庆生，高卢所有军队将领都在现场，一个名叫玛格嫩提乌斯的统领，突然披上紫袍，被参与生日宴的其他将领推举为皇帝。当时，君士坦斯一世正在奥坦附近狩猎。几天之后，君士坦斯一世被捕，遭到处决。几个月后，又有两个叛乱者分别在罗马和多瑙河前线称帝，不过这两个叛乱者并没有站稳脚跟。在多瑙河前线称帝的维特拉尼乌斯（Vetranius），可能是在君士坦提乌斯二世姐姐的怂恿下称帝的，意在阻止他的军队倒向玛格嫩提乌斯。因为，很快他就向君士坦提乌斯二世投降，后被送到小亚细亚安度晚年。[1]

对君士坦提乌斯二世来说，弟弟被叛乱者谋杀，自己作为帝国的正统皇帝，当然有义务前去讨伐，更何况这是统一帝国的绝佳机会。君士坦提乌斯二世起初试图与玛格嫩提乌斯谈判。因为，从东部出发去远征西部，不是一件容易的事，尤其是要从东方出发，穿越巴尔干半岛，去进攻高卢，玛格嫩提乌斯的大本营就在高卢。但是，君士坦提乌斯二世很快发现，必须击败玛格嫩提乌斯。其理据与基督教的教派之争有关。

帝国事实上分为东西两部分后，君士坦斯一世支持

---

[1] Robert Browning, *The Emperor Julian*，前揭，第50页。

正统教会，即认同325年尼西亚信经的教会，而君士坦提乌斯二世的东部支持阿里乌派。双方争执的焦点在于三位一体的第二位格，即圣子在本性上与圣父一致，还是略低于圣父。325年的尼西亚会议得出的决议是，圣子与圣父一致，这是教会的正统教义。但是，这一教义遭到帝国东部部分教士的反对。亚历山大里亚主教阿忒纳西乌斯（Athanasius）是毫不妥协的正统派，被流放。然后，他逃到西部帝国，起初避难于君士坦斯一世，随后又受到玛格嫩提乌斯的保护。阿忒纳西乌斯在罗马公开谴责他的东部对手，不惜策划种种阴谋。帝国东部的阿里乌派也采用类似手段。双方互相谩骂的小册子一本接一本，双方都毫无顾忌地使用最暴力的手段打击对方，包括谋杀。

面对这一处境，君士坦提乌斯二世决定任命一位副帝，在他前往西部讨伐玛格嫩提乌斯期间，负责管理东部帝国。鉴于戴克里先以来的历史经验，君士坦提乌斯二世不信任外人担任此一职务，因为那无异于培育一位竞争对手。他只能在家族内部选择。可是，他在337年屠戮了家族的大部分男性。君士坦提乌斯二世在世的男性亲属就是伽卢斯和尤利安兄弟俩。尽管他是谋杀兄弟俩的父亲的凶手，但形势急迫，别无选择。君士坦提乌斯二世选择了伽卢斯，此时伽卢斯大约25岁。

351年冬，一位使者突然抵达马塞卢姆，命令伽卢斯立刻赶往君士坦提乌斯二世在西米乌姆的行营。尽管正值寒冬腊月，伽卢斯立即启程，于3月15日在西米乌姆被提升为恺撒，负责治理东方大区，主要负责与萨珊波斯的战争。两位皇帝在一众主教和官员面前庄严宣誓忠诚于对方。为了稳固这一誓约，君士坦提乌斯二世将他的姐姐君士坦提娜（Constantina）嫁给伽卢斯，君士坦提娜要比伽卢斯大很多岁，16年前曾嫁给过另一位堂弟汉尼拔里安努斯，但这位堂弟在337年被君士坦提乌斯二世杀害。玛格嫩提乌斯曾要求迎娶君士坦提娜，以与君士坦提乌斯二世达成分治帝国的格局，遭到拒绝。君士坦提娜性情残忍，阿米安努斯评价她说：

> 对于伽卢斯的残暴，他的妻子君士坦提娜不仅是一种严重的刺激，而且由于仰仗与君士坦提乌斯二世的关系而无比专横。之前，受她父亲的安排，她嫁给了叔叔之子汉尼拔里安努斯。君士坦提娜，一位伪装成凡人的墨姬拉（Megaera），不断激发伽卢斯的野蛮，让伽卢斯变得像她一样嗜血。[1]

---

[1] 阿米安努斯：《罗马史》，14.1.2。

随后，伽卢斯与妻子君士坦提娜动身前往安提阿。伽卢斯在前往安提阿的路上，与尤利安在尼科米底亚会面。伽卢斯允许尤利安离开幽禁之地，到其他地方求学。同时，他还获得已去世的外祖母的财产。尤利安人生中头一次可以自由地四处旅行，能与他喜欢的人结交。[1] 此时，尤利安已经将近20岁。他非常清楚，他的自由并非毫无限制，比如他必须远离帝国的政治事务。所以，尤利安并没有随着兄长的高升而卷入帝国政治。

常人在摆脱一种严苛的管教获得自由后，往往由于缺乏节制能力，转向毫无意义地放纵和寻欢作乐。尤利安却不是这样，他重获自由后，最大的热望是继续哲学学习。尤利安立即前往尼科米底亚，参加利巴尼乌斯的修辞学讲座，后者当时已是名扬希腊世界的修辞大师。为避免招致君士坦提乌斯二世的怀疑，尤利安非常谨慎地避免与利巴尼乌斯直接联系，而是通过中间人获取后者的讲稿。因为，利巴尼乌斯是一名异教徒，坚决反对基督教。

尤利安已经读过大量哲学著作，他决定到当时著名的哲学家那里求学。当时，帝国最著名的哲学代表是新柏拉图主义。自普罗提诺于罗马创建这一思想体系，已

---

[1] Robert Browning, *The Emperor Julian*, 前揭, 第52页。

经过了近一个世纪。中间经波菲利和杨布里科的发展，到尤利安时，新柏拉图主义哲学已经蔚为大观。此时，杨布里科已经离世，但亲炙弟子仍健在。最重要的是**埃德希俄斯（Aidesios）**。埃德希俄斯是卡帕多西亚人，在小亚细亚的帕加马城生活，这座城市是当时希腊语世界的思想中心之一。尤利安拿着大量贵重礼物来到帕加马，请求成为埃德希俄斯的学生，后者已年老多病，因此拒绝了尤利安的请求。但埃德希俄斯建议尤利安去跟他的学生们学习。埃德希俄斯对尤利安说：

> 如果你加入我们的秘仪，你就会羞愧生而为人，羞愧有人的名字；我希望马克西姆斯（Maximus）在这里，但他去了以弗所；我也希望普利斯库斯（Priscus）在这，但他去了希腊。我最紧密的朋友欧西比俄斯（Eusebios）和克律桑提乌斯（Chrysanthius）在这里。去求教他们吧！[①]

尤纳皮乌斯此段记载包含着众多信息，需要稍微解释一下。新柏拉图主义认为，人的最高目标是与神相

---

① 尤纳皮乌斯：《哲人与智术师列传》，474。

似。大体而言，达成这一目标的路径有两条：凭靠理智和凭靠通神术。尽管在普罗提诺那里，有宗教性的因素，尤其是迦勒底神谕传统，但是普罗提诺认为，与神相似主要依凭理智的静观和沉思，从而是一种极为艰深的形而上思辨。波菲利的弟子杨布里科在叙利亚建立自己的学派，认为单凭理智静观和沉思无法达至与神的沟通，因而提出通过通神术来达成这一目标。依照公认的观点，通神术主要是凭靠仪式来达成与神的沟通，从而为新柏拉图主义增添了更多的宗教秘仪内容，尤其是让新柏拉图主义更具神秘主义味道。为此，杨布里科还与波菲利写书进行过论战。[1]尤纳皮乌斯记载的这段话中，埃德希俄斯所谓的"我们的秘仪"就指新柏拉图主义的最高奥秘：与神相似。

尤利安遵照埃德希俄斯的建议，前去欧西比俄斯和克律桑提乌斯那里求学。欧西比俄斯本人更偏重普罗提诺及波菲利的路向。欧西比俄斯在他的讲座结束时，常常提醒学生，通神术不过是感官幻觉，是凭靠物理技巧制造的花招。欧西比俄斯的此种频繁强调，反而激起尤利安的好奇心，想搞清楚通神幻觉背后的东西是什么。他去请教克律桑提乌斯，后者闭口不言，丝毫没有泄露

---

[1] 杨布里科的《论埃及秘仪》即对波菲利的回应。

其中的奥秘,并要求他去问欧西比俄斯本人。然后,尤利安鼓起勇气去求教欧西比俄斯本人,他为什么说通神术不过是感官幻觉。欧西比俄斯解释道:

> 马克西姆斯的天性轻视对这些问题的逻辑论证,而是急匆匆地选了一条疯狂之径。前不久,他邀请我们去赫卡忒神庙。我们到那里后,先敬献那位女神。马克西姆斯说:"请坐,朋友们,请看看接下来会发生什么,看看我有多厉害。"我们坐定后,他点燃一炷香,开始背诵一段韵文。然后,庙中的女神像渐渐绽放微笑,进而仿佛在大笑。我们都被眼前的一幕惊呆了。马克西姆斯说:"不必惊慌,你们很快会看到女神手中的火炬会点燃。"还没等他说完,女神手中的火炬燃了起来。那一瞬间,我们对这位变戏法的魔术师充满敬意。但是,不要对这类事情好奇——至少我本人不好奇这类事——而是要相信,最重要的事是用理智净化你的灵魂。①

---

① 尤纳皮乌斯:《哲人与智术师列传》,475。

尤利安没有听从欧西比俄斯的建议，立即赶去以弗所见马克西姆斯。马克西姆斯是以弗所人，曾受教于埃德希俄斯门下，在历史上以擅长通神法术而闻名。现代学者基于反迷信的偏见，认为马克西姆斯是江湖骗子，专门兜售各种奇迹，以迷惑不知其技巧的人。现代学者认为，马克西姆斯能让赫卡忒神庙的神像绽放微笑，一定是使用了某种复杂的物理学、化学知识。如此定论马克西姆斯，将错失理解通神术的机会。毕竟，在那个时代，实践通神术的智识人很多，甚至到了普罗克洛斯那里，通神术仍是新柏拉图主义哲人的必修课。从灵魂类型上来讲，马克西姆斯是新柏拉图主义哲人中的激进派，类似于任何宗派中的激进分子。那种激进分子由于太过于急切地渴求实现本宗派的目标，从而孤注一掷地追求某种成神的便捷法门。

依照新柏拉图主义传统来看，杨布里科开创通神术已是较激进的一路，而马克西姆斯比杨布里科可能更激进。不过，这绝不意味着马克西姆斯对新柏拉图主义中的理智派路径一所无知，或他毫无哲学修养。在梅列日科夫斯基笔下，马克西姆斯除了擅长各种法术外，还精通形而上学思辨。我们只能说，马克西姆斯更侧重杨布里科开创的通神术。可以推想，历史上的马克西姆斯一定魅力非凡。一位多年后见过马克西姆斯的人如此描述马克西姆斯，当时后者由于与尤利安的关系受尽羞辱和折磨：

> 他的瞳孔似乎长了翅膀……灰色的胡子很长，双眼透露出他灵魂的冲劲。眼睛和耳朵给人一种和谐感。凡是遇到他的人都会被这两种感觉迷住，被他迅疾的眼神和语速所压服。即使最有经验的人也不敢在讨论中反驳他。学生们默默地聆听他说话，仿佛他的话就是神谕。他言辞的魅力是如此之大。[1]

352年初，尤利安来到以弗所，成为马克西姆斯讲座的常客。在这里，尤利安开始跟随马克西姆斯实践杨布里科派的通神秘仪。需要强调的是，这里的通神秘仪是新柏拉图主义内部的通神秘仪，而非那个时代流行的秘仪。如前所述，新柏拉图主义的宗旨是与神相似，而新柏拉图主义的神是太一。依照普罗提诺的看法，要想达成与神相似的终极目标，主要凭靠理智的静观和沉思。杨布里科在此基础上开出一条更方便的法门，即在理智静观基础上，还需要仪式来与神沟通。在普罗提诺

---

[1] 尤纳皮乌斯：《哲人与智术师列传》，473。

和波菲利那里，太一是无情的、不动的终极存在，杨布里科则对太一进行了人格化想象，否则对一个无情的、不动的终极存在来说，仪式毫无作用。显然，只有对一个具有某种人性特征的神，仪式才会起作用，亦即可以在仪式中回应信徒的请求和祈祷。

通神秘仪的经典是《迦勒底神谕》（*Chaldaean Oracles*）和杨布里科对这部书的注疏。《迦勒底神谕》是一个名叫尤利安的巴比伦人，2世纪前半叶来到罗马写下的。这部书是对古代宗教神谕残篇的汇编，杨布里科则将之希腊化，用希腊传统宗教的因素对之解释，从而构造出一个宗教神话体系。《迦勒底神谕》和杨布里科的注疏都已失传，但到普罗克洛斯时代，它们都很有影响，普罗克洛斯对之浸润很深。[1]总体而言，基于《迦勒底神谕》，杨布里科构建出一个象征符号体系，用宗教神话象征符号来象征宇宙大全。通神秘仪法师通过这些操纵象征符号，以模仿与神相似或与神同在的体验。换言之，必须有对仪式的象征含义的解释，也就是在通神术之外必有神智学（theosophy）作为辅助。因此，只有极少数人才有资格参与这种秘仪，外人根本不可能知晓

---

[1] 谭立铸：《柏拉图与政治宇宙论》，上海：华东师范大学出版社，2010年，第33—49页。

其中奥秘。马克西姆斯引导尤利安加入这种秘仪，或者说向他解释了仪式所具有的秘密含义。

尤利安在以弗所平静地研究哲学、神智学和通神秘术。354年，他平静的生活再次被帝国的权力斗争打破。这一年11月，他的兄长伽卢斯被君士坦提乌斯二世逮捕后处决，随后，伽卢斯的大批党羽和朋友被捕。由于与伽卢斯的亲属关系，尤利安受这一事件牵连，被皇帝传唤，被迫离开以弗所。所以，我们有必要考察一下伽卢斯的命运。同时，我们也可以借考察伽卢斯事件的机会，比较一下兄弟俩的命运何以不同。后面我们会看到，尤利安被提升为恺撒时的处境，与兄长被提升为恺撒时的处境，几乎完全相同。

他的兄长伽卢斯351年被提升为副帝，驻守安提阿。从常识来看，伽卢斯的处境从一开始就很危险。因为他毫无政治经验，突然被提升到这样的高位，必定困难重重。基于家族仇怨，君士坦提乌斯二世不会赋予伽卢斯真正的实权，让他在帝国东部培植自己的政治力量。伽卢斯周围的官员皆是君士坦提乌斯二世的心腹党羽，这些人随时向皇帝密报伽卢斯的动向。因此，351年伽卢斯从西米乌姆启程，前往安提阿任职时，并非君士坦提乌斯二世对帝国权力的重新分配，而是危急时刻的权宜之计。他希望伽卢斯只是皇权在东方的一个象征，一个代表他本人在场的象征，而非真正的统治者。

从戴克里先皇帝开始，帝国的军事与民政系统分离，唯有皇帝本人能控制两个系统，从而大大强化了皇帝的权力。君士坦提乌斯二世授予伽卢斯指挥东部军队的权力，以保证帝国东部边境态势不恶化，但没有赋予他管理民政系统的权力，君士坦提乌斯二世本人则率领帝国东部的主力军队前往西部讨伐玛格嫩提乌斯。伽卢斯取得对萨珊波斯的小规模胜利，还镇压了陶鲁斯山脉山地部落的叛乱。军事上的胜利对伽卢斯不见得是好事：第一，胜利会培育自己的政治声望，同时也会招来皇帝的怀疑和忌惮。第二，随着政治声望的升高，伽卢斯会索取更多的权力。权力斗争就会随之到来。

伽卢斯仅有军队指挥权，但是战争所需的补给、装备和其他物资都要靠民政系统提供，而伽卢斯无权干预这个系统，负责这个系统的是东部大区长官。换言之，东部大区长官听命于君士坦提乌斯二世，而非伽卢斯。因此，伽卢斯与民政官吏之间不断爆发冲突。一个典型的事件是，伽卢斯出发前往东部边境抗击萨珊波斯的小规模入侵时，在安提阿召开会议，要求民政官员确保军队的后勤供应。民政官员联合安提阿的富裕上层，动员民众反击伽卢斯。当时，由于战事需要，安提阿粮食紧张，价格飞涨，民众陷于饥饿的境地。伽卢斯任命他的一位下属为叙利亚总督，以保证军队的后勤供应。几天后，随着粮食价格继续上升，饥饿的民众纵火烧毁部分富裕市民的房子，将伽卢斯任命的那位总督处死。伽卢斯从前线返回后，要求富裕市民降低粮价价格，遭到后者拒绝。伽卢斯接着处决安提阿地方元老院的两位领袖。伽卢斯的行为无疑不合法，也很不明智。伽卢斯此举激起民政官员和安提阿富裕阶层的联合反对，后者开始谋划针对伽卢斯的阴谋，结果被伽卢斯严厉处决。君士坦提乌斯二世获知这些消息后，认为伽卢斯这是在故意挑战他的权威。

君士坦提乌斯二世于351年9月，在穆尔萨战役中取得针对玛格嫩提乌斯的决定性胜利，但玛格嫩提乌斯仍然活着。直到353年8月，后者才在走投无路的情况下，被迫自杀。在此期间，君士坦提乌斯二世始终担忧东部行省会爆发针对他的叛乱。有迹象显示，东部的某些高级军事长官考虑过叛乱。伽卢斯没有卷入叛乱的阴谋，但他会是叛乱可资利用的人物。这些因素促使君士坦提乌斯二世于354年，决定召回伽卢斯。

君士坦提乌斯二世的皇家卫队长**多米提安努斯**（Domitianus）被派往安提阿，陪同伽卢斯前往米兰，当时君士坦提乌斯二世驻扎在米兰。多米提安努斯到达安提阿后，秘密与伽卢斯的敌人接触，搜集不利于伽卢斯的证据。很可能，多米提安努斯是遵照君士坦提乌斯二世的秘密指令行事。最后，他向伽卢斯发出通牒，要求伽卢斯要么跟随他立即去米兰，要么就会切断他的补给。伽卢斯立即逮捕多米提安努斯。另外一个官员威胁伽卢斯，他无权逮捕任何民政官员，更不用说将一位皇家卫队长下狱。伽卢斯求助于士兵的保护，后者立即将多米提安努斯及其随员撕成碎片。君士坦提乌斯二世获悉后，认为他最坏的猜疑得到确证，决定毁灭伽卢斯。然后，君士坦提乌斯二世派其他官员前往安提阿邀请伽卢斯到米兰去觐见皇帝。伽卢斯没有抗争，可能是因为他意识到他在内战中没有获胜的可能。在他前往米兰途中，经停君士坦丁堡，在首都举办了一场赛马竞赛。君士坦提乌斯二世对伽卢斯这一行为的解读是，伽卢斯意在吸引首都民众的支持。354年11月，君士坦提乌斯二世下令处决伽卢斯，没有经过任何审判。

尤利安当然知晓兄长面临的处境。二人尽管性情不同，但似乎关系不错。伽卢斯从安提阿前往意大利途中，他们见过一面。尽管对伽卢斯被捕并非毫无预料，但兄长被处决对他必定是一个可怕的打击。更糟的是，伽卢斯的朋友们接连被捕。鉴于他与伽卢斯的关系，告密者争相捏造不利于他的证据。尤利安随即受召前往米兰觐见皇帝。他抵达米兰后，被指控说未经皇帝允许，擅自离开马塞卢姆,且与他的兄长在君士坦丁堡会面。实际上,他被指控的真正罪名是,他参与试图推翻君士坦提乌斯二世的阴谋。真实情形是,尤利安待在以弗所的那几年,尽力避免卷入任何帝国事务,他在这个方面异常谨慎。

关键时刻,用尤利安的话说,他遇到一位天使,即君士坦提乌斯二世的皇后**欧西比娅**(Eusebia)。尤利安有篇演说献给这位皇后,名叫《欧西比娅皇后颂》。这位皇后是一位极富教养,天性宽厚仁慈之人。她利用自己的影响力,让尤利安得以觐见皇帝,通过坦率交流,消除君士坦提乌斯二世的疑心。尽管尤利安得以保留性命,但不能返回亚洲。经欧西比娅调解,尤利安被获准前往雅典继续哲学探究。彼时的雅典仍极具声望,修辞大师或哲人都以能在雅典开坛讲学为荣。各地年轻人仍争相到雅典求学。去雅典求学一直是尤利安的梦想,因为那里是柏拉图的故乡。

355年初夏,尤利安到达雅典。当时,雅典最著名的修辞大师是亚美尼亚人普罗海勒希俄斯(Prohairesios)和普鲁萨人**赫莫里乌斯**(Himerius of Prusa),前者是基督徒,后者是异教徒。尤利安偶尔来参加他们的修辞讲座,主要的精力都投入哲学研究。当时,埃德希俄斯的弟子普利斯库斯(Priscus)正在雅典教书，他们很快变成密友，一起探索通神奥秘。

在学习之余，尤利安探访雅典的古代遗迹，在阿卡德米学园的花园中散步，沿着亚里士多德曾散步的小路追想往日的情景。对诸多古代晚期的旅行者来说，雅典已经失去吸引力；对尤利安来说，雅典则是魂牵梦绕的圣城，是他心仪的希腊文明的纪念碑。在雅典的那几个月，可能是尤利安一生中最幸福的时光。355年10月，君士坦提乌斯二世再次召他立即赶往米兰。当他带着恐惧和不舍离开雅典，望着逐渐隐入秋日薄雾中的雅典卫城时，泪水涟涟。[1] 当时卫城上仍耸立着雅典娜的神像，尤利安曾向雅典娜祈求，不要让他离开雅典，[2] 但雅典娜不掌管人的命运。

4 抉择

君士坦提乌斯二世自从351年从东部抵达西部后，一直驻扎在米兰。353年秋，玛格嫩提乌斯叛乱被最终平定后，君士坦提乌斯二世也没有离开。由于蛮族不间断的袭扰，高卢地区一片混乱。355年8月，高卢将军西

---

[1] 利巴尼乌斯：《尤利安葬礼上的演说》，32。
[2] 尤利安：《致雅典元老院和人民》，275。

尔瓦努斯（Silvanus）称帝叛乱。这次叛乱全因君士坦提乌斯二世本人所致。君士坦提乌斯二世是一个非常多疑的人，不信任位高权重的部下。为监督部下和及时发现叛乱苗头，君士坦提乌斯二世在帝国广布密探。君士坦提乌斯二世的这一做法，为卑鄙小人诬告和陷害正派人士提供了机会。

一个名叫杜纳米乌斯的后勤小官，伪造了一封以西尔瓦努斯的名义写的信，信中说他正在谋划叛乱。这一阴谋背后是当时高卢大区的大区长官拉姆帕蒂乌斯（Lampadius）以及其他民政高官，他们试图以此陷害西尔瓦努斯。这封伪造的信送到君士坦提乌斯二世手中，后者未经详审，立即下令逮捕信尾所列人员。君士坦提乌斯二世的一些大臣怀疑其中有蹊跷，建议君士坦提乌斯谨慎处理。君士坦提乌斯二世为疑心所驱使，忽视这一建议。后来发现，那封信末尾的签名都是伪造，就连君士坦提乌斯二世后来也确信，那封信是伪造的。君士坦提乌斯二世大发雷霆，处决部分参与这一阴谋的官员，但主谋拉姆帕蒂乌斯躲过惩罚。

当时驻扎在科隆的西尔瓦努斯听说宫廷中散布对他不利的谣言。他非常了解君士坦提乌斯，知道自己毫无说服君士坦提乌斯二世相信自己清白无辜的希望。一开始，他试图逃到法兰克人那里避难。西尔瓦努斯本人就是法兰克人的后代,其父伯尼托斯(Bonitus)是一位雇佣兵军官,在君士坦丁大帝与李锡尼的内战中表现卓异。西尔瓦努斯接受罗马文化教育,信仰基督教,长大后继承父亲的职业,继续在军队中供职。玛格嫩提乌斯称帝时,西尔瓦努斯已经是高卢的一名高级军官。351年的穆尔萨战役时,西尔瓦努斯率领手下部队倒向君士坦提乌斯二世,对最终击败玛格嫩提乌斯贡献不小。之后,西尔瓦努斯被任命为高卢将军。西尔瓦努斯家族在法兰克人部落有深厚的关系网,本来寄希望避难于那里。但是,经过试探后,法兰克人不愿接受西尔瓦努斯,后者不得不于355年8月称帝作乱。

西尔瓦努斯称帝的消息传到米兰,君士坦提乌斯震惊不已。之前被错误指控的罪行,现在得到证实。君士坦提乌斯二世召开通宵会议,来讨论如何应对这一事件。最后,有人推荐乌尔西努斯(Ursicinus)前去平叛。乌尔西努斯是一位战争经验丰富的杰出将领,但是曾被怀疑参与反对皇帝的阴谋。君士坦提乌斯二世不信任他,但别无选择。乌尔西努斯建议,君士坦提乌斯二世假装不知道西尔瓦努斯称帝叛乱的消息,以派他本人前去接替西尔瓦努斯的职位为借口,趁叛乱还未扩大,稳住局势。乌尔西努斯率领一小队随从立即出发,其中就有史家阿米安努斯,希望在西尔瓦努斯获悉他称帝的消息已经抵达米兰之前到达科隆。但是，乌尔西努斯还是晚了。他到达科隆后，不得不假装赞成西瓦尔努斯称帝，同时秘密筹划除掉西尔瓦努斯。经过乌尔西努斯的努力，在叛军内部形成一个忠于君士坦提乌斯二世的团体。9月8日，一群士兵冲进西尔瓦努斯的大帐，将他砍死。

听闻西尔瓦努斯已死，君士坦提乌斯二世异常高兴，立即搜捕和拷问西尔瓦努斯的同党。叛乱被平息下去，但君士坦提乌斯二世旋即陷入更大的忧虑之中，因为西尔瓦努斯事件可能重复上演。他已经不再信任手下的任何将领，而西尔瓦努斯叛乱之后的高卢急需有人前去坐镇。高卢地区短短几年内的两次叛乱和征讨叛乱，让高卢地区民不聊生。西尔瓦努斯失败后，高卢地区的驻军呈现无序状态。莱茵河对岸的日耳曼蛮族趁机越过边界，占据莱茵河左岸的土地，深入高卢腹地劫掠。同时，萨珊波斯的沙普尔二世已经率军突入亚美尼亚和幼发拉底河地区。这就是尤利安被召前来米兰时，帝国的处境。

面对这一处境，君士坦提乌斯二世底下那些阿谀奉承之徒，使劲吹嘘君士坦提乌斯二世无所不能，足以应付任何突然事件。实际上，最佳的应对方案是任命一位副帝镇守西部，他本人统率大军前往东方。但这些阿谀奉承之徒，坚决反对这一方案，他们担心一位副帝在未来很可能继承帝位，因为当时君士坦提乌斯二世还未有男性子嗣。民政官员和将军们，出于帝国安危的考虑，极力劝诫君士坦提乌斯二世任命一位副帝。由于君士坦提乌斯二世不信任他的部下，所以只能从皇族中选择。君士坦提乌斯二世唯一在世的成年男性亲属只有尤利安。

去雅典召回尤利安的信使，并不知道君士坦提乌斯二世用意何在。对此次被召，尤利安恐惧不已。尤利安怀疑，很有可能君士坦提乌斯二世后悔给予他自由，要收回承诺，将他继续软禁或直接处死。尤利安抵达米兰后，没有被君士坦提乌斯二世立即召见，而是被幽禁在城外的一处别墅。君士坦提乌斯二世一直无法下定决心，因为伽卢斯事件才刚过去不久。在这一关键时刻，欧西比娅皇后再次发挥关键作用。她建议说，首先，血浓于水；其次，尤利安天性热爱哲学，所以他不会试图推翻君士坦提乌斯二世，哲人不贪恋权力；最后，尤利安毫无政治基础，在帝国政治网中毫无根基，与军队也没有任何联系。

当君士坦提乌斯二世召尤利安前往行营时，后者对于会发生什么并非毫无准备。欧西比娅皇后已写信给他，鼓励他接受君士坦提乌斯二世的任命。所以，在前往行营接受任命之前，尤利安已经知道若蒙皇帝召见，会发生什么。所以，在等待被召见的那段时间，是尤利安一生中的关键时刻。作为古典哲学的学生，尤其是柏拉图哲学的学生，他非常清楚这一选择的分量。哲学还是政治这一问题，摆在了他的面前。尤利安的第一反应是拒绝，希望能返回雅典继续求学。所以，他首先写好一封给欧西比娅的信，恳求后者尽快能送他返回希腊。但是，尤利安没有立即送出这封信。尤利安后来回忆道：

> 因此，我夜里恳求诸神告诉我，我是否应该把这封信送给皇后。他们警告我，如果我送出这封信，我会遭受最可耻的死亡。我呼请所有神见证，我写的信是真实的。因此，出于这个原因，我没有把信送出。但是，从那晚以后，我不断与自己争论，也许值得你们听一听。我自言自语："我原本打算与众神作对，我想象自己能比那些无所不知的神想出更明智的计划。然而，人的智慧如果只限于眼前，即便是用尽全力能长期成功避免种种错误，也会感到欣慰。这就是为什么没有人会想到三十年后发生的事，或过去已经发生的事情——因为后者是多余的，前者是不可能的——因而人只考虑那些近在咫尺、已经开始和萌发的事情。

"但是，众神的智慧看得很远，或者说能看到一切，因此那种智慧能指引正确的方向，带来最好的东西。因为他们就是一切现有和将要有的事物的原因。所以，他们知道现在的事，这是合理的。"所以，在我看来，基于这个推论，我的第二个决定要好过第一个。用正义的眼光来看这件事，我扪心自问："如果你自己的一头畜生不伺候你，甚至在你叫它时逃走，不管是一匹马，一只羊还是一头牛，你难道不会发怒吗？若你假装自己不是一个普通人，不是来自大众的一员，而是一个属于更高的、理性阶层的人，你逃避对神的服务，而不相信自己会被神随意处置吗？你要谨慎，以免落在大愚昧里，从而慢待你向诸神应尽的本分。你的勇气在哪里？你的勇气属于哪种勇气？这似乎是件令人遗憾的事。

"无论如何，你已经准备好由于害怕死亡而卑躬屈膝、阿谀奉承，而你有能力将这一切抛诸脑后，把这事交给神，把你交给神去看护，正如苏格拉底选择的那样。你可以在尽你所能做这些事的同时，把全部托付给他们；一无所求，不去索取，只简单地接受诸神赐予你的东西。"我认为,这样做不仅安全,而且对一个理性的人也合适,因为诸神的回应已经暗示这一点。因为我认为,为了避免将来的阴谋而轻率地落入不体面的、可预见的危险中,是一种头脚颠转。因此,我决定屈服。然后,我立即被授予恺撒头衔和紫袍。[1]

欧西比娅皇后来信第一次鼓励尤利安接受君士坦提乌斯二世的任命时,尤利安第一反应是拒绝。这一反应有两个原因,首先他更热爱哲学;其次,他兄长的命运已经向他显明成为副帝可能会付出的代价。但是,理智胜过最初的本能反应。他在夜里求问诸神,他该怎么办。诸神反对他把信送出,并说若拒绝任命,可能会被君士坦提乌斯二世处死。我们不知道他如何求问诸神,是通过秘仪还是祈祷。可以看出,这里的所谓求问诸神,恰恰是诉诸他的理智。尤利安的这个细节,很容易让人想起色诺芬在前往小居鲁士处时,求问诸神的故事。[2] 色诺芬首先去问自己的老师苏格拉底,要不要去小居鲁士那里。苏格拉底建议他去求问诸神。随后,色诺

---

[1] 尤利安:《致雅典元老院和人民》,276。
[2] 色诺芬,*Anabasis*, 3.1.3–7.

芬求问诸神若是去小居鲁士那里，该注意什么事项。换言之，色诺芬将最重要的该不该去的问题留给自己。

得到诸神的警示后，尤利安再没有求问诸神，而是陷入自我争论。他需要凭借理性来做出选择。接下来关于诸神旨意的说法，恰恰是一种理性论证，通过提及苏格拉底，清楚地表明了这一点。实际上，他已经做出接受任命的选择。他相信，诸神希望他接受这一任命，接受这一任命将是为诸神服务。这一说法从逻辑上来没有任何含义，而是写给雅典人看的一种表面说辞，就如苏格拉底说，他终生用哲学问题烦扰雅典人是来自诸神的命令。尤利安非常清楚，就如苏格拉底的选择出自他的哲学义务，他选择接受副帝的任命，也是出自他的哲学义务。这种哲学义务最明晰地体现在"哲人王"这一理念中。只有从哲人王这一理念中，才能理解尤利安所谓的接受任命是为诸神服务这一说法的含义。与此同时，我们也能理解，尤利安身上那种强烈的使命感出自哪里。简言之，他要为诸神恢复此世的地位。为什么要这样做，则不是出自诸神的命令，而是出自他的哲学。

几天后，尤利安被君士坦提乌斯二世召见，被任命为副帝，加恺撒称号。尤利安脱掉他的学者袍，刮去胡子，穿上士兵服，准备正式的任职典礼，此前他从未有过任何政治和军事经验。355年11月6日，尤利安的任职典礼在米兰举行。驻扎米兰的所有军团被聚集一处。君士坦提乌斯二世和尤利安着军人装束，站在一个高台上。史家阿米安努斯当时在现场，他描述说，君士坦提乌斯二世抓着尤利安的右手说道：

> 勇敢的帝国卫士们，我们立于你们面前，以万众一心的精神为共同事业复仇。作为公正的法官，我将简要地向你们解释我将如何做到这一点。在那些谋反的僭主死亡之后——他们疯狂地尝试了各种图谋——野蛮人仿佛用罗马人的血献祭他们邪恶的灵魂，受可怕的困难笼罩着我们这个辽阔帝国的信念鼓舞，跨过我们的和平边界，正在蹂躏高卢。如果这种已经跨越设定的界限的罪恶，随着时间流逝，遇到我们和你们的齐心抵抗，那么这些傲慢部落的脖子就不会抬得如此之高，我们帝国的边界也将不会被侵犯。我所珍惜的这一未来希望有待你们以愉快的方式加以巩固！这位尤利安，如你们所知，是我的堂弟。他理应受到敬重，因为他谦逊稳重，这种品质对我们俩来说，像血缘纽带那样宝贵。这个年轻人的才干已经举世皆知，我将他提升为恺撒，如果这个计划看似太

过冒险，也可以由你们的同意来确认。①

士兵们发出小声的赞许。等会场恢复安静后，君士坦提乌斯二世继续说：

> 你们欣喜地宣称，表明我已经得到你们的批准，让这位安静的年轻人——他的性情和行为与其说应被赞扬，不如说应该被效仿——接受上帝授予他的这份荣耀。他拥有卓越的性情，在所有美好技艺的方面训练有素，看起来我已经完整地描述我之所以选择他的理由。因此，凭着上帝直接的恩惠，我将授予他皇帝紫袍。②

说完这些，君士坦提乌斯将古老的紫袍给尤利安披上，宣布尤利安为恺撒，接受军队的欢呼后，转而面向尤利安，神情忧郁而憔悴。他对尤利安说：

> 我最亲爱的兄弟，你在盛年时得到你的出

---

① 阿米安努斯：《罗马史》，15.8.5-8。
② 阿米安努斯：《罗马史》，15.8.5.10。

身的荣耀之花；我承认，这也增进了我自己的荣耀，因为我把几乎同样的权力授予我的亲人，而不是通过这种权力本身授予，这才是真正伟大之处。如此，你就要分担痛苦和不幸，负责抵御蛮族和防卫高卢，要准备用一切慷慨之行减轻受伤害地区的苦难。如果有必要与敌人作战，要与军旗共进退；在适当的时机要成为一个有头脑的勇敢劝告者，以最大的谨慎引导勇士们；当陷入无序时用援兵增强他们，谦虚地责备懒惰者，站在强者和弱者身边做最忠实的见证人。

因此，受这个重大危机的驱使，你本人，一个勇敢之士，要准备率领同样勇敢的士兵。我们应该以坚定不移的情感紧密地团结在一起，我们应该在同样的时间作战，总之，我们应该以同样的审慎和忠于职守，治理一个和平的世界、一个只有上帝才会应允我们的祷告的世界。你就像随时随地在我身边，你无论做什么我都会支持。总之，去吧，带着所有人的祈祷赶快去，不眠不休保卫你的职位，这职位是由你的国家指派给你的。①

士兵们用盾牌击打膝盖以表达他们将忠诚于新的恺撒。尤利安的命运即将发生根本性的突转。在此之前，尤利安从未面对过这样的场景。他站着一动不动，披着紫袍，一言未发。数不清的眼睛盯着他，试图在尤利安明亮而略微惊恐的眼睛中读出某些东西。我们不知道尤利安此刻的心情，不知他成为瞩目的中心，是否会升起一种权力感。即便有，也是瞬间之事。他从高台上下来，爬上皇家马车，坐在君士坦提乌斯二世旁边，穿过欢呼的人群，前往皇宫。这时，他低声嘟囔了一句荷马的诗："紫色的死亡和强大的命运压倒了他。"尽管诸神答应护佑他，但他对未来充满忧虑。

基于伽卢斯的先例，君士坦提乌斯二世对赋予尤利安实权更加谨慎。他不仅继续将高卢的民政权保留在手中，而且没有赋予尤利安真正的军事指挥权。换言之，尤利安被提升为恺撒，纯粹是作为皇帝的代表前往高卢坐镇，他只是君士坦提乌斯二世的一个符号和影子。因此，尤利安的处境要更为险恶。理论上，尤利安是君士坦提乌斯二世在高卢、不列颠和西班牙的代表。实际

---

① 阿米安努斯：《罗马史》，15.8.12-14。

上，这些行省的民政权以及军队补给都掌握在大区长官**霍诺拉图斯**（Honoratus）手里，后者在伽卢斯任恺撒时，是帝国东部大区的大区长官。君士坦提乌斯二世任命霍诺拉图斯为尤利安手下的大区长官，已经表明他对尤利安的怀疑和不信任。

高卢的军事指挥权起初在乌尔西努斯手里，后者不久前用谋略平定西尔瓦努斯的叛乱。不久之后，由**马尔塞卢斯**（Marcellus）接替乌尔西努斯，任高卢将军，这是一位才干平庸的军官。他的主要职责是受君士坦提乌斯二世的密令，监视尤利安的动向。后来，**巴巴提俄斯**（Barbatios）接替马尔塞卢斯的职位，此人更是处处与尤利安作对。史家阿米安努斯很了解此人，说他是一位粗鲁傲慢之徒。[①]这三位将领都直接遵从君士坦提乌斯二世的指令。尤利安说，他的任务就是披着皇帝紫袍在高卢境内游行，以展示皇家之权威。尤利安所面临的处境必定令他怀疑选择接受恺撒任命是否明智，某一瞬间后悔过这一选择。看起来，他的人生似乎逃不过被君士坦提乌斯二世拨弄的命运，因为君士坦提乌斯二世不仅从权力机制上限制尤利安，而且几乎将尤利安的奴仆和随从全部替换成自己的心腹，以便向皇帝报告尤利安的一举

---

① 阿米安努斯：《罗马史》，16.7.1-3。

一动。简言之，即便尤利安用哲人王的理想来慰藉和鼓励自己，他要克服的难题也超乎一般人的想象。

君士坦提乌斯二世只给尤利安留下四个长期跟随他的人，其中一个奴仆叫**欧赫莫鲁斯**（Euhemerus），是尤利安的贴身仆人，与尤利安共同加入新柏拉图主义的秘仪，从而知晓他真正的宗教信仰。他的私人医生，帕加马的**奥雷巴西俄斯**（Oreibasios），是一位博学的异教徒，一位新柏拉图主义哲人，当然也是尤利安最亲密的朋友之一。奥雷巴西俄斯以日记的形式记录了与尤利安在一起的生活，这部日记是尤纳皮乌斯后来撰写史书的重要文献来源。[1]尤利安驾崩时，将他的著作委托给奥雷巴西俄斯照管，由此可见二人友谊之深厚。[2]

大概尤利安的任职典礼之后一两天内，尤利安与君士坦提乌斯二世的妹妹**海伦娜**（Helena）结婚，就如他的兄长伽卢斯当年与皇帝的姐姐君士坦提娜结婚。海伦娜至少比尤利安大六岁。尤利安后来几乎没提到过这位妻子，偶尔提及时，也显得很冷漠。不过，尤利安还是履行婚姻责任，他们有过一个儿子，生下来不久就夭折了。利巴尼乌斯说，尤利安对两性爱欲的唯一经验就是

---

[1] G. W. Bowersock, *Julian the Apostate*, Harvard University Press, 1978, P. 7.
[2] G. W. Bowersock, *Julian the Apostate*，前揭，第8页。

这次婚姻。①

新婚之后，尤利安在米兰待到11月底。在此期间，尤利安创作两篇演说，分别献给君士坦提乌斯二世和皇后欧西比娅。他对皇后的感激发自肺腑。被从雅典召回赶赴米兰时，他只带了很少的书籍，而他即将前往的高卢是一个饱受战争蹂躏的拉丁语省份，想要在那里得到希腊语书籍恐怕很难。欧西比娅皇后送给他一大批希腊语书籍，让他带往高卢。这位仁慈的皇后大概是君士坦提乌斯二世宫廷中唯一理解尤利安的人。②从2世纪开始，执政官在任职的那天，都要在元老院发表颂扬皇帝的演说。尤利安献给君士坦提乌斯二世的演说就属此类，但是献给皇后的演说则并非传统惯例。自色诺芬的《阿格西劳斯王颂》开始，颂扬演说主要是称颂统治者的美德和成就。依照柏拉图理想王者标准，男子气概是王者美德的重要一项，而女人缺乏这一标准。因此，尤利安的这篇颂辞看似寻常，实则颇有深意，与尤利安眼中的理想君王问题有关。我们到后面，会细致分析这篇颂辞。

献给君士坦提乌斯二世的颂辞符合传统惯例。尤利

---

① 利巴尼乌斯：《尤利安葬礼上的演说》，179。
② Robert Browning, *The Emperor Julian*，前揭，第74页。

安依照柏拉图哲人王的标准，叙述君士坦提乌斯二世的功绩、美德和幸福的统治，最后祈祷君士坦提乌斯二世万寿无疆。尤利安这篇颂辞读起来简直就是反讽。拿理想王者来映衬君士坦提乌斯二世，恰恰凸显出后者的种种缺陷。尤利安创作这篇颂辞，显然是一项政治行动，即通过称颂皇帝，缓和君士坦提乌斯二世对他的怀疑。由此可见，尤利安在努力适应新的处境，试图在看似无望的未来中寻找一条生路。不过，这篇颂辞对理解尤利安眼中的理想君王非常重要。后面讨论这个问题时，我们再回到这篇颂辞。

第二章 尤利安与帝国的蛮族危机

355年12月1日,尤利安和随员在360名卫兵的陪同下,从米兰出发前往高卢。君士坦提乌斯二世一直将这位堂弟送到米兰和帕维亚(Pavia)之间的地方,君士坦提乌斯二世目送尤利安一行的背影远去,可能在想,尤利安在高卢是取得胜利,还是失败甚至战死,对他更好。利巴尼乌斯说,君士坦提乌斯二世祈祷尤利安既战胜敌人,又被敌人打败。这种矛盾源于他既希望尤利安能恢复高卢的秩序,又恐尤利安实力坐大。[①]尤利安一行向西穿过伦巴第平原,进入皮埃蒙特(Piedmont)附近的群山。尤利安的运气看起来不错,尽管是寒冬腊月,天气却出奇的好,一路阳光明媚。翻越阿尔卑斯山进入

---

① 利巴尼乌斯:《尤利安葬礼上的演说》,37。

高卢的第一个城镇时,一顶植物编的绿色花冠正好落在尤利安头上。据说,这个吉兆意味着尤利安在高卢的未来是光明的,他将征服野蛮人。[①]

1 高卢的地缘特征和蛮族问题

罗马所在的意大利半岛与欧洲腹地之间横亘着阿尔卑斯山脉。山脉以南的意大利半岛受地中海气候影响,气候相当温暖;而山脉以北则寒冷得多。这条山脉可以视作早期罗马北方的高大城墙,是罗马与北方蛮族的天然边界。但是,这条山脉无法完全阻绝蛮族南下,北方蛮族早期就翻过阿尔卑斯山,试图在意大利半岛北部定居。前396年凯尔特人洗劫罗马城,是罗马史上第一次蛮族危机。越过阿尔卑斯山,控制山北地区,是确保意大利半岛安全的必然要求。第二次布匿战争时,汉尼拔率大军翻越阿尔卑斯山突入意大利半岛北部,更是凸显控制阿尔卑斯山以北地区的急迫性。

此外,想要巩固在伊比利亚半岛的统治,也要求控制伊比利亚半岛北部的高卢。从地理视角来看,意大利半岛和伊比利亚半岛汇聚于高卢,因此高卢对确保这

---

① 利巴尼乌斯:《尤利安葬礼上的演说》,41。

两个半岛来说具有至关重要的地缘意义。[①]可以说，公元前1世纪中叶，恺撒对高卢的征服是出于帝国对安全的地理需求。罗马人征服高卢后，将帝国与蛮族的边界推进到莱茵河。此后，尽管有越过莱茵河打击蛮族的战事，但罗马帝国西北部的边界始终稳定在莱茵河一线。因此，高卢地区实际上是罗马帝国抵御蛮族威胁的前线基地。丢失高卢，伊比利亚半岛和意大利半岛势必受到威胁。后世蛮族入侵和西罗马帝国崩溃的历史很好地证明了这一点。

整体而言，罗马帝国北部与蛮族的边界分为两段，西部是莱茵河-多瑙河西段，东部是多瑙河东段和喀尔巴阡山脉。这条边界上，两端的高卢平原和色雷斯平原是蛮族越过边界侵扰的两个主要方向，也是罗马帝国防御蛮族袭扰的主要方向。莱茵河与多瑙河就成为罗马帝国隔离蛮族的主要自然屏障。罗马帝国北部的蛮族大体可以分为两类。第一类是原始日耳曼部族，第二类是哥特人。尽管哥特人从人种上属于日耳曼族，但二者的生活方式完全不同。原始日耳曼部族几乎与罗马人一样悠久。原始日耳曼部族生活于阿尔卑斯山脉以北的日耳曼

---

① 有两个历史事件可以说明高卢的地缘意义：阿拉伯人扩张在比利牛斯山北部受阻；神圣罗马帝国查理五世统一欧洲的大业受阻于当时的法国。

森林中，以渔猎为生。哥特人生活于乌克兰大草原，以游牧为生。在罗马帝国持续地打击之下，原始日耳曼部族的力量已经大不如从前。尤利安在357年斯特拉斯堡战役中大败日耳曼族的阿拉曼尼部族联盟，是原始日耳曼部族最后一次与罗马帝国的大战役。原始日耳曼部族在与罗马帝国常年的互动中，逐渐学到了罗马帝国的军事艺术，能够与罗马军团打面对面的阵地战，比如斯特拉斯堡战役中，阿拉曼尼人就摆出了大规模阵型。尽管如此，原始日耳曼部族的军事威胁仍比不上哥特人，后者是罗马帝国碰到的第一个马背上的民族。由于日耳曼地区不出产战马，日耳曼人的侵袭部队没有高机动性，所以在罗马军团面前，常居于劣势。日耳曼族历史上对罗马军团的几次胜利，主要凭靠的是自然地势。

等到马背上的民族聚集于罗马帝国北部，罗马帝国才会碰到真正强劲的敌手。日耳曼森林以东就是横贯欧亚大陆的大草原，从东欧大平原经乌克兰大平原、再到中亚大草原和蒙古高原，那是游牧部族的天堂，是马匹的天堂。从3世纪中叶开始，从中亚大草原向西迁徙的游牧部族逐渐抵近罗马帝国的北部边境。这些游牧部族起初聚集于多瑙河以北，侵扰罗马帝国的巴尔干地区。待日耳曼部族在罗马军团的打击下，实力逐渐式微，以哥特人为代表的游牧部族迅速跟进填补权力空白，这样莱茵河边界也将面临马背上民族的威胁。以骑兵为主要军事力量的哥特部族一开始就显示出强大的战斗力。

公元251年7月,罗马皇帝德基乌斯及其子赫仑尼乌斯率领8万人的精锐军团,在阿伯里图斯战役(Battle of Abrittus)中大败于哥特人。父子双双阵亡,成为罗马帝国史上首位在对外战争中阵亡的皇帝。这场战役也是哥特人第一次登上世界历史舞台。从此以后,以哥特人为代表的游牧部族成为罗马帝国北部边境最棘手的问题。自哥特人的威胁出现,罗马帝国采取怀柔和打击结合的方针,一方面通过将哥特人内迁来缓解边境压力,另一方面则严厉打击挑衅罗马权威的部族。这样的靖边战略很类似于中国对付游牧部族的策略,但是历史没有给罗马帝国宽裕的时间消化蛮族。自中亚大草原向西迁徙的游牧部族如潮水般一波接一波,经黑海北岸拥向乌克兰大草原。哥特人受到的压力越来越大,要求罗马帝国加大内迁和接纳哥特人的力度。一个世纪以后,公元378年,罗马皇帝瓦伦斯(Valens,328—378年,364—378年任帝国东部皇帝)在阿德里亚堡战役中,再次被哥特大军打败,罗马帝国8个精锐野战军团被全歼,瓦伦斯也身死战场。据后世史家讲,这场战役实乃罗马帝国走上衰亡的开端。

自恺撒于公元前1世纪中叶征服高卢,已经过去近

4个世纪。至4世纪中叶，高卢已完全罗马化，原先的凯尔特土著已经转变为罗马人。尽管有蛮族内迁和帝国雇佣蛮族充实帝国军队的事例，高卢境内还未有大规模日耳曼人定居。不过，从后世历史来看，4世纪中叶处于关键的转折期，蛮族大迁徙时代已经来临。

尤利安进入高卢之前，高卢已经陷入混乱境地。利巴尼乌斯如此描述当时高卢的形势：

> 当君士坦提乌斯与发动叛乱意图谋取帝国的玛格嫩提乌斯作战时——后者在治理高卢时，将高卢治理得井井有条——他感到必须用一切手段来让玛格嫩提乌斯垮台，所以写信给野蛮人，他已开放罗马边境。他告诉野蛮人，允许他们尽其所能占领领土。他们得到了一大片开阔的土地，原先与罗马人的条约被这些信件废除，他们昂首阔步地进来，根本没人阻止他们，因为玛格嫩提乌斯率军已进抵意大利。他们把繁华的城市洗劫一空，村庄一片废墟，城墙被推倒：财物、妇女和儿童被掳走。男人们像奴隶一样跟在后面，这些可怜的人背着他们自己的财物。如果他们不能忍受奴役，不能忍受看到妻子和女儿们被蹂躏，他们就只

能在悲叹中被杀掉。我们拥有的好东西都交给了野蛮人，胜利者用他们的双手耕种属于我们的土地，而他们的俘虏则耕种他们的土地。那些靠城墙逃过劫掠的城市只留下一小块土地，族人饱受饥饿的折磨，只能依赖任何可以吃的东西。人口减少到城市由城市和农田组成，无人居住的地方变成了耕地。牛套在轭上，拉好犁，麦子种好，收割、脱粒都在城门口，所以留在家乡的人比被掳走的人还要惨。[1]

依照利巴尼乌斯的说法，君士坦提乌斯二世为摧毁玛格嫩提乌斯的后方基地，邀请蛮族进入高卢。玛格嫩提乌斯的叛乱被平定后，进入高卢的蛮族并未离开。西尔瓦努斯和乌尔西努斯对高卢的短暂治理，也未解决蛮族问题。接二连三的叛乱，导致高卢的军队秩序大乱，既没有时间也没有能力解决蛮族危机。换言之，尤利安前往高卢时，不仅权力受到极大限制，而且面对的是一个烂摊子。形势仍在恶化，他在前往高卢的途中，获悉莱茵河上的大型要塞科隆被卡马维人（Chamavi）攻占。若不尽快阻止蛮族继续拥入，高卢有可能完全蛮

---

[1] 利巴尼乌斯:《尤利安葬礼上的演说》，33—35。

族化。

355年12月底，尤利安抵达罗纳河上古城维埃纳（Vienne）。当地居民夹道欢迎，将他视作能挽救他们脱离苦海的救世主。[1]尤利安在维埃纳安顿下来，开始充分了解高卢的形势。可以合理假定，从被任命为恺撒起，他就开始大量地阅读和学习，以适应新的角色。利巴尼乌斯暗示，尤利安在成为恺撒前，就谙熟军事战略知识，[2]在哲学沉思之余，广泛阅读过记述帝国兴衰更替的史书。到高卢后，他开始掌握高卢的一切信息，包括它的居民、城市和要塞分布。尤利安有极强的学习能力、敏锐的理解力和强大的记忆力。阿米安努斯说：

> 尤利安将夜晚分为三部分：休息、工作和读写，如我们所读到的，这是亚历山大大帝的日常作息，而尤利安要比亚历山大更自律。亚历山大在他的躺椅边放了一个青铜盆，只要伸手就能碰到盆上的一个银球，当睡意袭来放松他的肌肉，手臂就会触碰到银球，银球的叮铃响声就会赶走他的瞌睡。而尤利安能一直保

---

[1] 阿米安努斯：《罗马史》，15.8.21。
[2] 利巴尼乌斯：《尤利安葬礼上的演说》，39。

持清醒，无需任何人为手段。夜晚刚过半，尤利安就会起床。他不是睡在柔软的躺椅或闪闪发亮的丝质棉被上，而是睡在一块粗糙的毯子上，一种普通百姓称为苏苏纳（Susurna）的毯子。①然后，他会偷偷地向墨丘利神（Mercury）祈祷。神学家们的教诲表明，墨丘利是整全中的敏捷理智，能激发人的思想。尽管尤利安如此忽视物质享受，却认真履行一切公共职责。

在做完高贵和严肃的工作后，尤利安转而进行理智操练。令人诧异的是，尤利安极为渴望所有重要事务的崇高知识，就像为了将灵魂提升到更高的水平不知餍足地寻求食物，为此他在严谨的讨论中涉猎哲学的所有部分。但是，尽管力求穷尽哲学领域的知识，尤利安并没有忽视比哲学低的学问，而是适度地研究诗、修辞术（他的演说和信件证明了他的风格的优雅和高贵），以及内政外交的各种历史。除此之外，尤利安的拉丁语也相当流利。如诸位作家所说，居鲁士大帝、诗人西蒙尼德、最机智的智术师厄利斯的希琵阿斯，由于他们喝

---

① 是一种用动物的毛皮制成的粗糙毯子。

了某种饮料拥有极强的记忆力，如果这一说法是真实的，那么我们必须认为尤利安喝光了记忆之桶的全部饮料，如果能在其他地方找到这样一个桶的话，并且刚成年就达到这一高度。这是尤利安的自律和德行的夜间证据。[1]

因此，对尤利安来说，缺乏政治经验并非致命缺陷，因为他可以边做边学，边学边做。尽管他此时能指挥的军队只有那支360人的卫队，仍开始研究罗马军队的组织，亲自参与军事训练，从不以自己的地位为借口。阿米安努斯评价尤利安说：

> 当这位哲人成为王，被迫学习军事训练的基本原理，学习行军艺术以达至音乐般的和谐时，常常呼召柏拉图的名字，引用那个著名的说法："鞍被置于牛背上，那对我来说绝非负担。"[2]

因此，尤利安选择接受恺撒任命，并非完全出于命

---

[1] 阿米安努斯：《罗马史》，16.5.4-9。
[2] 阿米安努斯：《罗马史》，16.5.10。

运所迫。他有信心成为一位优秀的王者。接下来的问题就是,尤利安能否掌握高卢的实权。

2　征伐野蛮人

由于尤利安实权有限,初到高卢的那半年一直待在维埃纳,研究高卢的形势和进行军事训练,以尽快熟悉战争事务。356年1月1日,尤利安与君士坦提乌斯二世共同就任当年的执政官。帝国改制为帝制后,执政官纯粹是一种荣誉官职。从形式上来讲,尤利安是君士坦提乌斯二世的副帝,未来的继承者,帝国的法令以他们二人的名义发布。鉴于君士坦提乌斯二世的品性,人们对尤利安的德行必定寄予厚望,这一点能为尤利安赢得政治基础。尤利安对军事训练的态度已经吸引维埃纳附近军团的注意。君士坦提乌斯二世为他指派的官员中,有一位名叫**撒路斯提乌斯**(Saturninius Secundus Salustius)。此人是高卢本地人,曾在君士坦斯一世麾下任职,担任过阿奎塔尼亚和阿非利加的总督。355年,君士坦提乌斯二世指派他做尤利安的首席法律大臣。撒路斯提乌斯是一位博学之士,熟知希腊和拉丁文化,是一位新柏拉图主义派哲人,与同时代著名的智识者关系密切。此时,撒路斯提乌斯已经人过中年,但尤利安很快与他成为密友。撒路斯提乌斯是当时智识者的一个显著例子，他们对尤利安寄予厚望。

不过，尤利安必须谨慎行事，缓慢地发展自己的势力，懂得进退和审时度势，以免引起君士坦提乌斯二世的怀疑。简言之，他必须避免兄长的错误，必须一方面维持对君士坦提乌斯二世的顺从，另一方面缓慢地寻求政治支持，从而有朝一日可以摆脱君士坦提乌斯二世的控制。当时高卢迫切的任务是，第一，击败阿拉曼尼人领导的日耳曼部落联盟，后者当时聚居在当今的巴登和威滕伯格地区。科隆的失守进一步增强了阿拉曼尼人的优势；第二，击败另一支日耳曼部族法兰克人，后者当时定居在今日的比利时和荷兰地区，常常越过莱茵河突入高卢境内。

356年，整个战争的指挥权仍保留在君士坦提乌斯二世手中，他的计划是穿过瑞士，挺进黑森林地区。高卢的将领们无疑知晓这个作战计划，但尤利安不知情。直到即将展开行动时，尤利安才获悉有这个计划。由此可见，尤利安进入高卢的初期，完全得不到君士坦提乌斯二世的信任。当时，高卢境内的帝国大军奉命于7月初在兰斯（Reims）集结。之所以没有更早展开行动，不是因为气候，而是因为要等待从高卢南部而来的物资补给。已经接替乌尔西努斯出任高卢地区最高军事统帅的马尔塞卢斯，早已发出作战命令。事后才想起尤利安来，要求尤利安带着他那人数少得可怜的骑兵和一支弩炮队，赶往兰斯。

在出发前，尤利安获知里昂西北100公里处的奥坦城击退了日耳曼人的围攻。令尤利安惊讶的是，不是奥坦的守军而是居住在奥坦的退役老兵们取得了这一胜利。这一事件点燃了尤利安的希望。尤利安立即赶往奥坦，6月24日抵达该城。奥坦的军政官员为尤利安选择一条前往欧塞尔（Auxerre）的最安全路线。尤利安却执意走西尔瓦努斯当初开辟的一条难行的路线。当时，高卢到处都可能遭到日耳曼人的袭击。尤利安此举显然是希望在途中遇到敌人。可以合理推想，奥坦的胜利给了他信心，因此他希望取得一场胜利后，再到兰斯去见那些根本不把他放在眼里的沙场老将们。

去往欧塞尔的路上，没有遇到敌人，但是从欧塞尔前往特鲁瓦的路上，尤利安遭遇日耳曼劫掠者。当时，尤利安的队伍以纵队行进，日耳曼人从两边同时发动攻击。训练有素的罗马部队顽强抵抗，日耳曼人占不到便宜，留下一些俘虏后撤退。然后，尤利安马不停蹄赶往特鲁瓦。等到特鲁瓦城下，当地居民却拒绝打开城门。尤利安让疲惫的部队短暂休整后，赶往兰斯与马尔塞卢斯会合。

尤利安取得的小胜利，在战略上没有丝毫意义，但是对他而言意义重大。这是尤利安第一次实战，他的表现堪称优异。在这次小型战斗中，尤利安表现得非常勇敢，近乎与敌人近身格斗。若是仅有这一次，可以说他是抱着侥幸心理以证明自己，但是尤利安在后来的征战中总是展现出巨大的勇气，常常身先士卒，则让我们想起亚历山大大帝。当他带着少数俘虏到达兰斯时，马尔塞卢斯还未见到敌人。这给尤利安带来巨大的心理优势，他向那些沙场老将们证明，他能够成为一名合格的统帅。马尔塞卢斯再也不能忽视尤利安对战争的建议。最重要的是，披着皇帝紫袍的人赢得一次胜利，这一消息很快就会传到军中，士兵们会将这次胜利视作一个征兆，从而激发他们战胜敌人的希望和注意到这个初出茅庐、一文不名的年轻哲人。

在接下来的战役中，尤利安开始发挥重要作用。大军从兰斯向东行进途中，尤利安与后卫部队同行，遭到敌人猛烈攻击，几乎被切断与主力的联系。大军抵近莱茵河时，尤利安指挥部队攻克马特（Brumath）。然后，大军沿着莱茵河左岸运动，将日耳曼人赶回对岸，收复一个个要塞，直到暮夏时收复科隆。阿米安努斯说，尤利安是这次战役的统帅。阿米安努斯略有夸张，尤利安是名义上的统帅，但尚未完全取得对战争的指挥权。不过，经过这次战役，尤利安在军中的影响力大大上升。那年秋天，当日耳曼人到科隆请求签订和平条约时，尤利安代表帝国，重新确立与日耳曼人的和平条款。

随着冬天来临，远征大军撤回高卢腹地。因为要想在前线维持这样一支大军，补给根本做不到。尤利安退往桑斯过冬。阿拉曼尼人出其不意地包围了这座城市。他们希望通过捕获和杀死罗马帝国的副帝，给予罗马大军沉重打击。敌人围攻桑斯一月有余，尤利安依靠他的卫队，数次击退敌人攻击。在这次围攻战中，尤利安是真正意义上的统帅。他无止境的精力和旺盛的战斗欲，将消极防御转变为积极攻击，引得士兵们对他佩服得五体投地。阿拉曼尼人最后由于缺乏补给而撤走，尤利安赢得胜利。有人可能会问，为何马尔塞卢斯不派兵前来解围？马尔塞卢斯可能试图通过放任尤利安被击败或被俘虏或被杀，来打击尤利安的声望。但是，他的希望落空。

尤利安非常明智地没有向君士坦提乌斯二世告状，但是其他军官会这样做。不久之后，君士坦提乌斯二世将马尔塞卢斯解职。尤利安知道，马尔塞卢斯会将自己被解职视作他蓄意谋划的结果。一旦马尔塞卢斯迎合君士坦提乌斯二世对尤利安的疑心，攻击他图谋攫取权力，必会让皇帝重新审视马尔塞卢斯的过错，进而加深对尤利安的戒备。所以，尤利安预先派出一个使团去君士坦提乌斯二世那里，驳斥马尔塞卢斯可能做出的任何指控。尤利安挑选他的宫廷内务大臣**欧忒里乌斯**（Eutherius）为首席代表。欧忒里乌斯是亚美尼亚人，幼时在家乡的内战中被俘，后作为奴隶被卖往罗马帝国。最后成为君士坦丁家族的私人成员。凭着聪慧、博学、判断力和正直，欧忒里乌斯成为君士坦丁的心腹。君士坦丁大帝驾崩后，欧忒里乌斯成为君士坦斯一世的宫廷内务大臣。356年，欧忒里乌斯成为尤利安的家庭成员。尤利安抵达高卢后，可能收编过君士坦斯一世的一些旧臣。君士坦提乌斯二世从小就认识欧忒里乌斯，后者凭着丰富的经验和卓越的技巧，不仅让君士坦提乌斯二世相信尤利安是马尔塞卢斯的诽谤的受害者，而且让皇帝相信，尤利安绝不会动摇对他的忠诚。

356年年底，尤利安的妻子海伦娜为他生下一子，不过很快夭折。尤利安从未提到过儿子的出生或死去，仿佛这样的不幸根本没有触动他。这并非因为他冷漠，后面我们讨论尤利安的哲人王理念时，再来看这个问题。

357年初，马尔塞卢斯的职务被塞维鲁斯取代，这是一位久经沙场、厌恶宫廷阴谋的老将。塞维鲁斯初来乍到，无法与尤利安在高卢的声望相比。他到高卢后发现，尤利安已经掌控高卢境内军队的指挥权。实际上，二人在高卢配合得不错。在塞维鲁斯协助下,尤利安在这一年将取得对阿拉曼尼人的决定性胜利。357年初夏,随着战争季节到来,尤利安赶往兰斯与塞维鲁斯会合。他们在那里等待巴巴提俄斯(Barbatios)2.5万人的大军抵达预定地点,以发起钳形攻势。这一年的作战计划可能仍是君士坦提乌斯二世制定的。巴巴提俄斯率军从意大利翻过阿尔卑斯山,抵达奥格斯特(Augst),距离尤利安计划发起攻击的位置近150公里。就古代军队的转移速度而言,这一距离显然太大,无法形成有效的钳形攻击。阿拉曼尼人的主力被迫向高卢方向运动。如此一来,尤利安一方遭受很大压力。另一支日耳曼部落莱蒂人(Laeti)穿过尤利安与巴巴提俄斯之间的空隙,侵入高卢腹地,突然袭击里昂城。莱蒂人没有攻占里昂,而是劫掠和蹂躏周边乡村地区。尤利安立即派骑兵包抄敌人后撤的路线,并要求巴巴提俄斯采取同一行动。由于两军衔接不到位,莱蒂人轻松穿过巴巴提俄斯的防区。

之后,两军朝莱茵河挺进。两军会师莱茵河后,由于最高指挥权不统一,抵牾不断。军中立即流言四起,说尤利安已被囚禁送回高卢,巴巴提俄斯实际上是遵皇帝密令前来干扰尤利安的作战。这些流言反而大大提高了尤利安在军中的地位。

暮夏时，巴巴提俄斯遭到日耳曼人的攻击，被迫仓皇退回奥格斯特，将尤利安单独留在战场上。不久，君士坦提乌斯二世命令巴巴提俄斯从阿尔卑斯山北完全撤回意大利。巴巴提俄斯撤走后，阿拉曼尼人认为尤利安不足为虑，纠集他们的全部主力，在联盟首领**卡诺多玛**（Chonodomarius）和六位部族首领的率领下，布阵于斯特拉斯堡。此时，尤利安手下只有1.3万人，而敌人将近3.5万人。尤利安的处境非常严峻。此外，巴巴提俄斯的撤退令全军士气低落。此时两军相距约35公里，尤利安完全有机会安全撤回高卢境内。但是，尤利安决定不撤退，不能让日耳曼人长驱直入高卢。尤利安的决定看起来是军事冒险，仿佛是意气用事。实际上，尤利安非常冷静。天一亮，大军就出发。快到中午时，尤利安将前哨部队召回，对大军发表演说：

> 士兵同胞们，我们共同的生死存亡驱使我，一位毫不怯懦的恺撒，督促和恳求你们，相信你们成熟且坚固的勇气，如果我们想抵抗或驱赶我们碰到的任何敌人，要谨慎地而非急匆匆地选择行进的道路。在危险之中，年轻人应该大胆积极地应对，这是恰当的；但是，如果形势要求，也应该小心谨慎，遵从长官。因

此，让我简短表明我的看法，看看你们的理智是否认可，你们公正的怒气是否支持。时间已近中午，我们已被行军搞得精疲力竭，迎接我们的将是陡峭的险地。月亮渐亏，今晚不会有星星。这个地区热得冒火，且没有饮水可用。即便我们安然穿过陡峭的地形，但是，届时休整充分、补给充足的敌人成群冲向我们时，我们该怎么办？那时的我们肚子空空，喉咙干渴，还有什么力气来抵御敌人的攻击？即使最困难的处境常常也是临时应急对付，若采纳适宜的建议，天赐的补救办法往往能扭转濒临毁灭的形势，因此我要求你们，在有围墙、壕沟和哨兵的保护之下，休息一晚，吃好、睡好，等天一亮，带着我们的军旗冲向敌人。①

士兵们没有听从尤利安的建议，他们击打着盾牌恳求尤利安带领他们立即攻击敌人，此时可以隐隐看到敌人。这是尤利安第一次对军队发表演说。一般情况下，一支大军的统帅在开战前会对士兵发表演说，激发士气。斯特拉斯堡战役前，尤利安发表演说表明，他已经

---

① 阿米安努斯:《罗马史》，16.12.9–12。

是这支大军的真正统帅。立即攻击敌人的决定得到高卢大区的大区长官弗伦罗提乌斯（Florentius）的支持。

罗马大军立即列阵，前进到一处可以俯瞰莱茵河的高地。此时，阿拉曼尼人背靠莱茵河列阵，右翼是骑兵，左翼的轻装部队埋伏在一个沼泽地中，步兵主力位于中央。罗马一方，尤利安指挥左翼，塞维鲁斯指挥右翼。战斗开始后，塞维鲁斯派出部分骑兵攻击敌人右翼。尤利安派出200名骑兵攻击敌人的骑兵，试图迫使敌人在发起攻击前就陷入混乱。但是，战斗很快陷入混乱。在激烈的战斗中，尤利安无处不在，吼叫着下达命令，一会鼓舞胆小者，一会制止鲁莽者，完全不顾个人危险。

在阿拉曼尼人一边，卡诺多玛和众首领下马，与士兵们一同战斗。战斗非常激烈，几乎都是近身砍杀。战斗过程中，罗马右翼的骑兵陷入混乱，掉头试图逃跑。尤利安看到后，立即飞驰过去，命令长官重新组织阵型，继续攻击。主要的战斗发生双方步兵之间。阿拉曼尼人高大、强壮。不过，他们全凭一股蛮劲，战斗秩序混乱，而罗马士兵训练有素。即便最勇敢的日耳曼武士也不能单独抵御住罗马士兵的盾阵。随着前列的士兵一个一个倒下，阿拉曼尼大军开始溃散。罗马士兵紧追不放，战场上到处都是阿拉曼尼人的尸体。无路可逃的阿拉曼尼士兵不得不跳入莱茵河，整个河面被染成红色。卡诺多玛及其随从在逃跑过程中，被一队罗马士兵俘获。

尤利安赢得巨大胜利。罗马一方损失243名士兵和4位高级军官，而阿拉曼尼人仅遗尸战场就达6000具，跳入莱茵河淹死的更是不计其数。阿拉曼尼人作为一支强劲的军事力量被摧毁，他们的领袖被俘。当尤利安意识到所取得的巨大胜利后，相当沉着。他让士兵将卡诺多玛带到他面前。这位日耳曼人的王跪在地上，恳求尤利安宽恕。尤利安冷冷地叫他振作起来，随后将他送往君士坦提乌斯二世那里。

君士坦提乌斯二世得知斯特拉斯堡大捷之后，向帝国各省发信，宣称他亲自率领军队，大败阿拉曼尼人，俘虏敌人的王卡诺多玛，根本没有提及尤利安的名字。即使这样，尤利安的声望仍很快传遍整个帝国。君士坦提乌斯二世宫廷立即出现针对尤利安的阴谋。但是，今非昔比，凭借斯特拉斯堡大捷，尤利安彻底改变了两年前出任恺撒时无权无势的地位，也彻底改变了他与君士坦提乌斯二世之间的关系。尤利安已在高卢确立坚实的政治基础，掌握高卢境内的军队。

斯特拉斯堡大捷是罗马帝国3世纪大混乱以来对日耳曼部族取得的最大胜利。阿拉曼尼人领导的日耳曼部落联盟是原始日耳曼族最后一个强大的军事组织。尤利安在斯特拉斯堡的胜利，保证了莱茵河边界此后近半个世纪的安全。斯特拉斯堡战役后，尤利安决定利用大胜之威，进一步打击阿拉曼尼人，提振军队的士气。尤利安先率部队回到萨韦尔纳（Saverne）休整。在休整期间，尤利安告知军队，他要发动一次跨过莱茵河、深入日耳曼腹地的远征。士兵们抱怨不已，害怕进入敌人的家乡。但是，尤利安不知疲倦地向士兵发表演说，跟他认识的人讨论，说服他们眼下正是进攻的最佳时机。

尤利安率军渡过莱茵河，罗马军团在几代人之后又进入莱茵河右岸日耳曼人的土地。一遇到日耳曼人的抵抗，尤利安立即派分队乘船在黑夜沿着莱茵河而下，在分散的地点上岸后，纵火烧毁敌人的一切。第二天，各地烟雾四起，日耳曼人不知罗马主力在哪，毫无抵抗能力。尤利安大军得以轻松深入日耳曼人的腹地，大肆劫掠。尤利安的行动意在震慑日耳曼人，瓦解他们的抵抗意志。357年9月底，天气逐渐转冷，很快下了第一场雪。但是，尤利安没有停下的意思，继续深入，一直到图拉真皇帝当年建的一处要塞为止。尤利安派人修复要塞，又调来守卫要塞的机械。守卫部队的食物和补给则由日耳曼人提供。三个部落向尤利安顺服，尤利安准予与他们签订一个为期十个月的和平协定，条件是他们必须为要塞守军提供补给。

然后，尤利安率大军踏着积雪，返回高卢，分散到各营地过冬。此前，一支仅有600人的法兰克人，乘罗马大军西征之机，跨过下莱茵河和默兹河，侵入高卢北部大肆劫掠。尤利安返回后，这支法兰克人撤往默兹河岸上两个已被废弃的罗马要塞。尤利安立即派军包围这两个要塞。到第二年一月，这支躲在要塞的法兰克人迫于没有给养，试图出逃。因为当时默兹河面结冰，被围困的法兰克人可乘夜溜走。对罗马军队来说，这似乎是最好的办法，因为他们一直以来就是如此应对入境劫掠的蛮族的。但尤利安不愿意这样做。每晚他都派人乘船在河面上游弋，阻止河面结冰。最后，两个要塞中的守军被迫投降，俘虏被送往君士坦提乌斯二世那里。皇帝立即将这些法兰克俘虏编入罗马军队。尤利安最后率军前往他在巴黎的冬营。此时，已接近358年1月底。

357年的战争时间特别长，尤利安从夏初之时出发，一直征战到358年年初，时间长达半年。在这半年里，尤利安展现出充沛的精力，给人的印象是，他被一种狂热驱使。有人讲，尤利安之所以这样做，是因为他认为光荣地死在战场上，要比遭受像兄长伽卢斯那样的命运更好。尤利安最初可能有过这种想法，但是随着实力的增长，这种想法早已被抛之脑后。尽管尤利安常常冒险，但从未不顾一切、头脑发热。他的偶像是亚历山大大帝，他有着更远大的抱负。

巴黎当时名叫鲁特提亚（Lutetia）。在罗马帝国统治下，巴黎发展成高卢北部最大的城市之一。巴黎原先只是塞纳河中小岛上的一个城堡。后来，城市规模扩大，延伸到塞纳河左岸。3世纪中期的农民暴乱摧毁了这座城市，人口锐减。尤利安到达巴黎时，这座城市仅是一个防守要塞，与他之前所待的维埃纳完全不同。

358年年初，尤利安到巴黎过冬，意在为攻击下莱茵河区域的法兰克人做准备。阿拉曼尼人已经不足为虑，他们的年轻人在斯特拉斯堡战役中被屠杀殆尽，领袖被俘。现在只有高卢北部的法兰克人是一个威胁，不过后者是一个松散的联盟，远不如阿拉曼尼人组织的日耳曼联盟强大。对法兰克人施加一次强大的攻击，不仅可以阻止法兰克人与帝国敌对，还可以重建莱茵河边境上的要塞链。如此，不仅能防止法兰克人侵入高卢北部，还可以杜绝阿拉曼尼人经这个方向入侵高卢的可能。尤利安对高卢的战略防御方向与现代法国的战略防御方向类似，即现代德法边界方向和比利时方向。

仅有战略性防御还不足以确保高卢的安全，最重要的是要重建高卢的秩序。自3世纪以来，高卢被损毁严重，尤其是城市。城市被毁，导致周边乡村人口锐减，原先很多的良田变成灌木丛和树林。君士坦丁大帝重建帝国秩序后，高卢开始恢复。但是，玛格嫩提乌斯叛乱以来，日耳曼人的劫掠和蹂躏，导致一度开始的恢复再次中断。因此，尤利安在解决外部威胁之后，需要重建高卢的政治经济秩序。就后者而言，最紧迫的是恢复人口和重整良田。土地是税收之源，人口是兵力之源。若无税收，军队则无法行动；若无人口，土地势必荒芜。但是，尤利安此时还未掌握高卢大区的民政权力。尽管高卢大区的大区长官弗洛伦提乌斯不从中作梗，但从制度上讲，他遵从君士坦提乌斯二世的命令。尤利安若直接干预民政事务，将被君士坦提乌斯二世视作对自身权力的挑战。

进攻法兰克人的计划就受到这一制度的牵制。358年初夏，尤利安计划进攻法兰克人，后勤补给只能来自高卢西南部。但是，从那里转运粮食和补给到兰斯，费事费力，会延误战争时机。所以，尤利安提出由不列颠岛经莱茵河转运粮食到高卢。但转运的船只要经过一段法兰克人控制的河段。弗洛伦提乌斯主管这一事务，且愿意提供帮助。他建议贿赂法兰克人，让运输船队通过。这是一个权宜之计，且代价最小，被尤利安拒绝。尤利安计划通过武力将法兰克人驱逐出这一河段，将整个下莱茵河掌握在帝国手中。二人相持不下。最后，尤利安于358年初夏，只带三个星期的口粮，率军进攻法兰克人。一连串小型战役后，尤利安将法兰克人驱逐出下莱茵河右岸，得以接收自不列颠转运的粮食，同时迫使法兰克人签订条约，后者屈服，承诺为罗马军队提供补给。然后，尤利安继续向东攻击另一支法兰克人部落，卡马维人，后者于355年11月攻克科隆。尤利安大胜卡马维人，俘虏众多，迫使上层家庭的成员交给罗马人作为人质。然后，尤利安要么重建、要么新建一连串要塞，加强边界防御。冬季来临前，尤利安率军返回巴黎。

359年初夏，尤利安开始第四个年头的战争。他再次对准阿拉曼尼人，尤其是那些逃过357年斯特拉斯堡战役的阿拉曼尼部落。尤利安率军一路朝莱茵河进发，一路无事。但是，抵近莱茵河时，他的士兵爆发哗变，拒绝进一步深入日耳曼人的土地。引发哗变的原因之一是补给匮乏。前一年在巴黎过冬期间，英吉利海峡两岸的港口修整完毕，一支数百艘船的运输舰队，已经可以出海航行。尤利安相信这支舰队可以从不列颠转运粮食到高卢。但是，直到他的部队抵近莱茵河，运输船队都未出现。这只是哗变的表面原因。更深层的原因是，士兵很久没有发军饷。此外，士兵们期待统帅赏赐他们，尤其是取得战斗胜利之后。统帅犒赏士兵钱币可以增强士兵的忠诚。不过，赏赐士兵只能以皇帝的名义进行。

君士坦提乌斯二世从未给予尤利安赏赐军队的权力，从而也就没有为尤利安提供钱币用于赏赐，所以士兵们感觉他们受到欺骗。而尤利安本人没有钱财。他需要拨付军饷时，必须向高卢大区的大区长官要。大区长官则需要从他的上级帝国财政大臣请求拨款。事实上，当尤利安需要时，并不总能得到满足。所以，尤利安亏欠士兵军饷。

不久之前，他还是军队的偶像，由于军饷问题，转眼就成为他们中伤的对象。当他骑马穿过士兵队列时，他们喊他"亚洲佬""小希腊鬼""骗子""蠢货哲人"。他们向他喊叫着，如果他们饿死，打败敌人又有什么意义？他们承受的这些危险和艰辛，得到的奖赏是什么？这是尤利安第一次遇到军中哗变。尤利安并没有惊慌，而是通过说服和坦率的解释，让士兵们相信亏欠军饷并非他的过错。他向士兵们保证，粮食正在路上。尤利安成功化解这次哗变。大军再次出发，跨过莱茵河，进入日耳曼人的土地。

阿拉曼尼人其中一个首领索马里乌斯（Suomarius）向尤利安投降；另一个首领霍塔里乌斯（Hortarius）起初不愿意，在尤利安蹂躏他的土地后，终于认清现实。最后，两位首领同意签订和平条约，将俘虏的罗马人交还尤利安。通过仔细询问每个城镇乡村的幸存者，尤利安列了一张被日耳曼人掳走之人的名单。一开始,日耳曼人只交出了少数被掳走的罗马人,说除此之外,再没有了。尤利安立即威胁:若日耳曼人不交出其他被掳的罗马人,他不会让日耳曼人质返回。日耳曼人立即依照尤利安所给的名单,到每个村里寻找和检查。358年晚秋,尤利安带着曾被日耳曼人掳走的高卢人返回。利巴尼乌斯如此描述被日耳曼人掳为奴隶的高卢人重返家乡后的情形:

> 那支万人远征军,在经过长期的辛劳和翻越无尽的山峦后,第一个看到大海的人高声欢呼,流下激动的泪水,和同享那些危险的人拥抱在一起。[1]这些俘虏现在也是这样做,不是因为看到大海,而是因为看到彼此,在他们看到亲人从奴役中恢复自由,或见到家园和亲人之时。其他人虽然没有血缘关系,但看到他们彼此拥抱,也开始哭泣、泪水横流,比离别时的泪水更甜蜜,因为那是团聚时的喜悦泪水。[2]

---

[1] 色诺芬,*Anabasis*,4.7.21。
[2] 利巴尼乌斯,《尤利安葬礼上的演说》,79。

尤利安此举，一方面意在恢复高卢的人口，另一方面在高卢民众中间获得巨大声望。尤利安回到高卢后，开始全面着手恢复高卢的政治经济秩序。尤利安的成功引起君士坦提乌斯二世官廷很多人的嫉妒，他们极尽所能诋毁尤利安。奇怪的是，君士坦提乌斯二世没有受到此类中伤诽谤的影响。这可能与欧西比娅皇后的劝诫有关。

358年年底，高卢大区大区长官弗洛伦提乌斯卷入一起贪腐案，遭到高卢官员的公开批评。弗洛伦提乌斯请求尤利安帮助，以为尤利安为了拉拢他，可能会包庇他的罪行。但是，尤利安不为所动，还将弗洛伦提乌斯的案子交给他手下的议事会来审理。弗洛伦提乌斯看到尤利安不愿偏私，转而攻击尤利安，向君士坦提乌斯二世抱怨，尤利安最亲密的朋友撒路斯提乌斯是制造尤利安和他之间敌意的关键人物。尤利安的敌人立即抓住时机，建议君士坦提乌斯二世召回撒路斯提乌斯。对尤利安来说，这是一个沉重打击。撒路斯提乌斯是他的哲人朋友，是古典哲人设想的那种友谊的典范。撒路斯提乌斯离开后，尤利安写了一篇《慰藉》（*A Consolation to Himself upon the Departure of The Excellent Sallust*），[1]描

---

[1] 参见，《尤利安文选》，前揭，第174—188页。

述了这种最佳友谊。在这篇小品文中,他拿伯里克勒斯与阿纳克萨戈拉的关系类比他与撒路斯提乌斯的关系,显然他自己是政治家,撒路斯提乌斯是哲人,他们二人的关系是哲人和政治家的关系。由此可以看到,尤利安在被任命为副帝后,非常清醒地理解和定位了自己的角色。

这期间,尤利安有非常多的事需要处理。尤利安夺回边境上的要塞和补给仓库,并着手重建。必须确保不列颠岛的粮食能稳定地转运到高卢。为此,尤利安从日耳曼人手里夺取七座城镇,分别是赫库里斯(Herculis,位于现在荷兰莱顿到奈梅亨的路上)、Quadriburgium(现在的夸尔贝格)、Tricensima near Xanten、Novaesium(现在的诺伊斯)、Bonna(现在的波恩)、Antennacum(现在的安德纳赫)、Vingo(现在的宾根)。由此可以看出,尤利安对确保下莱茵河航行安全多么急迫,这是意在确保从不列颠转运的粮食能安全运抵高卢。

一则情报显示,一些日耳曼首领对与罗马人签订的条款很不满,尤利安立即率军跨过莱茵河。这次惩罚性的远征很快让日耳曼的首领来到他的军营恳求和平。到359年年底,尤利安不得不考虑解决不列颠的蛮族问题。居住在爱尔兰岛北部和西部群岛的苏格兰人和皮克特人开始侵袭不列颠行省,引发行省南部的不安。因为这些侵袭者拥有船只，从而能远远地越过边界发动袭击。尤利安很不愿意离开高卢，因为此时他正全神贯注恢复高卢的人口，担心阿拉曼尼人抓住他离开高卢的机会，重新侵入高卢，从而导致前几年的努力付诸东流。同时，他与君士坦提乌斯二世的关系渐趋紧张，此时离开高卢也不明智。因此，尤利安决定派遣几个轻步兵军团，在**卢比齐努斯**（Lupicinus）的率领下，前往不列颠讨伐苏格兰人。此时，卢比齐努斯已接任塞维鲁斯，任高卢将军。卢比齐努斯傲慢自大，是一名基督徒。

到359年年底，高卢的秩序已经基本恢复。莱茵河东岸的日耳曼族部落短时间不再有威胁边界的能力。农民重新回到城市和乡村，灌木丛被重新开垦为良田。罗马式的市政元老院重新在各城市确立。对罗马帝国至关重要的这个地区，终于再次看到恢复2世纪繁荣的前景。

3 "尤利安是奥古斯都"

尤利安出征高卢的那一年，君士坦提乌斯二世并没有回东方，而是一直待在米兰。尤利安在斯特拉斯堡取得大捷后，君士坦提乌斯二世才将自己的宫廷转移到多瑙河方向，惩罚萨尔玛提亚人（Sarmatians）的反叛。萨尔玛提亚人不是血缘单一的固定族群，而是数个伊朗语系部落的统称。萨尔玛提亚人本来定居伊朗高原，公元前4世纪中叶开始大举越过乌拉尔山向乌克兰大草原迁徙。至公元前2世纪，萨尔玛提亚人已征服乌克兰大草原，成为环黑海带草原地区的霸主。因此，萨尔玛提亚人实际上是乌克兰大草原的第二个霸主，第一个霸主的名号属于古老的斯基泰人。

公元1世纪，萨尔玛提亚人迁徙至罗马帝国多瑙河边境地区，开始与罗马帝国为敌。萨尔玛提亚人本属游牧部族，骑兵是他们的主要军事力量。但是，彼时的罗马帝国正处力量最强劲之时。图拉真皇帝为解决萨尔玛提亚人的屡次犯边，越过多瑙河于公元105年开辟达契亚（Dacia）行省，并沿多瑙河修筑一系列要塞。罗马帝国一方面采取严厉打击的政策，一方面则不断开边，罗马化蛮族部落。[1]公元173年，萨尔玛提亚人的雅济吉斯部落（tribe of Jazyges）联合日耳曼人侵犯罗马北部边境。马可·奥勒留皇帝统兵前往讨伐，重挫萨尔玛提亚人。[2]雅济吉斯部落被迫向罗马人交出8000名骑兵作为人质。半个多世纪后，随着哥特人南下占领乌克兰大草

---

[1] 塞奇威克：《马可·奥勒留传》，前揭，第188页。
[2] 塞奇威克：《马可·奥勒留传》，前揭，第182—194页。

原，萨尔玛提亚人被迫向罗马臣服，被安置在边界两侧抵御哥特人。

357年，萨尔玛提亚人联合夸迪人（Quadri）越过边境劫掠潘诺西亚和下默西亚行省。357年年底，君士坦提乌斯二世将宫廷从米兰转移到西米乌姆，率军击败蛮族联军，重新为萨尔玛提亚指定一位王。君士坦提乌斯二世处理完这次蛮族犯边事件后，率军回到君士坦丁堡。①

正当君士坦提乌斯二世在巴尔干半岛处理萨尔玛提亚人的犯边时，帝国东部的边境局势越来越危险。359年春，萨珊波斯的沙普尔二世率大军侵入罗马帝国的美索不达米亚行省。实际上，自337年以来，两个帝国在边境上要么进行激烈战斗，要么持续对峙，处于真实的战争状态。此前不久，两个帝国有过一次外交谈判。357年年底，沙普尔二世在清剿边境上两个好战部落时，得到情报说罗马皇帝君士坦提乌斯二世非常渴望和平。君士坦提乌斯二世可能通过特殊渠道向波斯人传递过这种暗示，即体面地结束两个帝国断断续续长达20年的战争。沙普尔二世得到信息后，认为罗马帝国内部一定遇到了大麻烦，否则高傲的罗马皇帝不会首先提议和平。

---

① 阿米安努斯：《罗马史》，17.12。

沙普尔二世是世界历史上极为特殊的大帝国君王，尚未出生就继任萨珊波斯皇帝，在位长达70年。在沙普尔二世统治期间，萨珊波斯国力臻于顶峰。他是萨珊波斯帝国皇帝霍尔米兹德二世（Hormizd II，302—309年在位）的遗腹子。萨珊波斯趁罗马帝国3世纪的大混乱崛起于伊朗高原，从224年立国起，半个多世纪后，已经成为罗马帝国在东方的强劲对手。305年，霍尔米兹德发动战争进攻罗马帝国，309年战死沙场，长子阿杜纳塞（Adur Narseh）上台统治，随即被谋杀。刚刚出生的沙普尔二世继位为波斯帝国皇帝。襁褓中继位的沙普尔二世成年后，统治有方，萨珊波斯帝国国力逐渐复兴。沙普尔二世率军四处征战，讨伐边境上的好战部落，至公元340年，萨珊波斯帝国的疆域东起帕米尔高原，西接罗马帝国，是名副其实的大帝国。

基于上述背景，沙普尔二世漫天要价，向君士坦提乌斯二世提出极高的条件。阿米安努斯记述了沙普尔二世在358年写给君士坦提乌斯二世的信，内容如下：

> 我，沙普尔，众王之王，星辰的友伴，太阳和月亮的兄弟，向我的兄弟君士坦提乌斯恺撒致以最诚挚的问候。
>
> 我很高兴，你在从实际经验中懂得顽固地

贪图属于别人的东西的后果后，重回正道，认识到正义不可侵犯。既然，对真理的考虑应该是自由的，是无拘无束的，而那些身居高位者更应该随心所欲地说话，所以我将简单地提出我的条件，我将要说的话实际上已经多次重复过。

我祖辈的帝国的边界曾抵达斯特鲁马河（Strymon）和马其顿，[①]有你们的古人的记录为证。我有权要求得到这些土地，因为我在宽宏大量和诸种美德方面远超古代的君王。但是，任何时候我都珍视正当的理性，我从年轻时就接受了这方面的良好训练，所以我从不让自己做任何会后悔的事。因此，我有权收复亚美尼亚和美索不达米亚两个地区，这两个地区从我的祖父起，就在我们之间玩两面派。我们之间不应再承认这种做法，不应无视美德和欺骗之别，赞赏所有取胜的战斗，之前你一直欣喜地支持这种做法。

最后，如果你遵从我明智的建议，放弃这片总是给你们带来灾难和杀戮的土地，你就能安稳地统治其他地区，会明智地想到，即使

---

① 位于今保加利亚西南部和希腊东北部。

最好的医生有时也会烧灼、割开，甚至切掉身体的某个部分，以确保其他部位的健康。有些野兽甚至也会这样做，当它们发现会被无情猎杀时，就自愿放弃猎物，以便从恐惧中解脱出来。我沙普尔，郑重宣誓，如果我的使者无功而返，这个冬季过后，我将用我的全部军队、财富和公正，以支持我的这一愿望，届时我将立即行动，只要理性允许。[①]

沙普尔二世的这封信傲慢无比，但清晰说明了罗马帝国与萨珊波斯帝国持续冲突的根本原因。萨珊波斯帝国试图控制整个两河流域和亚美尼亚山区。萨珊波斯的都城就在泰西封，罗马帝国在两河流域任何军事政治的存在，都令萨珊波斯的任何君王难以安睡。但是，罗马帝国不可能放弃这两个地区。因为这两个地区是实际上控制小亚细亚半岛和叙利亚地区的前提。一旦两河流域和亚美尼亚落入波斯人之手，后者就将获得突入小亚细亚和叙利亚的战略通道。

接到沙普尔二世的这封信后，君士坦提乌斯二世思量很久，在回信中坚决拒绝了沙普尔二世的要求。尽

---

① 阿米安努斯：《罗马史》，17.5.1—8。

管如此，君士坦提乌斯二世还是希望能通过谈判保持和平，于是派出一个使团前往萨珊波斯。在此期间，小亚细亚半岛发生大地震，尼科米底亚城在地震中被毁。358年年底，君士坦提乌斯二世的使团无功而返。这意味着，与波斯人的战争将在第二年爆发。但是，君士坦提乌斯二世仿佛没有意识到这一点，没有认真准备战争。

358年还发生了一件重要的事。大约在这年年中时，君士坦提乌斯二世麾下一位名叫**安东尼努斯**（Antoninus）的御林军军官举家叛逃萨珊波斯。这位安东尼努斯熟悉帝国东部的军团分布和财政情况。安东尼努斯向沙普尔二世坦露：罗马帝国东部的军事和民政都非常脆弱，正是进犯罗马帝国的绝佳时机。359年春，沙普尔二世践行此前的誓言，率全部军队进犯罗马帝国，围困罗马军事重镇阿米达（Amida）。阿米达是罗马帝国面对萨珊波斯的重要战略据点，位于底格里斯河上游。阿米达与尼西比斯（Nisibis）、辛加拉（Singara）和贝扎德（Bazabde）组成一条重要的防御线。阿米达是扼守罗马边境和亚美尼亚的战略门户，阿米达一旦被萨珊波斯控制，亚美尼亚王国将被迫倒向萨珊波斯，从而为萨珊波斯提供前出小亚细亚的战略基地。

沙普尔二世的大军进抵阿米达城下时，该城有6个军团驻守。阿米达守军的抵抗堪称英勇，但是最后仍被波斯人攻陷。在整场围攻战中,罗马帝国一方战死者近2万人,全部6个军团损失殆尽。阿米达围攻战持续近三个月。在这期间,君士坦提乌斯二世一直进行军事准备,意图纠集大军,与沙普尔二世来一场决战。听闻阿米达被攻陷,损失6个军团,君士坦提乌斯二世立即派德森提乌斯(Decentius)赶往高卢,要求尤利安将高卢军团调往东方。

帝国东部严峻的局势对尤利安来说意味甚多。君士坦提乌斯二世忙于东部事务,是尤利安积聚实力的机遇。从地缘角度来说,君士坦提乌斯二世统率大军驻扎于帝国东部,为尤利安在高卢确立政治军事权力获得相当大的呼吸空间。358年,尤利安已经恢复与帝国东部的希腊语智识人的联系。他写了很多信,邀请帝国东部的智识友人访问高卢。[1]这些到访的友人将为他在说希腊语的帝国东部赢得广泛支持。异教智识人此时兴许会生发出一种想象:尤利安能否像拯救高卢一样,拯救希腊文明。

诸多迹象显示,尤利安此时已经考虑过,一旦跟君士坦提乌斯二世翻脸,该如何应对。359年年初,欧西

---

[1] 如书信2邀请普利斯库斯到高卢去,见 *The Works of The Emperor Julian III*,前揭,第3—5页。

比娅皇后驾崩。她一直是君士坦提乌斯二世宫廷中尤利安的保护者。而尤利安的敌人从未停止对他的诬陷和攻击。在一封写给密友兼私人医生奥雷巴西俄斯的信中，尤利安讲了一个梦。他在梦中看到一棵高大的橡树正在倒下，旁边有一颗橡树苗仍顽强地生长着。[1]这个梦的象征意义非常明显，那棵高大的橡树指君士坦丁家族，旁边的小树苗则是他自己。君士坦提乌斯二世率军回到东方后，尤利安考虑到两种可能：第一，君士坦提乌斯二世在与萨珊波斯的战争中阵亡，如此他就会是帝国的唯一统治者；第二，君士坦提乌斯二世要求他派部分高卢军团前往东方战场。若届时顺从君士坦提乌斯二世的要求，不仅有可能让他在高卢取得的成就前功尽弃，而且会毁灭他的部下对他的忠诚。依照他审慎的性格，他一定考虑过如何应对第二种可能。尤纳皮乌斯说，尤利安与他的两位心腹密友奥雷巴西俄斯和欧赫莫鲁斯一起举行秘密仪式，来求问这种情形的结果。结果显示，尤利安会胜过君士坦提乌斯二世。不过，这个抉择时刻还未到来。

360年1月，德森提乌斯抵达巴黎，带来了君士坦提乌斯二世的命令，要求尤利安派他手下四个最精锐的军

---

[1] 尤利安，*Letters 4*。

团，并在其他每个军团挑300人，立即前往东方。这一命令是传达给高卢将军卢比齐努斯和另一位将军**辛图拉**（Sintula）的。尤利安只接到君士坦提乌斯二世的一封信，信中要求尤利安不要干预这一军事调动。尤利安在一年后写的《致雅典元老院和人民》中说，①这一命令源于他的敌人们对君士坦提乌斯二世的鼓动。其中肯定有这类人的参与。但君士坦提乌斯二世在东方战场的处境也不容忽视，他在阿米达城下损失6个军团，波斯人经过73天的围困攻占了此城。②因此，此时君士坦提乌斯二世的确需要援军。

尤利安立即同意这一要求。但是，卢比齐努斯正在不列颠岛讨伐苏格兰人，不能立刻遵从君士坦提乌斯二世的命令。另外，负责给军队运送补给的高卢大区长官弗洛伦提乌斯正在维埃纳。尤利安立即派人送信去维埃纳，要求弗洛伦提乌斯到巴黎与他会合。弗洛伦提乌斯怀疑尤利安对君士坦提乌斯二世的命令阳奉阴违，拒绝到巴黎会合。尤利安写了第二封信，告诉弗洛伦提乌斯，作为高卢大区长官，在关键时刻离开岗位是严重失职，如果他不去高卢履行职责，尤利安将辞去恺撒之

---

① 尤利安：《致雅典元老院和人民》，282。
② 阿米安努斯：《罗马史》，19.8-9。

职。①这封信更坚定了弗洛伦提乌斯待在高卢南部置身事外的决心。

辛图拉已在安排部分军队调往东方的事宜。尤利安派人警告其他军团,要做好前往东方的准备。高卢军团的大多数士兵都是当地人,多具有日耳曼血统。他们与当地女子结婚,家庭都在高卢的北部和东部。好多士兵在招募时就要求,绝不到阿尔卑斯山之外的地区服役。前往两河流域战场,意味着他们中很少会有人能再见到家人。此外,他们一旦离开高卢,尤利安率领他们刚刚重建的家园将再次面临被蛮族毁灭的危险。军中开始流传一些小册子,大肆表达对调往东方战场的不满。尤利安认为,这些抱怨都合情理,所以同意他们的家人也随军前往东方,并且由帝国的驿站系统转运。但是,士兵们的怨恨和不满远非这么简单。他们感到君士坦提乌斯二世欺骗了他们,他们之前在日耳曼战场上取得的胜利尚未被这位皇帝承认,现在又想调他们前往东方,参加新的战争。这种不满在军中持续发酵。

由于卢比齐努斯在不列颠征战尚未返回,弗洛伦提乌斯在维埃纳,辛图拉已经率领第一批部队出发前往东方,尤利安就成了调动部队前往东方的主要负责

---

① 阿米安努斯:《罗马史》,20.4.6—8。

人，而君士坦提乌斯二世之前明确告诉他，不要干预这件事。要调动如此庞大的军力到东方，必须考虑集结点、路线、路上扎营的地点等事务。因此，组建了一个委员会，由尤利安、尤利安的财政大臣涅布里迪乌斯（Nebridius）、幕僚长彭塔迪乌斯（Pentadius）和德森提乌斯组成。这四人中，只有尤利安有军事经验。尤利安坚持必须等卢比齐努斯和弗洛伦提乌斯到来再行动。其他三人则要求立即行动。他们要求尤利安写信给君士坦提乌斯二世承诺会立即派出军团。接下来是行军路线问题。尤利安建议远离人口聚集地，因为他知道高卢人对这支军队的感情。德森提乌斯则建议应该让军队在巴黎集结，因为这样更方便。另外两个人都支持德森提乌斯，尤利安只得勉强同意。从做出这个决定起，尤利安就意识到有可能爆发叛乱。

各军团抵达巴黎附近后，尤利安前去视察，督促士兵们前往东方。士兵们一看到尤利安，更不愿意离开高卢。360年2月底，所有军团集结巴黎周边后，尤利安宴请各军团长官。在宴会上，尤利安邀请他们畅所欲言。军官们一个接一个抱怨君士坦提乌斯二世的这道命令。尤利安回答说，他也不得不服从皇帝的命令。这次宴会对整件事的走向有重大影响。因为军官们通过这次宴会知晓了其他军团的想法。

宴会之后,尤利安回到他的行宫休息。他的头脑一片混乱。伏案写作一会后,他说他不知道此刻士兵们在想什么。的确如此,士兵们极可能推选他为奥古斯都,也可能杀掉他,爆发全面叛乱。[1]凌晨时分,惊恐不已的朝臣赶来报告说,各军团正朝尤利安的行宫进发。短短几分钟,士兵就围住尤利安的行宫,高喊着"尤利安是奥古斯都(Iulianus Augustus)"。整个事件发生质的变化,尤利安必须做出选择。尤利安自己说,他不知道该如何选择。绝望之中,他透过窗户望向夜空中的木星,祈求宙斯赐他一个征兆。[2]在这种情况下,若一个人需要征兆,他总能得到一个,无论吉凶。尤利安得到一个征兆,准确来说,是一个吉兆。

实际上,前一晚,他在梦中听到命运女神告诫他,如果他不能抓住机会提升他的位置,她将抛弃他。现在宙斯赐给他的征兆也告诉他,不要反对军队的意志。无论是向宙斯求征兆,还是前一晚的梦,都是尤利安在事件过去很久之后告诉我们的。对尤利安那个时代的人而言,这样的故事具有很强的说服力量,意在表明尤利安获得帝位乃是诸神命定的结果。我们剥开这层命运神学

---

[1] 阿米安努斯:《罗马史》,20.4.13-14。
[2] 尤利安:《致雅典人民和元老院》,283。

的面纱，可以看到尤利安全凭自己的理智在这一关键时刻做出选择。这次选择遵从士兵的意愿与355年选择遵从君士坦提乌斯二世的命令，具有相似性。尤利安都将之描画为面临死亡威胁的情况下，依照诸神的意愿，被迫做出选择。命运的必然与理性的选择交织在一起。我们需要考察的是，理性选择在其中究竟占何种分量。在命运之必然的强迫之外，尤利安一定有更深层的理由说服自己接受恺撒的任命和士兵推举他为奥古斯都的请求。在两次选择中，都可以看到实现哲人王理想的可能性。

在这两次抉择中，若尤利安拒绝，确实面临被处死的结果。355年11月份那一次，尤利安斗争了很多天，360年2月这一次，尤利安斗争了一整个晚上。士兵彻夜围在行宫外面，高喊着要尤利安露面，但尤利安一直待在行宫内部。直到天蒙蒙亮时，他出现在行宫外面的台阶上，迎接他的是士兵山呼海啸般的"Iulianus Augustus"呼声。尤利安摆出拒绝和恳求的手势，他恳求士兵们要珍惜他们的名声，他们之前取得过光辉的胜利，不要败坏这种光辉，因为一旦推举尤利安为奥古斯都，将引发帝国的内战。简而言之，他们的做法是叛乱。但是，巨大的喧嚣声完全淹没尤利安的声音。等到士兵安静下来后，尤利安对士兵们说：

克制一下你们的愤怒。你们的要求很容易就能满足，无需发动叛乱。你们对家乡的热爱和对陌生之地的恐惧阻止你们离开这里。你们现在回到各自的营地，不会跨越阿尔卑斯山。我会向皇帝解释这件事，他是一个通情达理、审慎的人，我相信，我可以说服他。[1]

实际上，尤利安此时说这样的话无济于事。即便士兵们同意尤利安的说法，不推举尤利安为奥古斯都，形势也不容许他们这样做。高卢那些仍忠于君士坦提乌斯二世的官员会很快将这件事报告给皇帝。换言之，那晚之后，高卢士兵和他们的统帅已经无法后退。更何况，士兵们根本不听他的建议。他说完上述这段话后，士兵又爆发出阵阵喊声，一边辱骂君士坦提乌斯二世，一边欢呼尤利安成为奥古斯都。尤利安不得不顺从士兵们的要求。一些士兵将尤利安抬到盾牌上，举到肩头。士兵的欢呼声响彻整个巴黎。

有人建议尤利安戴上皇帝的冠冕，自戴克里先皇帝以来，冠冕就是皇权的象征，但被尤利安拒绝。又有人建议尤利安戴上一串项链，可以从他妻子的首饰中挑

---

[1] 阿米安努斯：《罗马史》，20.4.16。

选一件，也被尤利安拒绝。尤利安回答说，在这样的场合，戴上妇女的这类小玩意有损庄重。但是，士兵们执意要用一件装饰品来表征尤利安的皇权。最后，一名军旗手将他脖子上的一顶铜项圈，戴到尤利安头上，士兵们再次发出尤利安是奥古斯都的喊声。第二天，身披紫袍、头戴项圈的尤利安，发表演说，要求士兵们向他效忠。依照惯例，尤利安允诺每个士兵可以得到5枚金币和诸多银币。

然后，士兵们退回各自的营地。不过，并非每个士兵都认可这件事。有些军官和民政官员仍忠于君士坦提乌斯二世。这些人开始密谋反对尤利安。尤利安得到一些风声，没有放在心上。但是，军中很快流言四起，有人图谋刺杀尤利安。有人甚至说尤利安已经被杀。群情激愤的士兵们再次将尤利安的行宫围得水泄不通，要求立刻见到尤利安。尤利安身着华贵的紫袍现身后，士兵们再次将他抬到盾牌上，在巴黎游行一圈。

高卢士兵可能没有细细想过，推举尤利安为奥古斯都形同叛乱，将引发一场帝国的内战。但尤利安在迫于士兵的要求，接受奥古斯都称号时，一定非常清楚，这意味着要跟君士坦提乌斯二世翻脸，他一直避免的决裂时刻到来了。尤利安已经恢复高卢的秩序，高卢大军忠于他。但是，依靠高卢能打得过君士坦提乌斯二世吗？

高卢大区只是帝国四个大区之一,而尤利安在高卢之外毫无支持者。从牌面上来说,尤利安的实力远远弱于君士坦提乌斯二世。更何况,君士坦提乌斯二世镇压叛乱的经验非常丰富。

不过,形势并非完全无望。此时,君士坦提乌斯二世正忙于与萨珊波斯的战争,短期内不大可能率军进攻西部。大约在尤利安被拥立为帝的同时,沙普尔二世攻陷东部的另一座军事重镇辛加拉,驻守该城的2个军团和辅助部队被俘。不久,沙普尔二世又攻陷贝扎德,3个军团被俘。纯粹从军事角度看,这正是尤利安先发制人,攻击君士坦提乌斯二世的绝佳时机。但是,尤利安认为,眼下明智的做法是通过谈判,谋取君士坦提乌斯二世同意高卢大区自治,避免与君士坦提乌斯二世立即开战。这是因为,尤利安若先发制人发动进攻,必须首先攻击伊利里亚大区,否则他一旦离开高卢进入意大利,伊利里亚大区的军队将会直接攻入高卢,从背后包围尤利安。只有攻占伊利里亚大区,进而挺进到君士坦丁堡附近,尤利安才能占据更具优势的位置。但是,为了防卫多瑙河边境,伊利里亚大区驻扎着精锐军团。尤利安率军攻击伊利里亚大区,一旦无法速胜,将陷入内战的泥潭;若是一旦战败,那么他在高卢的权力将瞬间分崩离析。

此外，还有一个重要的因素，卢比齐努斯率领几个军团在不列颠。此人非常敌视尤利安。若尤利安离开高卢远征东部，那么高卢就有可能腹背受敌，遭到卢比齐努斯的攻击。因此，360年2月，尤利安在高卢称帝时，他的处境实际很微妙。基于对这一处境的理解，尤利安决定按兵不动，首先与君士坦提乌斯二世谈判，同时解决卢比齐努斯在背后对高卢的威胁。

尤利安派一名官员到布伦港（Boulogne），阻止任何人到不列颠告诉卢比齐努斯高卢发生的事。这一策略非常成功，不列颠的官员对尤利安称帝毫不知情。360年夏，卢比齐努斯从不列颠返回欧洲大陆，立即被尤利安逮捕，他手下的部队归附尤利安。由此可见，尤利安尽管从书斋突然进入政治世界，却绝非天真之人，对政治生活的残酷有清醒的认识。难能可贵的是，凭借他对政治生活本相的洞察，能运用政治家们习惯的策略和手腕。

尤利安派出两个使者到君士坦提乌斯二世那里谈判。一个是彭塔迪乌斯，上文已提到过这个人，他是君士坦提乌斯二世在尤利安宫廷的心腹。君士坦提乌斯二世不可能怀疑他偏袒尤利安。另一个是欧忒里乌斯，尤利安的宫廷内务大臣。356年年底，他曾出使米兰，针对马尔塞卢斯对尤利安的指控，在君士坦提乌斯二世面前为尤利安辩护。那一次，欧忒里乌斯出色地完成了任务。

彭塔迪乌斯和欧忒里乌斯分别带了一封尤利安给君士坦提乌斯二世的信。彭塔迪乌斯交给君士坦提乌斯二世的那封，是一封意在公开传阅的信。在信中，尤利安解释说，他一直都坚定地执行君士坦提乌斯二世的命令，但是他的部队从未受到配得上他们胜利的奖赏，一直遭到君士坦提乌斯二世的漠视，而他本人面临一个两难：他既不能如士兵们所愿平息他们的愤怒，又不能让士兵们推选一个更坏的人当奥古斯都。因此，他迫于政治形势之必然，接受了士兵们的推举。简言之，尤利安的意思是，发生在高卢的事件应归咎于君士坦提乌斯二世，而非他本人的野心。尤利安告诫君士坦提乌斯二世，不要听信谣言或别有用心者搬弄是非。

然后，尤利安列出他的谈判条件。他会从西班牙运送战马给君士坦提乌斯二世，从高卢大区境内的日耳曼人中组建军团，然后派遣到东方，以增加皇帝的军力。他要求君士坦提乌斯二世再派遣一名大区长官到高卢赴任，因为此前的大区长官弗洛伦提乌斯已经逃回东部。这名新的大区长官理论上仍将掌握高卢大区的民政事务，但是其他官员，包括内政和军事官员，需由尤利安任命。尤利安一再重复，派遣高卢军队，或越过边界到日耳曼地区招募军队派往东方，非常不现实，尤其是高卢的安全现在还说不上万无一失。在信的结尾,尤利安提醒君士坦提乌斯二世,划分皇权并非没有先例,君士坦提乌斯二世继位之初就是与两位兄弟共治帝国。另外一封由欧忒里乌斯递交的信,只给君士坦提乌斯二世本人看,语气更强硬,细数了尤利安对君士坦提乌斯二世的指责。阿米安努斯出于对尤利安的敬意,没有记载这封信。

彭塔迪乌斯和欧忒里乌斯经意大利和伊利里亚,先到君士坦丁堡,然后前往卡帕多西亚的恺撒里亚觐见君士坦提乌斯二世。在此之前,君士坦提乌斯二世已经从一些自西部返回的官员那里得知发生在高卢的事件。但是,他还不知道尤利安的意图,尤其是不知道尤利安是否会立即进攻伊利里亚大区,进而威胁君士坦丁堡。若是那样的话,他将腹背受敌。彭塔迪乌斯和欧忒里乌斯递交信件后,君士坦提乌斯二世非常愤怒,但很快冷静下来。对他来说,尤利安的信意味着,这位堂弟不会从背后攻击他。这对他来说是一个好消息。因此,正如尤利安所料,君士坦提乌斯二世没有直接拒绝尤利安的谈判意向,而是默许了尤利安的条件。君士坦提乌斯二世任命尤利安的财政大臣涅布里迪乌斯为高卢大区新的大区长官。尤利安的谈判条件实际上是在要求与君士坦提乌斯二世平起平坐,而他本人也想必清楚,君士坦提乌斯二世十有八九不会接受他的条件。果然,君士坦提乌斯二世派一个名叫**列昂纳斯**（Leonas）的高级官员前往高卢，要求尤利安放弃奥古斯都的称号，继续维持原先的恺撒称号。

列昂纳斯5月初抵达巴黎。尤利安首先与他私下会面。这个列昂纳斯尽管身居高位，却胸无谋略。他几乎原样重复了君士坦提乌斯二世指责尤利安的话，说君士坦提乌斯二世将尤利安从一个身无依傍的孤儿提拔为帝国的副帝，他竟然如此对待恩人。尤利安回答说："谋杀我父亲的凶手竟说我是一个孤儿？"第二天，尤利安邀请列昂纳斯在士兵和巴黎市民都在场的情况下，公开朗读他从君士坦提乌斯二世那里带来的信。当读到君士坦提乌斯二世要求尤利安放弃奥古斯都称号时，众人高喊"Iulianus Augustus"，呼喊声连绵不绝，以至无法读完剩下的内容。列昂提斯的这次出使可谓耻辱，他本来是君士坦提乌斯二世的代表，结果得到尤利安如此挑衅性的回应。尤利安刻意安排列昂纳斯在士兵和巴黎市民面前宣读信件，就是向君士坦提乌斯二世示威：他不仅得到高卢各军团的支持，而且得到高卢人民的支持。

然后，列昂纳斯带着尤利安的回复返回恺撒里亚。尤利安的答复是，他不会放弃奥古斯都的称号，因为高卢的军团和人民不允许他这样做。君士坦提乌斯二世也没有能力立即进攻西部，所以，360年，双方默认了事实上的共治局面。

在这一年,沙普尔二世攻陷罗马帝国边境上的三座军事重镇。君士坦提乌斯二世率大军经埃德萨,推进到阿米达,围困底格里斯河上波斯军队防守的贝扎德城,无功而返。当年冬天,君士坦提乌斯二世撤回安提阿,准备来年再战。尤利安则再次率军跨过莱茵河,侵入阿图人的家乡,这是一个位于桑腾(Xanten)附近的法兰克人部落。他们之前小规模地劫掠过高卢,他们自恃有要塞和沼泽为屏障,认为罗马人不会劳师远征。在焚烧阿图人的村庄,大肆蹂躏众多俘虏之后,顺道溯莱茵河而上巡视边境上的要塞,一直到巴塞尔为止,然后返回维埃纳过冬。维埃纳位于高卢东南部,紧挨着阿尔卑斯山。尤利安到此地而非回到巴黎过冬,表明他某种程度上已经做好与君士坦提乌斯二世公开对决的准备。此前的远征日耳曼地区,可以视作在他率军离开高卢之前,对日耳曼蛮族的威慑性打击。

360年11月6日,是尤利安出任恺撒五周年纪念日。依照罗马帝国的惯例,尤利安将在维埃纳举行盛大的竞技会,向士兵馈赠大量礼物。此时,他与君士坦提乌斯二世通过谈判划分皇权的希望已经非常渺茫。360年夏,尤利安的妻子海伦娜去世。当时有传言说,她是被毒死的。尽管这一传言毫无根据,海伦娜的死加剧了尤利安与君士坦提乌斯二世之间的不信任。另有传言说，君士坦提乌斯二世正在联络阿拉曼尼人，邀请他们跨过莱茵河攻击高卢。阿米安努斯、尤利安、利巴尼乌斯都提到这件事。① 君士坦提乌斯二世完全有可能采取这一策略，数年前在讨伐玛格嫩提乌斯的叛乱时，就采用过这一策略。若是如此，不仅尤利安会被牵制在高卢，他前五年取得的成果也可能会付诸东流。

一支阿拉曼尼人劫掠了与高卢相邻的莱蒂亚行省。尤利安派出一支远征军兴师问罪，结果统帅被杀。尤利安亲征讨伐那支阿拉曼尼部落的首领**瓦多玛**（Vadomar），捕获一封瓦多玛写给君士坦提乌斯二世的信。瓦多玛在信中提到尤利安时，称"您那位不孝的恺撒"，而瓦多玛在给尤利安的信中则称呼他为奥古斯都。尤利安据此怀疑，瓦多玛与君士坦提乌斯二世有某种阴谋。

361年春，尤利安获知君士坦提乌斯二世在调动军队。但是，君士坦提乌斯二世仍没有下定决心讨伐尤利安，因为沙普尔二世的大军仍雄踞边境。君士坦提乌斯二世未雨绸缪，开始招募新的军队，在阿尔卑斯山以

---

① 利巴尼乌斯：《尤利安葬礼上的演说》，107-108；尤利安：《致雅典元老院和人民》，286；阿米安努斯，《罗马史》，21.4。

南建立补给基地，同时加强非洲海岸的防御兵力，以防有人从非洲运送粮食到高卢。对尤利安来说，问题就变成，是待在高卢等待君士坦提乌斯二世劳师远征，还是应该主动出击，赢得对多瑙河地区的控制权。5月19日，君士坦提乌斯二世发布法令，明确承认尤利安是叛乱者。6月，沙普尔二世献祭时遇到凶兆，率大军从罗马帝国东部边境撤退。君士坦提乌斯二世于7月份从幼发拉底河返回安提阿。内战即将爆发。

尤利安决定，在君士坦提乌斯二世的大军穿越小亚细亚进入欧洲之前，采取迅速果断的行动。向全军宣布决定之前，尤利安秘密献祭了罗马人的战神。[1]然后，尤利安在维埃纳召集全军，宣布出征东方。在会上，尤利安说：

> 我相信，你们一直在等待我的一个说法，好叫你们知道摆在你们面前的是什么任务，如何准备面对它。久经沙场的士兵应该静静聆听而不是高谈阔论，一个久经考验的正直的指挥官应提出值得尊敬的建议。这是我要告诉你们的。几年前，天意将我第一次带到你们面前。

---

[1] 阿米安努斯:《罗马史》，21.5.1。

然后，我们一起粉碎了阿拉曼尼人和法兰克人，并能随心所欲地渡过莱茵河。经历巨大破坏和人口大量死亡后恢复和平的高卢，见证了你们的英勇。正是由于你们的支持，我才被提升为奥古斯都。上帝和你们现在都愿意我欲求更高的目标，因为我自夸说，你们这支勇敢和纪律严明的部队，有我这样一位统帅，和平时期冷静和理智，在战争中谨慎细致。

让我们以同样的精神来迎接对手的挑战。让我们的行动匹配我们的决心，现在请跟随我前往东方。现在伊利里亚还没有对手的主力部队，我们可快速抵达达契亚行省的边界。一旦我们成功抵达那里，我们就能继续前进。作为一名信任部下的统帅，我呼吁你们发誓永远忠诚于我。我会极其谨慎，避免任何鲁莽之举或懈怠，我保证我不做任何不符合我们共同利益的事情。我恳求你们，在我们向东进发时，不要伤害任何一个普通公民；因为我们的声誉和我们行省的安全与繁荣，归功于我们杀敌无数。[①]

---

① 阿米安努斯：《罗马史》，21.5.2–8。

尤利安说完之后，士兵们击打盾牌，欢呼尤利安的名字。然后，将剑抬高到脖子，一遍一遍地发誓忠诚于尤利安。高卢的民政官员也在场，同样发誓效忠尤利安。其间有一个有趣的插曲。君士坦提乌斯二世任命的高卢大区长官涅布里迪乌斯，拒绝发誓效忠。站在他附近的士兵立即冲出去，想把他撕碎。但是，尤利安用紫袍罩住涅布里迪乌斯，将他带往自己的行宫。然后他获准安全返回自己的家乡。这是一个表现尤利安仁慈的示例。

尤利安手下的军力，与君士坦提乌斯二世的比起来，要弱得多。常规战役显然不利于他。尤利安若想争得获胜的希望，必须主动选择战场和战役时机，而非交给君士坦提乌斯二世来决定。对尤利安说，他唯一的优势是行动迅速。若他能快速控制伊利里亚大区和意大利，就能获得一个挺进东方，将战场带到东方的前进基地。若是与君士坦提乌斯二世的内战变成长期对峙，控制两个地区尤其重要。所以，关键在于，尤利安要行动迅速。

除留下部分军队防卫高卢和不列颠外，尤利安能带往东方的军力仅23000人。为了避免大军在经过各地时导致补给紧张，同时为了给人留下他的军队规模比实际大的印象，尤利安将23000人的部队分为三支。第一支10000人，由约维安努斯指挥，穿越阿尔卑斯山，沿着意大利北部，进入萨瓦河谷，然后进入多瑙河流域。第二支10000人，经莱蒂亚和诺里库姆行省，沿着阿尔卑斯山和多瑙河之间行进。尤利安自己率领剩下的3000人，经黑森林南部，进入多瑙河流域。尤利安命令，三支部队在西米乌姆会合，后者是伊利里亚大区的首府，也是进入巴尔干地区的入口。

尤利安要求，前两支部队在确保安全的前提下，以最快速度向东行进。他自己则不顾危险强行穿越险峻的山地和森林，直达多瑙河航运的起点处，即乌尔姆（Ulm）附近。在那里已有船只等待运送他们过河。这说明，尤利安预先在乌尔姆安排了船只。[1]尤利安率领3000人顺河而下，仅在夜晚露营休息。到10月10日，尤利安已经抵达波诺尼亚（Bononia），这里是多瑙河上距西米乌姆最近的渡口。这个位置在现在诺维萨德（Novi Sad）城以西。一路上，尤利安都没有遇到抵抗。在西米乌姆，潘诺尼亚行省的军事长官卢西里安努斯（Lucilianus）将部队集中在要塞，准备抵御尤利安的突然攻击。尤利安在夜晚抵达波诺尼亚，立即派出小股兵

---

[1] 阿米安努斯说，渡口的船只是偶然聚集在那里的。见阿米安努斯：《罗马史》，21.9.2。

力，由他的皇家卫队长达伽莱福斯（Dagalaifus）率领，乘着夜色穿过弗鲁什卡山，抵达西米乌姆，逮捕仍在睡梦中的卢西里安努斯。

第二天早上，尤利安率领剩下的士兵抵达西米乌姆城下。城内的守军由于统帅被俘，尽管人数远远超过尤利安的部队，却没有任何抵抗，两个精锐军团向尤利安投降。城里的市民和士兵争相跑到城外，向尤利安欢呼，以奥古斯都来称呼他，并簇拥着他走向行官。尤利安没有费一兵一卒，占领了通向巴尔干地区的门户。第二天早上（10月12日），尤利安在西米乌姆的竞技场举行了一场战车比赛，头戴皇帝冠冕坐在皇帝包厢里，身着紫袍，接受民众山呼海啸般的欢呼。10月13日，尤利安率领那3000人上路，沿着通往君士坦丁堡的军事大道，向前挺进。这条大道的走向大体上就是今天贝尔格莱德到索菲亚，再到伊斯坦布尔的铁路线。强行军抵达尼斯（现在的尼什）后，尤利安在那里等待另外两支分队的到来，准备在这里过冬。

涅维塔（Nevitta）率领的第二分队随后不久抵达尼斯。第一分队则在路上遇到一些困难。当第一分队进入意大利北部时，命运似乎对他们很友好。意大利大区的大区长官陶鲁斯（Taurus）率领众官员，以最快速度逃往君士坦丁堡。陶鲁斯的这种惊慌失措也传染给了伊利里亚大区的大区长官弗洛伦提乌斯，此人即此前在高卢大区任大区长官的那个弗洛伦提乌斯。尤利安没有费一兵一卒赢得了意大利。但是，尤利安怀疑卢西里安努斯手下那两个投降军团的忠诚度，命令他们前往高卢。这支守军不愿意前往一个陌生行省，所以在行军途中攻占阿奎莱亚城，转而宣称继续忠于君士坦提乌斯二世。

这座城是经意大利到伊利里亚的陆上咽喉。阿奎莱亚城的市民被迫选择支持这些反叛者，很多意大利城市顺势转变态度，宣称支持君士坦提乌斯二世。原本尤利安对自己的后方一点也不担心，但阿奎莱亚事件让他忧心不已。虽然这件事在军事上的危险可以忽略，背后的意大利若与他为敌则非常麻烦。当时，约维安努斯统率的第一分队已经到达卢布尔雅那附近，尤利安命令他立即回师围攻阿奎莱亚。这导致尤利安计划中挺进君士坦丁堡的军力大为缩减。

此时若继续挺进色雷斯，将非常鲁莽。色雷斯是君士坦丁堡的门户，有阿德里安堡和菲利普波利斯两大坚固的要塞拱卫。尽管君士坦提乌斯二世的主力仍在小亚细亚，但色雷斯仍有相当数量忠诚于君士坦提乌斯二世的部队。若尤利安贸然进入，很可能在战场被击败。此外，冬天已经到来。前往色雷斯时，道路很可能被大雪封锁。于是，尤利安派涅维塔率小股兵力，快速前插，占据现在的索菲亚和普罗夫迪夫（Plovdiv）之间的关隘要道，以待来年春季开战。

尤利安待在尼斯期间，写了一连串信给帝国的著名城市，以解释他起兵东进的理由。只有一份保存下来，即写给雅典的信。在这封信中，尤利安讲述了自己的生平。当然，最重要的目的是向雅典人解释，他起兵的正当理由。在这封信中，尤利安公开陈述了他的异教倾向。与此同时，尤利安取消君士坦提乌斯二世加在伊利里亚大区的税收，改革伊利里亚大区的民政事务。从中已经可以看出，尤利安后来登基后推行的政策，比如对伊利里亚大区各城市元老院的改革。尤利安大大增加城市元老院议员的人数，赋予他们管理城市更大的权力。

361年11月底的一天，一小队骑兵护送两位君士坦提乌斯二世的高官忒奥莱福斯（Theolaifus）和阿里基都斯（Aligildus）抵达尼斯。他们带来一个重大消息：君士坦提乌斯皇帝已于11月3日在西里西亚行省的莫布斯克雷纳（Mobscurenae）城驾崩；君士坦提乌斯二世临终指定尤利安继承帝位；东方的军队和亚洲的各行省已经宣誓效忠于尤利安。尤利安从忒奥莱福斯和阿里基都斯口中听闻这个消息，突然放声大哭起来。尤利安成了罗马帝国的无可争议的统治者。真是命运弄人，谁能预见到这个情形！君士坦提乌斯二世只有45岁，并且身体一直很健康。

361年7月，沙普尔二世从罗马帝国边境撤走军队后，君士坦提乌斯二世决定西征尤利安。他从幼发拉底河返回安提阿，开始为西征做准备。10月中旬，尤利安已挺进到巴尔干地区，君士坦提乌斯二世从安提阿启程，前往君士坦丁堡。到塔尔苏斯后，他开始发低烧。由于他的身体一直很强健，所以没有理会，继续行军。过了西里西亚之门不远，他开始发高烧，很快就陷入昏迷状态。361年11月3日，君士坦提乌斯二世驾崩。随行官员护送君士坦提乌斯二世的遗体返回君士坦丁堡，忒奥莱福斯和阿里基都斯则快马加鞭，向尤利安通报。仍在阿奎莱亚坚守的那两个军团，听闻君士坦提乌斯二世驾崩，放弃抵抗，出城向尤利安的军队投降。

尤利安立即启程，经萨尔迪卡和菲利普波利斯，于12月11日进入君士坦丁堡，接受元老院和首都人民的效忠欢呼。阿米安努斯说，首都民众看到年轻的尤利安仿佛从天而降，尤利安逐条街游行，接受人民的欢呼，有种梦想成真的感觉。[1]在君士坦丁堡出生的第一位皇帝，尤利安·奥古斯都现在回来了。

---

[1] 阿米安努斯：《罗马史》，22.2.5。

第三章　尤利安与理想君王

对尤利安皇帝来说，公元361年下半年是一段惊心动魄的岁月。当他7月份从高卢誓师东进时，从牌面实力来看，他在内战中并无胜算。当时，跟随尤利安东进的军队只有23000人。尤利安通过快速行军，占据伊利里亚和多瑙河地区的战略要地后，形势也并没有完全好转。他在尼斯期间写给朋友的信，表明他对追随者的命运忧虑不已，一旦战败，那些从帝国东部而来追随他的智识人将面临被屠戮的命运。[1] 从军事角度来看，尤利安361年7月的起兵东进，实属军事冒险。然而，君士坦提乌斯二世突然染病驾崩，让尤利安得以避免一场前途未卜的内战。这次命运的突转想必强化了尤利安乃天选之

---

[1] 尤利安：*Letters 7/8/9*。

子的意识。尤利安在自己的作品中多次表达过,是诸神选定他为他们的仆人。① 阿米安努斯在他的史书说,尤利安在起兵东进前,求问诸神已经获得内战的结果,诸神允诺他将取得胜利。② 那么,诸神为何拣选他?尤利安的神圣使命是什么?

尤利安刚登基,就收到曾经的老师忒米斯提乌斯(Themistius)写给他的建言信。忒米斯提乌斯是当时著名的亚里士多德派哲人,尤利安早年曾跟他有师生之谊。忒米斯提乌斯著有多部注疏亚里士多德作品的书,用今天的话来说,忒米斯提乌斯是一个古典学家。新皇帝登基,且是自己曾经的哲学弟子,令忒米斯提乌斯激动不已。忒米斯提乌斯在信中说,尤利安已被诸神安排在赫拉克勒斯和狄奥尼索斯同样的位置,这两位神既是哲人,又是王者。③ 言外之意,尤利安是罗马帝国这个现实世界的哲人王。

忒米斯提乌斯的这种看法,同时代诸多智识人也有。忒米斯提乌斯在信中还说,尤利安作为现实中的哲

---

① 尤利安:《驳犬儒赫拉克勒奥斯》,227-234;《致雅典元老院和人民》,276。
② 阿米安努斯:《罗马史》,21.1.7-14。
③ 尤利安:《尤利安皇帝致哲人忒米斯提乌斯》(Letter to Themistius the Philosopher),253c4-254a2;中译本见,《尤利安文选》,前揭,第41页。

人王，应该荡平大地上的一切邪恶，净化大地和海洋，要追求远超梭伦、吕库古斯、亚历山大、奥勒留这些历代圣君的伟业。[1]这说明同时代的异教智识人对尤利安期许很高，期待尤利安开创一个新纪元。自柏拉图创设哲人王理念诞生以来，哲人王始终是古希腊文明中的理想君王。因此，有必要首先搞清楚尤利安本人对理想君王的理解。

1 尤利安与哲人王传统

361年12月11日，尤利安率军进入君士坦丁堡，成为罗马帝国至高无上的主宰。摆在尤利安面前的首要问题是，如何快速稳住帝国东部的军队和官员。忒奥莱福斯和阿里基都斯带来的信息说，东部军队和各行省宣誓效忠尤利安。但是，众所周知，君士坦提乌斯二世是尤利安的杀父仇人。君士坦提乌斯二世的宫廷中有不少尤利安的敌人。尤利安会如何对待这个有不共戴天之仇的堂兄？尤利安会复仇吗？帝国东部的军队和官员急于想知道这两个问题的答案。

---

[1] 尤利安：《尤利安皇帝致哲人忒米斯提乌斯》，254a5-c4；中译本见《尤利安文选》，前揭，第40-41页。

得知君士坦提乌斯二世驾崩的消息后，尤利安就命令筹备这位堂兄的葬礼。后者的遗体抵达博斯普鲁斯海峡，尤利安亲自到港口迎接。待君士坦提乌斯二世的遗体运抵后，尤利安走在葬礼队伍的最前头，领着葬礼队伍一直走到圣使徒教堂。君士坦提乌斯二世被安葬在他父亲君士坦丁大帝旁边。然后，尤利安依照罗马帝国的传统，指令君士坦丁堡元老院承认君士坦提乌斯二世已经为神。尤利安清楚，他必须展示他的宽宏大量，只有这样才能赢得东部军队和官员的效忠，保证帝国的团结。哲人王首先是一位王者。

尤利安初登帝位不久，在361年农神节期间，写了一部对话《诸皇帝》(*The Caesars*)。[①] 对话的主角是尤利安与撒路斯提乌斯。农神节是罗马人庆祝的节日，最初这个节日在每年12月17日举行一天，后来延长到一周（12月17日至23日）。这篇对话的场景是，农神节期间，罗马帝国的先祖罗慕路斯要在天上举办一场宴会，邀请所有神和皇帝赴宴。在宴会进行过程中，赫尔墨斯向宙斯建议，应通过审查诸皇帝的品质，来安排皇帝们

[①] 所用版本为 *The Works of The Emperor Julian II*, trans. by Wilmer C. Wright, The Loeb Classical Library, Cambridge, Massachusetts, Harvard University Press, 1913。

的座位次序。因此，主题变成谁才是最伟大的君王的竞赛。显然，尤利安初登帝位，心里想的是做一位什么样的君王的问题。

在对话开头，尤利安说正值农神节，农神允许人们在节庆期间喝点酒，轻松娱乐一下。但他没有搞笑的娱乐天赋。撒路斯提乌斯督促尤利安放松精神，不必太过严肃。尤利安婉转拒绝撒路斯提乌斯轻松逗趣的建议，说他准备讲一个神话。撒路斯提乌斯立刻表示出极大兴趣，因为神话听来既轻松，又能传达严肃的教诲；既适合农神节的轻松氛围，又不违背他们哲人的身份。撒路斯提乌斯还说，这是尤利安最尊敬的柏拉图的看法。

撒路斯提乌斯又问，尤利安准备讲什么类型的神话？是那种给灵魂羽翼尚未丰满的幼童听的神话，还是那种适合成熟之人听的？尤利安说，他要讲的不是伊索式的老式神话，而是要转述赫尔墨斯告诉他的一则神话。在尤利安笔下，赫尔墨斯是哲人的领路人。撒路斯提乌斯称赞尤利安的这个序言非常优美，然后督促尤利安快点讲，他已经等不及。接下来，对话就变成尤利安的长篇讲辞，长篇讲辞又是由诸神与皇帝之间的对话构成。这个结构类似于琉善的《亡灵对话》，但是主题上与柏拉图的《王制》类似。不过，尤利安的意图不是讽刺，而是陈述他对理想君王的理解。

农神节期间，罗马人的先祖罗慕路斯决定举办宴会，邀请所有诸神和皇帝列席。这里的皇帝自然是指罗马人的皇帝。整个宴会分为两个场景，以月亮为分界点。诸神的席位位于月亮之上，诸皇帝的席位在月亮之下。在新柏拉图主义那里，月亮之下指的是物质世界。[①]尤利安说，赫尔墨斯向他细致地描述了诸神的席位，但是没有描述诸神之美。因为，那种美不可言说，只可用精神之眼去观看。诸神坐成一个圆圈状，笑语连天，其中狄奥尼索斯最活泼，西勒诺斯则在一旁插科打诨。接下来是诸皇帝进入宴会的场景。

尤利乌斯·恺撒第一个来到。恺撒的特征是对荣耀的极度渴望，西勒诺斯打趣说，恺撒敢争夺宙斯掌管的帝国。接着，屋大维进入会场。屋大维像变色龙一样，一会忧郁阴沉，一会喜笑颜开。西勒诺斯讥笑屋大维是善变的怪物。阿波罗下令，把他交给芝诺（Zeno of Citium）管教。芝诺是廊下派的创始者。阿波罗叫道："芝诺，来，照顾我的孩子。"芝诺遵命照做，让屋大维背诵廊下派的学说。尤利安交代，芝诺很快让屋大维

[①] 尤利安，《诸神之母颂》，170-171，中译本见《尤利安文选》，前揭，第204-205页；《赫利俄斯王颂》，148-150，中译本见《尤利安文选》，前揭，第81-84页；《驳犬儒赫拉克勒奥斯》，219，中译本见《尤利安文选》，前揭，第18页。

变得明智而节制。芝诺侍立在阿波罗身边这个细节表明两点：第一，哲人与诸神生活在一起，哲人是诸神的仆人。哲人的地位要比皇帝的地位高，皇帝的席位在月亮之下，哲人却能与诸神共居月亮之上。第二，诸神不会直接管教王者，而是让哲人管教。哲人才是沟通天上与地下的中间人。

依照罗马皇帝的顺序，接下来进入会场的是提比略。尤利安说，提比略尽管表情庄严肃穆，但他的背上布满数不清的伤疤、灼伤和溃疡，这是他生活放纵和性情残酷导致的结果。诸神讥笑提比略的不幸，阿波罗没有指令哪位哲人管教他。言外之意，提比略这样的人不可教。然后进来一个怪物，诸神扭过头拒绝观看这个怪物，直接将他扔进了塔尔塔罗斯。尤利安没有提到这个怪物的名字，但所有神都知道这个怪物是皇帝卡利古拉（Caligula，37—41年在位）。然后，克劳迪乌斯和尼禄两位皇帝先后来到会场，受到诸神的讥笑。尼禄进入会场时，手拿七弦琴，头戴月桂花冠，一副阿波罗的打扮。阿波罗很生气，命人摘掉尼禄头上的花冠，将他赶走。显然，尼禄效仿诸神的方式纯属自欺欺人。

尼禄之后，进来一连串皇帝，即公元69年内战期间的那四位皇帝以及维斯帕芗王朝的三帝。西勒诺斯斥责他们是一群畜生。然后，白发苍苍的涅尔瓦来到会场。西勒诺斯质问宙斯:"我谴责你的不公,竟然允许那个嗜血残忍的怪物统治15年,[①]只让这个好人统治不到1年。"宙斯回答:"别责备我,我将让很多有德之君继承他。"然后图拉真、哈德良、安东尼先后进入会场。这就是所谓的有德之君。尤利安对他们三人都是一笔带过。在尤利安时代,还没有所谓的五贤帝说法。尤利安心中真正看重的是马可·奥勒留。奥勒留才是尤利安眼中的有德之君。奥勒留进入会场,西勒诺斯立刻闭嘴。他无法嘲笑奥勒留。尤利安在这里指出奥勒留犯的一个致命错误:奥勒留将帝国交给儿子康茂德统治。康茂德由于秉性低劣,没有资格进入会场。

然后是3世纪大混乱时代的皇帝们,西勒诺斯一一列举他们的罪过,有的被禁止参加宴会,有的被打入塔尔塔罗斯。戴克里先带领四帝共治的其他三位共同赴宴,像一曲和谐的交响乐。但是,其中夹杂着可怕的不和。接着就是至关重要的君士坦丁王朝的皇帝们。但是,尤利安一笔带过,仅仅说君士坦丁和儿子们进入会场坐下。

至此,诸皇帝参加宴会的席位依照时间确定。所谓先到先得,恺撒自然坐在最前面。这是政治社会的习传

[①] 指图密善(Domitian),公元81—96年在位。

原则，即古老等同于好，最古老的等于最好的。但是，赫尔墨斯建议审查众皇帝的品质，宙斯也有此意。罗慕路斯于是请求让赫拉克勒斯做评委，毕竟赫拉克勒斯才是由王者成神的代表。赫拉克勒斯顺水推舟建议，应该邀请亚历山大大帝列席，参与这种君王之间的竞赛，因为赫拉克勒斯最钟爱亚历山大。君王竞赛因亚历山大的加入而更加有趣，因为这意味着让希腊人和罗马人比高低。不过，罗马君王在人数上占据绝对优势，亚历山大是一人与罗马诸皇帝竞赛。尽管如此，罗慕路斯还是担忧不已，担心自己的后代被亚历山大比下去。

罗慕路斯的担忧是有道理的，因为亚历山大大帝不仅是君王文治武功的楷模，还是理想君王的典范。就前者而言，亚历山大大帝短短十余年取得的功绩的确前无古人后无来者，后者则是第二代智术师在公元1—2世纪智识努力的结果。因此，尤利安将亚历山大大帝纳入对话，使得论题的政治哲学味道更加浓厚。

哲人王概念是古希腊文明关于最佳政制理论的标志性概念。公元前4世纪前半叶，柏拉图针对希腊激烈的政争，提出哲人王理念，经典文本是《王制》。希腊内部的政争根源是无法就谁来统治的问题达成共识。人的基本政治常识同意，最好的人应当统治。但是，何为最好的人？柏拉图基于人的灵魂类型划分，提出哲人是最好的人。哲人最能充分地实践诸种德行。在柏拉图那里，哲人王概念是讨论何为最佳政制的关键概念，最佳政制就是哲人为王的政制，是君主制的最高类型。与柏拉图同时代的色诺芬，同样在思索理想君王的问题。色诺芬在《居鲁士的教育》《希腊志》《上行记》《阿格西劳斯颂》等作品中，探究理想君王的品质，其结论与柏拉图大体相同，一位理想君王应是一个哲人。

现实政治中，哲人为王的可能非常渺茫，全凭机运青睐。用我们中国的经验来说就是，第一，圣人极为罕见，五百年才出一个；第二，即便有圣人降世，也可能面临德与位分离的现实。因此，与古代中国一样，古希腊哲人转而寻求教育现实中在位的君王。柏拉图和色诺芬都尝试过，前者远赴叙拉古试图教育僭主狄奥尼修斯，色诺芬则寄望于斯巴达国王阿格西劳斯，但是都失败了。马其顿王国的强势崛起和希腊化王国为践行君王教育理念提供了舞台。亚里士多德与亚历山大的师生关系是最著名的例子。君王教育的最高理想乃是将君王培育成哲人王。

亚历山大大帝横空出世，为智识人铺陈哲人王理想提供了绝佳范例。亚历山大去世不久，就出现各种以亚历山大为核心论述君王教育的作品，例如**奥涅斯克里图斯**（Onesikritos，前360—前290年）的《亚历山大如何受教育》(*How Alexander was educated*)[①], 玛尔苏亚斯 (Marsyas of Pella, 前356—前294年) 所写的《亚历山大的教育》(*The Education of Alexandre*)[②]。此外，还要加上亚历山大的各种传记，如卡利斯忒涅斯 (Callisthenes, 前360—前328年) 和托勒密为亚历山大所写的亚历山大传。这些作品皆致力于讨论理想君王的问题，意图在希腊化背景之下，依照柏拉图的哲人王理念，打造理想王政。

亚历山大带来的理想君王问题，还与天下式帝国的大一统问题勾连在一起。亚历山大率马其顿-希腊联军远征东方，摧毁波斯帝国，建立起西方历史上第一个天下式帝国。换言之，智识人打造的亚历山大的理想王者形象，不是一个脱离政治现实的理论形象，而是一个担负让天下帝国归于大一统重任的君王。尽管亚历山大帝国很快被继业者们撕裂，但是亚历山大带来的政治哲学问题，却激发着一代代希腊智识人。

罗马一统地中海，打造出西方历史上第一个真正的天下帝国。屋大维皇帝确立帝制后，亚历山大所代表理

---

① 参T. S. Brown, *Onesicritus: a study in Hellenistic historiography*, University of California Press, 1949。
② 参Waldemar Heckel, "Marsyas of Pella: Historian of Macedon"，见 *Hermes*, 1980年第3期，第444—462页。

想君王传统进入罗马世界，传承这一传统的仍是希腊智识人。公元1世纪，罗马帝国的君主制遇到重大危机，使得理想君王的问题更为迫切。希腊智识人，如金嘴狄翁和普鲁塔克，先后利用古希腊的思想资源，在罗马帝国语境内提出如何打造理想君王的问题。普鲁塔克的《亚历山大王的机运或德性》力图将亚历山大塑造成一个怀有天下帝国梦想的哲人王，以此劝诫图拉真皇帝不单要在开疆扩土方面与亚历山大大帝竞争，而且要在君王德行与后者较劲。在普鲁塔克笔下，亚历山大大帝的德行已然是哲人王的德行。金嘴狄翁与普鲁塔克几乎同时代，著有四篇王政演说，致力于打造从荷马笔下的英雄到亚历山大的古希腊理想君王传统。[①]

不过，尽管亚历山大大帝的称号意蕴着实甚多，但是罗慕路斯也不必太过担忧。因为罗马皇帝中有一位现实中的哲人王——马可·奥勒留，而亚历山大的哲人王形象更多是希腊智识人塑造的结果。

新的竞赛规则确立后，宙斯决定遵从体育竞赛规则，即不需要每个皇帝都与所有人比赛，任何人只要战胜其他优胜者就是最后的胜利者。众神一致同意这一规

---

① 金嘴狄翁:《论王政》，刘小枫编，王伊林译，北京：华夏出版社，2019，第3页。

则。于是，五位最伟大的罗马皇帝被选出来参加决赛，分别是恺撒、屋大维、图拉真、奥勒留和君士坦丁。加上亚历山大，决赛人员总共6人。比赛的方式是每位皇帝在众神面前发表演说褒扬自己的美德和功业。然后进行抽签决定参赛顺序，恺撒抽到第一位，亚历山大第二位，其余人的顺序与在世顺序一致。6个人的演说可以分成四组。恺撒和亚历山大的演说是第一组；屋大维和图拉真的演说是第二组；奥勒留的演说单独一组；君士坦丁的演说亦单独一组。

恺撒和亚历山大比的是功绩。恺撒先发言，细数自己一生的功绩。恺撒扬言，从攻陷的城市数和敌人的强弱来看，他的功绩强过亚历山大。亚历山大在发言中怒斥恺撒诋毁自己的偶像，同时指出恺撒的主要战功是内战取胜和征伐野蛮人取胜。但是，亚历山大的对手却是外族人，敌人装备精良，远非高卢蛮族能比。亚历山大扬言，从自己征服波斯帝国这一伟业来说，所有罗马皇帝都不是他的对手，因为罗马帝国从未能越过底格里斯河征服哪怕一小片地区。

屋大维和图拉真的演说比第一组多了一项内容，即对哲学的敬重。两位皇帝都明白，在征战的功绩方面无法与恺撒和亚历山大相比，但是他们都敬重哲学。屋大维敬重哲人雅典诺多洛斯（Athenodorus），图拉真敬重哲人的例子很多。诸神认可图拉真对哲学的这种态度。

然后轮到奥勒留发表演说。奥勒留的征战功绩在上述四位帝王面前，根本不值得一提。奥勒留受诸神青睐的原因只有一个，他不仅敬重哲学，他本人就算得上是一个哲人。但是，哲学上的功绩无法通过演说陈述，称赞自己也不符合哲学的美德。因此，奥勒留放弃发表演说，请诸神依照他的智慧授予他应得的荣誉。简言之，他懒得跟其他几位帝位竞争尘世的荣耀。从恺撒到奥勒留，可以看到哲学智慧的逐次上升和尘世功业的逐次下降。

最后是君士坦丁发言。君士坦丁本来信心满满，毕竟他重建了帝国，功勋堪比屋大维。但是，其他人发言过后，他有些心虚。因为他在功绩和智慧方面都无法与他们相比。尤利安说：

> 君士坦丁被获准接下来发言。起初进入发言名单时，他信心十足。但是当考虑到其他人的功绩时，他看到自己的功绩完全微不足道。他击败过两位僭主，但是说真的，其中一位在战争方面毫无素养，且娇弱不堪；另一位是一个可怜人，由于年老，已经很虚弱；不过二人都是神和人憎恶之人。此外，君士坦丁针对野

蛮人的战役只会让他遭到嘲讽。因为他向野蛮人纳贡,同时他把全部注意力放在享乐女神身上,后者站在离众神较远的地方,靠近月亮的入口。他对享乐女神如此着迷,以至于他毫不关心别的事,也丝毫不在意胜利。[①]

但是,君士坦丁还是鼓起勇气发言,牵强地为自己的功绩进行辩护,没有说到自己的智慧。这就是尤利安对君士坦丁大帝的评价。作为君士坦丁王朝的一员,如此诋毁君士坦丁大帝,恐怕真实的原因在于他反对君士坦丁开启的基督教化进程。在他看来,基督教的教诲跟智慧毫不沾边。

6位皇帝演说过后,诸神仍无法决定谁是头名,决定继续审查每个皇帝的人生目标。因为尘世的功业有命运女神的参与,成功和失败并不能真正看出英雄们的美德。因此,诸神委托赫尔墨斯问6位皇帝一个问题:他们认为什么是最美之物,一生的目标是什么?亚历山大的答案是"征服世界";恺撒的答案是"争第一,成为同胞中的最强者";屋大维的答案是"统治得好!"图拉真的答案与亚历山大的一样。

[①] 尤利安:《诸皇帝》,328—329。

奥勒留的回答如下：

赫尔墨斯对奥勒留说："维鲁斯，你认为人最高贵的抱负是什么？"奥勒留以低沉的声音谦虚地说："模仿诸神。"众神立刻同意这个回答非常高贵，事实上是最好的回答。赫尔墨斯不再准备进一步质询奥勒留，因为他相信奥勒留可以恰切地回答每个问题。其他神也是同样的看法，只有西勒诺斯叫道："凭狄奥尼索斯起誓，我可不会轻易放过这个智者。奥勒留，你为何吃面包、喝酒，而不是像我们一样餐风饮露？"奥勒留答道："不，在饮食上，我没想过模仿神。但我滋养我的身体，我相信——尽管可能是错的——你们的身体也需要牺牲的气味来滋养。我不认为我应该在这个方面模仿你们，而是模仿你们的精神。"西勒诺斯不知所措，仿佛被一位优秀拳击手重击了一下，然后他说道："你说的也许有些道理。但是，告诉我，你所谓的'模仿诸神'的真正意思是什么？"奥勒留答道："尽可能少的需求，尽可能多行善。"西勒诺斯问："你的意思是，你根本没有需求？"奥勒留答道："我没有，但是我可怜的身体可能有一点需求。"①

不出意料，尤利安为君士坦丁安排的回答非常低级，君士坦丁的答案是"积聚财富，然后满足我自己和友人们的欲望"。尤利安将君士坦丁描画为一个屈服于种种欲望的僭主！

竞赛结束，奥勒留得票最多，成为这场君王竞赛的最终获胜者。根本理由在于奥勒留通过研习哲学来模仿诸神。最后，赫尔墨斯让诸位皇帝选择自己的引路神。亚历山大和图拉真毫不犹豫选择赫拉克勒斯，恺撒选择战神和爱神，屋大维选择阿波罗，奥勒留选择宙斯和克罗诺斯，君士坦丁选择享乐女神。

在这篇有趣的对话作品中，尤利安安排奥勒留夺得头名，表达了他对哲学的严肃态度。显然，在哲人-王的双重身份中，他更看重哲人的身份。

2　尤利安的理想君王

尤利安写过两篇献给君士坦提乌斯二世的颂词。第一篇名叫《君士坦提乌斯皇帝颂》，第二篇名为《君

---

① 尤利安：《诸皇帝》，334。

士坦提乌斯皇帝颂或论王权》。第一篇写于被任命为恺撒后不久，大概是355年11月下旬。第二篇写于高卢期间，但是可能从未公开演说过。同一时期，他还写有献给欧西比娅皇后的颂词《欧西比娅皇后颂》。这三篇讲辞加上论新柏拉图主义哲学的《赫利俄斯王颂》和《诸神之母颂》共同构成了他的智术作品。《君士坦提乌斯皇帝颂》还被利巴尼乌斯视作一份智术杰作。这三篇政治性颂词基本上严格遵循米南德（Menander）在公元3世纪制定的皇帝颂词模式。这种颂词固定模式一般是，开场白，然后称颂皇帝的家乡、祖先、学问、战争与和平中的功业。在称颂过程中，还要将皇帝与波斯人的君王、荷马笔下的英雄、亚历山大大帝进行类型化的比较。从这五篇讲辞的形式来看，尤利安在修辞术方面得到过很好的训练，这可能得益于尤利安早年跟利巴尼乌斯的交往。单凭这五篇讲辞的智术形式，我们就可以将尤利安归于智术师行列。[①]

"智术师"这个词在柏拉图笔下带有贬义。但是，经过"第二代智术师"运动，[②]尤其是斐洛斯特拉图斯的

[①] 安德森：《第二代智术师：罗马帝国的文化现象》，前揭，第74-98页。
[②] 关于对"第二代智术师"，参见安德森：《第二代智术师：罗马帝国的文化现象》，前揭，"中译本说明"。

《智术师列传》，智术和智术师已经不具有贬义含义，它们指的是以修辞术为主要职业技能的演说大师。从公元1世纪晚期起，智术师成为希腊智识人群体的指称。那时起，智术师这一头衔的含义就不仅意味着口才和雄辩，而且意味着精熟古希腊经典，是古希腊文史经典的阐释者。[1]换言之，从第二代智术师起，智术师就是古希腊文明的担纲者。将尤利安归入智术师谱系，绝不意味着跟他的哲人身份冲突，就如研究者会把普鲁塔克、琉善都归入第二代智术师群体。将尤利安归入智术师谱系，意指尤利安熟悉智术师群体的谱系和文明使命。

第二代智术师的文明抱负极为宏远，试图用古希腊文明理想来为罗马帝国打造大一统文明形态。公元1世纪晚期到2世纪末的希腊语智识人和部分拉丁智识人都参与了这场智识运动。第二代智术师运动对罗马帝国的影响极大，最重要的是教育领域。智术师几乎把控了罗马帝国精英阶层的教育。但是，这场规模宏大的智术师运动追求的文明目标被3世纪的大混乱中断。

不过，智术师传统仍不绝若线，延续下来。3世纪中叶的学问权威朗吉努斯（Longinus）就是智术师传统

---

[1] 安德森：《第二代智术师：罗马帝国的文化现象》，前揭，第104-128页。

的代表。他的《论崇高》(peri Hupsous)被视作古希腊文艺理论的经典。随着戴克里先皇帝重新稳定帝国秩序，智术师运动再度复兴。利巴尼乌斯、尤利安都是4世纪的智术师运动的代表。因此，第二代智术师运动前后历时近300多年，起自公元1世纪晚期，止于基督教在帝国取得统治性地位。尤利安所归属的智术师谱系就是这个悠久的传统，通过这一传统他承接的是古希腊文明。

尤利安三篇献给君王的颂词明显承接金嘴狄翁的传统。金嘴狄翁有四篇"论王政"的演说，力图打造从荷马笔下的英雄到亚历山大大帝的古希腊君主制传统，其核心是对理想君王的塑造。[1]在第一篇王政演说中，认为好的君王有下述品质。第一，好君王拥有种种美德，智慧、正义、节制、虔敬、勇敢。第二，好君王一定是为臣民福祉着想，绝不会挥霍无度，"不会让灵魂充斥并塞满愚蠢、放肆、傲慢或种种无法无天的行为，也不会使灵魂为愤怒、痛苦、恐惧、快乐以及各种欲望左右"。第三，好君王应当非常勤勉，没有片刻时间怠惰安闲。第四，好君王不应将臣民视作奴仆，而是应把士兵视作"战友"，把同僚称作"朋友"。[2]其中最重要的是第一

---

[1] 金嘴狄翁：《论王政》，前揭，第3页。
[2] 金嘴狄翁：《论王政》，前揭，第12—29页。

点，即君王应具有的美德。金嘴狄翁所列举的五项美德就是柏拉图笔下哲人王的美德。尤利安的三篇献给君王的颂词讨论的也是理想君王。

第一篇《君士坦提乌斯皇帝颂》遵照传统颂词范式，先称赞君士坦提乌斯二世的家乡、祖先、教育，统治期间的功业，然后拿君士坦提乌斯二世与波斯君王、荷马的英雄、亚历山大比较，在最后两节，尤利安依照柏拉图的哲人王标准评价君士坦提乌斯二世。从中我们可以看到尤利安对理想君王的描述。

尤利安开篇就说，要称颂君王，不能不依赖德行的标准和哲学。一般的颂扬讲辞仅直接罗列功业成就，但是功业成就绝大多数情况下都凭靠命运女神的帮助，而德行才是更高贵、更值得关注的主题。尤利安接下来将君士坦提乌斯二世拔高，以与经第二代智术师塑造的理想君王比较，就是在提出何谓理想君王。依照柏拉图提出的哲人王标准，理想君王应拥有勇敢、正义、节制、智慧、虔敬之德。尤利安依照这一标准，分述君士坦提乌斯二世的男子气、智慧、正义和节制。

值得注意的是，这四德的出场顺序。首先是勇敢。君王必须富有男子气概，必须勇敢，亦即必须能在战场上与敌人作战。男子气概是对君王的最低要求。若无此德，就难以称作合格君王。可以对勘金嘴狄翁与尤利安对君王勇敢之德的说法。金嘴狄翁强调的是君王好战应该有一个限度，即发动战争是为了谋取帝国的和平，而非单纯地热爱战争；尤利安强调的则是君王应能够在战场上与敌人作战。之所以如此是因为金嘴狄翁演说的对象是图拉真，而尤利安的演说对象是君士坦提乌斯二世。后者在战争中的表现算不上勇敢。

尤利安紧接着论及君王的智慧。尤利安说，君士坦提乌斯二世与蛮族首领的交往，让罗马人熟知异邦人的生活方式、律法和习俗。紧接着，尤利安引用荷马描述奥德修斯的句子，[①]说一位君王要想拥有智慧，需要熟知天下万邦的精神和习俗，从而得知何为最好、如何综合各种习俗与精神，融构出最佳的精神和习俗。经过智术师的解释，奥德修斯已是哲人的象征。

奥德修斯游历天下，见识过万邦之精神和习俗，象征着哲人的智慧。尤利安提到，阿尔喀比亚德不管在雅典，还是在斯巴达，都能成为卓越人物，表明尤利安所指的君王的智慧，是一种理想君王的技艺。一位理想君王，不管是在罗马帝国，还是到了萨珊波斯，都应该是

[①] 尤利安：《君士坦提乌斯颂·一》，12d，版本为 *The Works of The Emperor Julian I*, trans. by Wilmer C. Wright, The Loeb Classical Library, Harvard University Press, 1913。

一名好君王。在尤利安看来，这种智慧唯有通过研习哲学才能获得。这也是为何唯有哲人为王才可能成为理想君王的原因。

紧接着奥德修斯的例子，尤利安又提到居鲁士的例子，表明尤利安所想的理想君王是天下帝国的君王，而非单纯的伊塔卡王奥德修斯。天下帝国的君王，要熟知帝国境内万民的精神和习俗。因为理想王者最伟大的成就是立法，而立法不能不因地制宜、因时制宜。我国正统史书中包含沟渠、刑罚、兵事、制度、地理、历法等内容。这些知识也是理想君王必须掌握的。我们不知道尤利安在任恺撒之前，是否研究过这类知识，但他任恺撒之后，广泛涉猎过。因此，尤利安说，对一位君王来说，没有比史书更好的阅读对象。①

接下来，尤利安论及君王的节制。君王之节制不单指对身体欲望的节制，而且指对自身肆心的节制，即必须遵守法律，不能逾越法律。君王之节制不仅会使卑鄙小人无阿谀奉承之机会，而且君王身体之健康与否与帝国福佑有莫大关系。君士坦提乌斯二世的正义实在没什么好说的。针对这位皇帝之善妒、猜疑导致的冤屈，阿米安努斯多有记载。但是，依照颂词惯例，尤利安必须

---

① 尤利安：《君士坦提乌斯颂·一》，14a—b。

称颂君士坦提乌斯二世的正义。尤利安说：

> 对待兄弟、您的臣民、您父亲的朋友和您的士兵方面，您展现了正义和节制；除了在某些事例中，您迫于紧急事态，尽管您希望正义地行事，却没有阻止别人误入歧途。①

我们不知道君士坦提乌斯二世听到这话心里作何感想。337年，尤利安的父亲和兄弟，都是在君士坦提乌斯二世主导下被谋杀。因此，对于熟悉这件事的读者，这些话极具反讽意味。在尤利安笔下，君王的正义之德显现为对臣民的仁爱，时刻为帝国臣民的福佑着想。一位好君王就是被臣民爱戴的君王。尤利安说："仁爱地对待臣民，是皇帝最可靠的护卫。要是以为能通过严苛的命令、征税获得臣民之爱戴，简直愚蠢至极。唯一的正道恰恰是对臣民行善，模仿大地的神圣本性。"②

第二篇讲辞也叫《君士坦提乌斯皇帝颂》。这篇讲辞写于尤利安在高卢征战期间，大概是357年斯特拉斯堡大捷之后。当时，尤利安凭借胜利获得的声望引起君

---

① 尤利安：《君士坦提乌斯颂·一》，17a。
② 尤利安：《君士坦提乌斯颂·一》，48a。

士坦提乌斯二世宫廷中部分官员的嫉妒，群起攻击尤利安有不可告人的野心。可能出于这个处境，尤利安写了这篇颂词，再次向君士坦提乌斯二世表明自己对他的忠诚。有学者认为，这篇演说可能没有送给君士坦提乌斯二世。[1]无论如何，这篇演说比第一篇更重要，因为这篇演说有个副标题"论王政"，是尤利安的"王政演说"。这篇演说借称颂君士坦提乌斯二世之机，更系统地讨论尤利安心目中的理想君王。

这篇演说没有论述君士坦提乌斯二世的家乡、祖先、教育等内容，而是一上来就拿荷马笔下的君王、亚历山大大帝与君士坦提乌斯二世进行比较，可谓直接切入王政主题。分别论述过理想君王的诸项美德后，尤利安给出很长一段对美德重要性的论述。[2]

尤利安在这篇颂词中首先陈述完君士坦提乌斯的技艺和功绩，没有提及君士坦提乌斯的美德。然后，尤利安以驳斥当时流行的颂词写作模式为由，对美德进行了赞颂。尤利安说，流行的颂词模式依次颂扬皇帝的家乡、祖先、教育、和平与战争中的功绩，但是这些东西

---

[1] *The Works of The Emperor Julian I*，前揭，第131页。
[2] 尤利安：《君士坦提乌斯颂·二》，80-92，版本为 *The Works of The Emperor Julian I*, trans. by Wilmer C. Wright, The Loeb Classical Library, Harvard University Press, 1913。

与君王的美德比起来，简直一文不值。美德是好过一切的东西，是君王最珍贵的东西。真正的君王应该勤加践行美德，培育远见卓识、熟悉战争与和平的所有事务；必须节制欲望、做到虔诚仁孝；必须严守正义，讲诚信。总而言之，真正的君王应勤政爱民、不惧怕辛劳、克己公正，做羊群的好牧羊人。然后，尤利安又论述到坏君王，将好君王的善与坏君王的恶对立起来。

从尤利安阐述的理想君王的标准来看，尤利安完全符合理想君王的要求。

利巴尼乌斯的说法更具代表性：

> 他继续保持清醒的头脑，没有让肚子承受过量的食物，以飞快的速度完成他所有的事务。一天中，他要接待很多使团，写信给很多城市、军事和民政总督们、他的朋友们，不管他们正在周游天下还是正在访问他的宫廷。他会听各地来信，检查各地的请求，他的语速胜过速记员的双手。他同时进行听、说和写：他在听人读信的时候，对某位速记员下指令，而他的手则用来在需要他个人签名的地方签字。更重要的是，他从未出错。休息属于他的下属，而他自己从一个任务跳到另一个任务。

当他从国事中放松下来,早餐后足够维持身体和灵魂的和谐,只要不被蝉声盖过,他就会拿起一堆书,大声朗读,直到夜晚,对帝国的关心使他重新回到工作中来。然后再吃一顿比第一餐更节俭的饭,如你们对如此节制的饮食可能期望的那样,然后睡一觉。然后就会唤来已经在床上睡了一整天的秘书。事实上,他的仆人需要轮流工作,轮流休息。然而,他可以自由切换,从一种工作到另一种工作,单独完成它们。他所承担的角色超过普罗透斯(Proteus),因为他是祭司、作家、预言家、法官、士兵、天下的救主,所有这些身份集于他一身。[1]

尤利安对欲望和激情的节制,更是闻名遐迩。利巴尼乌斯说,要不是被迫与君士坦提乌斯二世的妹妹海伦娜成婚,尤利安可能一生都不会对两性之爱有经验,[2]而在妻子去世后,与其他皇帝不同,尤利安坚决不再娶。同时,尤利安也没有好些罗马皇帝对男童的癖好。总而

---

[1] 利巴尼乌斯:《尤利安葬礼上的演说》,174-176。
[2] 利巴尼乌斯:《尤利安葬礼上的演说》,179。

言之，尤利安对待身体欲望之严苛，近乎一位隐修士。尤利安厌恶剧场、赛马等娱乐活动，从不会像他的叔叔、堂兄一样整天待在竞技场里。罗马帝国历史上，有很多皇帝沉迷于这种活动。

> 当他不得不坐在竞技场里时，他的眼睛总是盯着别的东西，专注于他的沉思和存在，从而对这一天感到满意。因为任何打斗、竞赛、欢呼都不能使他从沉思中分心。即使按照习俗招待一群杂七杂八的人时，尽管他允许其余的人像平常一样喝酒，但还是用修辞讨论穿插于饮酒间，仿佛只在无法避免时才参与宴会。那些住在小木屋里的哲学从事者，谁曾对自己的欲望有如此的控制？谁在不同的时间祭拜不同的神，潘神、赫尔墨斯、赫卡忒、伊西斯和其他诸神，能对各种食物如此节制？谁曾在与众神的交往中如此愉快地进行斋戒？[①]

尤利安在《憎恶胡子的人》中自述：

---

① 利巴尼乌斯：《尤利安葬礼上的演说》，170-171。

失眠的夜晚我躺在一张简陋的木板床上，从来不会过度饮食……在我还是一个孩子时，一种奇怪的和无意识的幻想就抓住我，劝服我反对我的胃，不允许我用大量的食物填满它……总之，我不会不节制地吃东西。①

关于尤利安的正义，利巴尼乌斯说：

因此，他会轻松地反驳辩护人的花招，以令人难以置信的智慧抓住问题的关键，将错误的论点和正确的论点比较，并以法律先例驳倒他们的托词。他不会由于嫉妒富人的好运气，当富人是正义一方时，他就攻击富人；或出于对穷人不合时宜的同情，当穷人是无耻的骗子时，就站在穷人一边。他不会区别对待当事人，而是将他的判断应用在案件事实上，所以有时富人遇到好结果，穷人下场很惨。

他认为他应该比那些最顽固的官员更始终如一地遵守既定法律程序。因此，当他憎恨的

---

① 尤利安：《憎恶胡子的人》，340b4-c7；中译本见《尤利安文选》，前揭，页第98—99页。

一个人犯有不当行为，试图通过伪造文件歪曲正义时，他看到了正义所在，但是由于受害者无法对文件提出任何控诉，他就判决受害者为有罪一方；但他最后说，他并非不知道有欺诈行为，但受害方的不作为使他根据法律作出有利于罪犯的判决。因此，胜利者留下的伤害比失败者更严重，后者独自承受失去土地的痛苦，而前者失去他的声誉。尤利安以这样的方式惩罚那个做坏事的人，而没有触犯法律。[①]

自戴克里先皇帝引入东方君主制礼仪以来，皇帝被一大群官员、护卫、仆人围着，逐渐远离臣民。皇帝不再把士兵称作战友、把同僚称作朋友。戴克里先引入的觐见皇帝需行跪拜礼，亲吻皇帝紫袍下摆，是最著名的例子。君士坦丁王朝更加强化这一风气，从而导致皇帝宫廷异常奢华、奴仆成群。君士坦提乌斯二世时期，不仅皇家本身，而且所有与皇家有联系之家，也异常奢华。阿米安努斯讲的那个故事非常有代表性。[②]尤利安刚登基不久，想要理发，命人把宫廷理发师叫来。过了

---

① 利巴尼乌斯：《尤利安葬礼上的演说》，183—184。
② 阿米安努斯：《罗马史》，22.4.9。

不久，一位身着华丽的人出现在他面前。尤利安说，肯定是搞错了，他叫的是一位理发师，而非一位元老院议员。这位理发师解释说，他就是皇家理发师。这位理发师说，他每天领20个人的口粮，还有一笔可观的薪金。利巴尼乌斯说：

> 皇宫内有1000名厨子，同样多的理发师，比这还多的仆人。那里有数不清的使役和太监，人数比春天四处乱飞的苍蝇和各种各样的雄蜂还多。对于这些懒散的贪吃鬼来说，皇宫就是一个避难所，他们可以得到皇家称号和头衔，短时间内就能得到金币。所有这些人都是由皇家财政毫无必要地养活，尤利安不把他们当作仆人，而是当作累赘，于是他立即将他们赶走。
>
> 此外，尤利安赶走大批秘书，这些人尽管发挥一种卑微的功能，却要求官吏听命于他们。没有人能住在他们附近，但凡遇到他们的人，没有哪个能在不被他们抢劫、掠夺或强买强卖的情况下与他们说话；有的推迟偿还，有的则认为，不伤害他们就等于还了债，于是他们四处游荡，成为任何拥有值钱东西之人的敌

人，无论这些东西是马、奴隶、树木、农场还是花园。他们认为这些是他们的财产，而非所有者的财产。放弃祖传的财产支持这些有权势的人是绅士，他会拿他的财产换取这个头衔，若有谁反对这样，就会犯有杀人罪、巫术罪，罪行累累，要接受惩罚的罪行数都数不过来。所以，他们将富人变穷，将自己由穷人变成富人，因为他们把以前的富人变成乞丐来积累财富。

他们的贪婪延伸到大地的每个角落，因为他们在与皇帝吹耳旁风时，插入他们喜欢的内容，所以对他们说"不"是不可能的。古老的城市被洗劫一空，它们的壮美经受住了时间的考验，却被大海带走，为某个漂洗工的儿子提供比皇宫还华丽的房子。他们心胸狭隘，每个人都有大帮随从，正如俗语所说，他们反倒像主人。他们的仆人没有一个不出格的：他们监禁、抢夺、抢劫；他们施行攻击、驱逐、放逐；他们强迫别人为他们做农活，用马车和双轮车来运输，并且像他们的主人那样掌握一切。

他们不单单满足于聚敛钱财，如果不能拥有尊贵的地位，他们会憎恨钱财，因为那样他们就会继续处于奴隶地位。他们与主人一起，身背能使街道、要塞和城市在他们面前颤抖的官职袋。尤利安将这些地狱猎犬、多头怪物贬斥为普通人，告诉他们要庆幸自己逃过一劫。第三批邪恶的下属被赶出皇宫，他们是小偷和强盗，为了钱什么都敢说，什么都敢做。这些人抢夺他们自己城市的服务，逃离市镇议会和习俗规定的公民义务，成为暗探，购买侦查员的职务。

表面上，他们是警卫人员，帮助皇帝探查针对他的任何阴谋，实际上他们不过是猎人。正如早上开始营业的商店，这些人四处寻找业务，商店的店员若没有提到要给这些奉承者贿赂，即使商人没说一句话，也会因侮辱皇帝而受到他们的鞭答。没有人在他们的打击范围之外，无论是公民、访客还是外邦人。受到这种指控的无辜受害者，如果不付钱，他就输了，而真正的恶棍，如果付钱，就得救。他们的主要收入来源是发现一些针对皇帝犯下的罪行，因为他们不会把罪犯交给愤怒的受害者，而是着眼于利益，帮助坏人，而非他们的雇主。他们要挟受人尊敬的公民，让他们与英俊的年轻人陷入不光彩的境地,用耻辱的恐惧来吓唬他们,或者将施魔法的罪名加在一个完全无辜之人身上。①

尤利安立即展开大刀阔斧的行动,净化宫廷。数千名闲散无用之人被清除出宫廷,其中绝大多数都是阉人。整个宫廷只留下17名奴仆,作为尤利安的服务人员。同时,尤利安取消戴克里先以来的礼仪,恢复到2世纪时皇帝与臣属之间的关系,即将臣属视作朋友,将士兵视作战友。

他进入元老院大厅,坐在首席元老的位置上,而它早就被剥夺了这一荣誉。迄今为止,元老院都是被召到皇宫,元老们站着聆听皇帝的训示,皇帝则不亲自参加元老院会议,由于皇帝没有能力发表公共演说,就避开需要演说的地方。②

在任用官员方面同样如此,裁减冗员,将无能和贪

---

① 利巴尼乌斯:《尤利安葬礼上的演说》,131-139。
② 利巴尼乌斯:《尤利安葬礼上的演说》,154。

腐之辈，要么逐出政府，要么处以刑罚；大量举任贤明之人，尤其是启用大批希腊语智识人进入帝国政府。显然，尤利安是依照第二代智术师所勾画的理想君王标准来推行这些改革的。

关于尤利安的勇敢和虔敬自不待言。前文论述尤利安在高卢的战争可以看到他在战场上的勇敢，而他的战死也跟他的勇敢有关。他的虔敬更是闻名遐迩，下一章论述尤利安的宗教复兴时会有体现。

3 尤利安的王政观

自屋大维将共和制改造为帝制，罗马帝国的历史某种程度上可以视作寻求适合自身的君主制的历史。帝制时代的罗马帝国最大的问题，始终是皇权的稳固性问题。1世纪，尤利乌斯王朝和维斯帕芗王朝的统治历史证明，家族式王朝弊端太大。诚如亚里士多德说：

> 如果被君王统治是城邦最优良的政制，那么该如何对待君王的子嗣？王位是否应该专属于君王的家族呢？但是，如果君王碰巧有很多子嗣，且都是庸才，那就是有害的。有人会说，君王可以不将王位传给他的孩子，然而让

人相信君王会这样做是很困难的。我不敢对超越于人类本性的美德提出过奢的要求。①

家族式王朝的最大弊端就是无法保证每个继承者都是卓越之辈，且常常是庸才。基于君主制的正当性基础，一个庸才为王显然不符合君主制的基本原则。维斯帕芗王朝之后，罗马人实践了亚里士多德所谓的那种很困难的君主制，即君王不将王位传给子嗣，而是传给卓越之人。五贤帝以选任的方式前后更替，造就了帝制时代罗马帝国最辉煌的一段历史。第二代智术师运动的核心问题就是理想王政问题。最理想的君主制就是每位君王皆是天性卓越、热衷美德之人。换言之，最理想的君主制就是每位君王皆是金嘴狄翁所描述的那类理想君王。这就要求理想君王应当以选任的方式继位，从而具有鲜明的共和制特征。可以将第二代智术师塑造的这种理想君主制称为共和式君主制。用古代中国历史来比附的话，与禅让制类似。

我国古代仅有三代圣王禅让，2世纪的罗马竟有5代之多，着实让后世之人羡慕。但是，细看之下，五贤帝的禅让，凭靠的是机运，而非贤明之帝的德行。前四

---

① 亚里士多德：《政治学》，1286b22-28。

位皇帝，涅尔瓦、图拉真、哈德良、安东尼，皆没有男性子嗣。显然不是四位贤帝不愿意生，而是机运所致。与之相比，舜之禅让于禹，却是在有子嗣的情况下，选了更贤明者。五贤帝时代的终结，恰恰由于最后一任马可·奥勒留生有男性子嗣。奥勒留皇帝生有男性子嗣，是对实践将近一个世纪的选任制的考验。奥勒留需要在自己的儿子和贤明者之间选择，以驳斥亚里士多德的那句"我不敢对超越于人类本性的美德提出过奢的要求"。奥勒留最终选择了让自己的儿子康茂德接任，从而终结了五贤帝时代。奥勒留的这一选择，引发众多批评。尤利安对奥勒留的唯一批评就是这一点。《诸皇帝》中，奥勒留辩护说：

> 至于我的儿子，我可以引证宙斯的例子。宙斯曾对阿瑞斯说："很久之前，我本该用一个雷电摧毁你。难道我不爱你吗？因为你是我的儿子。"此外，我从未想到过我的儿子会如此邪恶，年轻人总是在邪恶与美德之间摇摆不定，即使他最终变坏，但当我把帝国托付给他时，他并不坏。只是在接过统治权后，他被败坏了。[①]

[①] 尤利安：《诸皇帝》，335d。

奥勒留的理由在于，就连宙斯都爱他的儿子，作为凡人，哪有不爱儿子的道理。显然，亚里士多德的那句话是真理，"不能对超越人类本性的美德提出过奢的要求"。也就是说，从人的本性来说，共和式君主制并不稳靠。奥勒留的第二条辩护理由，表明奥勒留缺乏识人之才。作为一代哲人王，竟然在识人方面犯下如此大错。或者说就连哲人王，也会囿于人性之脆弱，看不清亲子的品质。

康茂德的统治，既终结了五贤帝时代，又开启了3世纪的大混乱，其根源就在于皇权之稳定性问题。实际上，从屋大维开始，罗马精英们就尝试种种办法来稳固天下帝国的皇权，最重要的一个办法就是强化皇权的神圣性，让皇帝成为人间活着的神。通过宗教的方式，让臣民敬畏皇权，不起谋取皇权的肆心。但世界历史表明，神化皇权有助于稳固皇权，却不如礼法制度更有效。

奥勒留皇帝还有一个史无前例的创举，即在他统治期间，帝国首次出现共治皇帝，开后世共治制的先河。后世历史证明，共治制不仅无助于皇权之稳固，而且是内乱和帝国分裂的原因之一。塞维鲁皇帝凭靠内战解决康茂德被刺导致的乱局后，开始思虑建立何种君主制。一方面，塞维鲁基于五贤帝的历史经验，回到1世纪的家族王朝式；另一方面，吸取奥勒留共治制的经验，开创家族王朝共治式的统治模式。因为奥勒留的共治制试验并不长，且没有导致严重后果。

211年2月4日，塞维鲁皇帝驾崩，将皇权留给他的两个儿子卡拉卡拉和盖塔，命兄弟俩共治帝国。塞维鲁皇帝的遗言是：祝愿两兄弟和睦相处。结果不到一年，长兄卡拉卡拉谋杀盖塔。不能对超越人类本性的美德提出过奢的要求，也不能拿皇权考验人的亲情。家族王朝共治模式失败。依照中国古代的经验，奥勒留选康茂德继承帝国，与夏启接任禹一样，只要康茂德是贤君，完全可开创一个世袭的君主制模式。但是，康茂德不仅距离贤君甚远，而且算得上暴君一个。卡拉卡拉谋杀盖塔后，再次面临这一机会。但是，卡拉卡拉之残暴无道有过之而无不及。《奥古斯都史》的作者，记载到这里时，忍不住向戴克里先谏言：

> 奥古斯都戴克里先陛下，当我进行反思的时候，我发现伟人们留下的子嗣大体上没有一个是属于出类拔萃的有用之才，这是确确实实而又明明白白的事实。这些人最终若不是无嗣而终，就是驾崩之时有后嗣的还不若没有的更

造福人类。①

《奥古斯都史》成书于戴克里先时代,直接写给当时的君王看。斯巴提亚努斯在这里直呼戴克里先之名,将罗马家族王朝式君主制的历史经验进行总结。其结论与亚里士多德的说法大体相当,世袭君主制的问题在于无法保证继承人的品质。斯巴提亚努斯抛出这个结论后,继续铺陈道:

> 就让鄙人从罗慕路斯说起吧:罗慕路斯他没有留下一个会对国家带来益处的后嗣,努玛·庞皮利乌斯也没有。卡米勒斯留下了什么呢?他是否也有和自己一样伟大的子嗣呢?西庇阿留下了什么呢?当时名扬四方的两位加图留下了什么呢?现在还用我来道出荷马、德摩斯梯尼、维吉尔、克里斯普斯,以及泰伦提乌斯、普劳图斯和其他一些人来作例子吗?要说说恺撒的情况吗?还是讲讲西塞罗的例子

---

① 斯巴提亚努斯:《塞维鲁传》,20.4-5。中译本见埃利乌斯·斯巴提亚努斯等:《罗马君王传》,谢品巍译,杭州:浙江大学出版社,2017,第193-194页。

呢——单单就他来说，还宁可不要有孩子呢。要说说奥古斯都的情况吗——尽管他能够从全体国人中挑选继子，可收养的儿子却连个兽类都不如？连图拉真他都受到了蒙蔽而选自己的同乡兼晚辈（哈德良）做继承人。[1]

斯巴提亚努斯的意思是，罗马历史上最伟大的王者们都没有卓越的子嗣。罗慕路斯和努玛非常明智地没有把王位交给自己平庸的儿子，从而无限伟大。斯巴提亚努斯更进一步铺陈，不单单是伟大的王者不会有卓越的子嗣，就是人类中任何伟大人物都没有卓越的子嗣。这是一条得自经验的观察，却是人类实情。潜在结论是世袭君主制的确要不得。这个结论颇符合戴克里先时代的氛围。戴克里先的君主制改革趋向仍是回到2世纪的选任制，同时迫于帝国面临的威胁加大，结合共治制模式。斯巴提亚努斯在这段话最后还不忘提醒戴克里先，即便选任制也可能犯错，君不见奥古斯都和图拉真这样的伟人，在选择继承者时，也会被蒙蔽。

斯巴提亚努斯秉承的仍是共和式君主制观念，认为

---

[1] 斯巴提亚努斯：《塞维鲁传》，21.1-3。中译本见埃利乌斯·斯巴提亚努斯等：《罗马君王传》，前揭，第194-195页。

唯有此种君主制方能解决帝国的政体危机，与戴克里先皇帝的观念若合符节。由此可以看到，《奥古斯都史》的作者分享第二代智术师的君主制观念。斯巴提亚努斯的历史反思中，包含一个潜在的看法，为了避免奥勒留和塞维鲁两位皇帝的错误，共和式君主制下的君王不应该有子嗣。这将是对亚里士多德那句"不敢对超越于人类本性的美德提出过奢要求"的超越。但是，这怎么可能成为对君王的要求？

戴克里先四帝共治制度的崩溃，仍是源于王者的子嗣问题。依照四帝共治制的原则，储君的人选将完全排除在位君王的儿子。若君王没有男性子嗣还好，一旦有，麻烦就来了。不能对超越人类本性的美德提出过奢要求！戴克里先和伽列里乌斯没有成年男性子嗣，但马克西米安和君士坦提乌斯一世皆有。其后的历史演变众所周知，戴克里先的四帝共治制，在君士坦丁和马克森提乌斯的冲击之下，彻底崩溃。

君士坦丁重新统一帝国后，建立君士坦丁王朝，继续尝试家族王朝式君主制模式。可以说，君士坦丁王朝最接近东方的世袭君主制。差异仅在于，君士坦丁大帝对完全仿效东方世袭君主制不够坚决，临终时将帝国分给三个儿子，一定程度上是对共治制的妥协。353年，君士坦提乌斯二世完全击败玛格嫩提乌斯的叛乱后，重新统一帝国，帝国重回君士坦丁大帝的模式。假设君士坦提乌斯二世育有男性子嗣，罗马帝国的君主制很可能就向世袭君主制演化。

尤利安承接第二代智术师的传统，一心向往的是2世纪的共和式君主制。但是，共和式君主制若想平稳运行，需要上文所提到的那个前提，即在位君王不应有男性子嗣。这实际上是要求在位君王不应结婚。这正是尤利安对共和式君主制的认识。正是出于这个原因，尤利安在妻子海伦娜去世后，坚决不再婚。利巴尼乌斯说：

> 尽管有很多充分的证据表明他是一个多么真诚的帝国保卫者，而且他对帝国福祉比对自己的福祉更加重视，但下面这一点可能会更清楚。他的密友试图劝他再婚，如此他就会有儿子继承他帝位，但他回答说，这正是使他却步的原因，他的孩子若是堕落腐化之人，成为帝位继承人反而会毁灭他们，遭受法厄同（Phaethon）的命运。所以，他认为，与对帝国的伤害来说，无子嗣不重要。[①]

---

① 利巴尼乌斯:《尤利安葬礼上的演说》，181。

依照斯巴提亚努斯的说法，伟人之子，即便不是腐化堕落之人，距离圣贤之君也相当遥远。尽管尤利安在《诸皇帝》中让奥勒留以模仿诸神为由为自己传位给康茂德辩护，毕竟宙斯也不忍杀害自己的儿子，但尤利安不愿意在这个方面模仿诸神。尤利安意图通过不留子嗣，来保证共和式君主制的平稳运行。

362年1月1日，马默里提努斯和涅维塔出任该年执政官。对仰慕五贤帝时代的皇帝礼仪的尤利安来说，这是一个表明他的态度的绝佳场合。这天早上，马默里提努斯首先到尤利安的官殿问好，当他到达门口时，尤利安站起身来欢迎他，而不是像以往那样由马默里提努斯跪吻他的紫袍。接下来，尤利安没有像君士坦丁和君士坦提乌斯二世那样，召元老院到皇宫去训话，而是亲自步行到元老院，听取马默里提努斯按照惯例发表的颂扬他的演说。很多人感觉尤利安的行事风格像一个普通公民。依照理想君王的传统，皇帝与他的臣属之间不应该是主奴关系，而是朋友关系。尤利安在依照第二代智术师阐明的理想君王标准行事。

尤利安从理想君王传统继承的另一事业，是复兴帝国内各城市的活力。经过3世纪的大混乱和戴克里先强化中央集权的努力，帝国各大城市的活力近乎枯萎，利巴尼乌斯说：

过去，它们在人数和财富方面都一片欣欣向荣，但这个时候，它们已经萎缩，除了少数一些人外，其他成员都不愿投身于军队或进入元老院。对那些人来说，有别的东西吸引他们，他们过着舒适的生活、享受身体快乐，还嘲笑那些不像他们一样生活的人。剩下的人，为数不多，处于水深火热之中，他们中的大多数人，由于为城市服务，最后竟变成了乞丐。[①]

恢复城市的活力不单指恢复经济活力，更主要指恢复政治活力。2世纪时，罗马帝国尽管给各行省配有总督，总督的主要职能是收税和负责镇压叛乱，地方的管理主要由各城市议会负责。但是，3世纪的大混乱和连年内战，摧毁了地方城市的经济基础。戴克里先以来强化中央集权的做法，更是逐渐削弱了地方城市的政治基础。此时行省总督和大区长官常常干预地方城市的治理，地方城市原先颇为活跃的望族们普遍不愿意投身城市管理，以各种借口逃避这一义务。

然而，每个人都知道一个强有力的议会是

[①] 利巴尼乌斯：《尤利安葬礼上的演说》，146。

城市的生命血液。君士坦提乌斯表面上站在各个城市的议会一边，实际上是它们的敌人，因为他把那些企图逃避在军中服役的人转到其他领域，并且非法地给予豁免权。因此，市议员们就像穿着破衣服满脸皱纹的老太婆，抱怨不停，尽管行省总督们同意他们遭到了恶劣对待，也渴望帮助他们，但却无能为力。[①]

尤利安内政改革效仿的典范是2世纪五贤帝治下各大城市的自治盛况。人们常常认为，随着罗马帝制的建立，地方城市活跃的政治生活消失。实际上，帝制不仅没有终止活跃的地方城市政治，而且有意地扶持和鼓励。可以将之理解为，罗马帝国试图维持中央政府的君主制和地方政治的共和制。这也是第二代智术师向帝国统治者推销希腊文化的目标。从金嘴狄翁的许多演说辞中，我们可以瞥见当时比提尼亚行省各城市活跃的地方政治。[②]金嘴狄翁努力提升他的家乡普卢萨（Prusa）的地位，引发种种争议。金嘴狄翁的本地竞争对手指控他贪污，以至传到了罗马。金嘴狄翁凭着与图拉真皇帝的

---

① 利巴尼乌斯：《尤利安葬礼上的演说》，147。
② 安德森：《第二代智术师》，前揭，第12页。

私人关系，才获得胜诉。泡赛尼阿斯（Pausanias）描述了2世纪中期他在希腊大陆的旅程。从泡赛尼阿斯的描述中可以看到，希腊地区物质富足。泡赛尼阿斯看到，安东尼皇帝已能把罗马的传说与希腊的神话联系起来，对希腊文化满怀敬意，并为各城邦提供金钱、各种恩惠。①

尤利安力图恢复的地方城市自治，核心是地方议会。利巴尼乌斯就说，尽管地方城市的活力已经枯萎，地位大不如从前，但"必须恢复它们的地位"，②因为只有一种富有活力的地方城市生活，才能为希腊文化的延续和复兴提供土壤。斐洛斯特拉图斯讲过这样一件逸事。哈德良皇帝时期，雅典的大富豪兼著名智术师*希罗德斯*（Herodes）花费巨资为特洛伊修建供水系统。③362年2月，尤利安发布法令，要求各地方城市迅速补足地方元老院名额，每位有资格担任元老的市民都要登记在册。同时，赋予地方城市元老院更大的自治权利。但是，确如利巴尼乌斯所说，彼时的城市富有阶层"有别的东西吸引他们，他们过着舒适的生活、享受身体快

---

① 安德森：《第二代智术师》，前揭，第16页。
② 利巴尼乌斯：《尤利安葬礼上的演说》，148。
③ 斐洛斯特拉图斯：《智术师列传》，548。

乐，还嘲笑那些不像他们一样生活的人"，想要重新激发他们的政治热情，谈何容易。尤利安在安提阿的失败就是一例。

362年7月，尤利安抵达安提阿，为与东征萨珊波斯做准备。尤利安在安提阿驻留近7个月。其间，他发布法令要求安提阿元老院补足名额，强迫有资格出任元老的人任职，结果因为安提阿的粮食危机，安提阿富裕阶层与他为敌，拒不配合他的政策。回想希罗德斯不惜花费重金为特洛伊修建供水系统的例子，再来看安提阿富裕阶层的做法，要想扭转已经衰落的世风人情，绝非易事。

在《君士坦提乌斯颂或论王权》的演说中，尤利安讲过一大段讨论理想君王的幸福的离题话。[1]尤利安引证柏拉图，说柏拉图认为最佳君王就是在一切与幸福相关的事务上仰赖神的人。柏拉图原话不是这样，柏拉图说的是"仰赖真正的自己"。然后，尤利安细致地解释何以"自己"就是"神"。尤利安运用自己的新柏拉图主义功夫论证说，真正的自己是灵魂，是人的精神，人的理智。人的灵魂是神圣自然的一部分，因而分有自然之神性。因此，仰赖自己和仰赖神是同一个意思，都指仰

---

[1] 尤利安：《君士坦提乌斯颂·二》，68c-70d。

赖自然的神圣理智。在新柏拉图主义那里,存在的本源为太一,即神本身。太一又流溢为理智神和灵魂。人的灵魂归属于神本身。

在《诸皇帝》的最后,进行竞赛的6位君王选择自己的引路神后,尤利安还向撒路斯提乌斯透露了他自己的引路神。尤利安说,他自己的引路神是密特拉。在新柏拉图主义体系中,密特拉和赫利俄斯是同一个神的不同名称,指掌控整个万有的神,是"太一"的宗教对应物,类似于基督教中的上帝。尤利安的原话是:

"至于你,"赫尔墨斯对我说,"我已经将你的父亲密特拉的知识赐予你,你要遵守他的诫命,在你的一生中为自己找到可靠的支撑,当你必须离开这个世界时,你能满怀希望地将他作为你的守护神。"[①]

密特拉-赫利俄斯不仅是尤利安的引路神,而且是尤利安的父亲。换言之,尤利安实际上是最高神在尘世的代表。作为帝国君主的尤利安,是勾连天上世界和地下世界的中间者,是两个世界的协调者。这种基于新柏

---

① 尤利安:《诸皇帝》,336c。

拉图主义体系对君王功能的理解，与尤塞比乌斯的政治神学对皇帝功能的理解有类同之处。

换言之，尤利安依据新柏拉图主义体系完全有可能创设一种新的王政论。基于人世与自然的和谐，尘世的理想君王作为太一神在世间的代表者，既对天下万民负责，又对天上的神圣存在者负责，从而皇帝作为天之子乃是沟通神－人的中间者。基于这样一种对应－模仿理论，可以创设一套政教合一的政体理论，从而为父承子继式的家族王朝君主制奠定理论基础。但是，从尤利安的著述来看，尤利安没有意识到新柏拉图主义学说在政体理论上的潜力，而他敬重的那种王政很不稳定。

我认为，尤利安错失这种创新的原因，很大程度上要归于他对哲人身份的偏爱。尤利安可能认为，比起整个帝国的福佑，他个人灵魂的幸福更重要。因此，尤利安不结婚不单单是为帝国福佑和共和式君主制平稳运行着想。依凭新柏拉图主义的教诲，婚姻是净化灵魂、欲求与神同一的障碍。因此，不结婚是尤利安的固有愿望，是他求得灵魂圆满的前提。简言之，尤利安不结婚是因为他最高的精神目标要求他禁绝身体欲望。在尤利安身上，可以看到哲学与政治、哲人与王者的纠缠。

4 哲学与政治的纠缠

在写给尤利安的建言书中,忒米斯提乌斯要求尤利安作为哲人王,摆脱过闲暇生活的想法,战胜一切邪恶,为净化大地和海洋而奋斗。忒米斯提乌斯要尤利安建立超过梭伦、庇塔库斯、吕库古斯等立法者的功业。忒米斯提乌斯试图说服尤利安,政治就是竞争,达至前无古人的功业。尤利安则回信说,他赞美闲暇的生活。这里的闲暇生活指哲学生活。在忒米斯提乌斯看来,哲学是王者施政的辅助。换言之,忒米斯提乌斯认为实践生活高于哲学生活。而尤利安持相反的看法,他认为哲学生活优于政治生活。因此,这里存在对哲人王的两种理解。忒米斯提乌斯对尤利安的期待并非个例,他在信中说很多人期待尤利安能成就前无古人的伟业。两种理解的关键分歧在于对政治生活的理解不同。

忒米斯提乌斯劝诫尤利安全身心投入帝国政治,建立丰功伟业。在忒米斯提乌斯看来,人的美德、人的选择对政治生活有决定性作用。因此,忒米斯提乌斯不仅劝诫尤利安不要沉迷于沉思生活,而且要任命大批年轻智识人进入帝国政府。可以说,忒米斯提乌斯对智慧在政治生活中的作用非常乐观。尤利安则说,在政治生活中，并非仅凭美德和权力就能做正确的事，人世生活很大程度上受盲目的机运左右。

政治人即便在美德上完美无缺，也难称得上幸福。尤利安举到小加图和西西里的狄翁的例子，他们二人的美德修身功夫很高，但他们能称得上幸福吗？政治人一心追求伟大的事业，但能否最后成就伟业，并不全凭人的美德和希望，它受机运的摆布。尤利安说，像小加图和西西里的狄翁这样的伟男子，只能凭廊下派所理解的幸福，才称得上幸福。但是，因美德而被称赞有福，跟真正的、不受机运摆布的幸福不同。后一种幸福唯有哲人凭借沉思才能获得。政治人，不管天性和美德多么卓越，一旦进入政治世界追求丰功伟绩，就不得不将他的幸福交给命运女神。在尤利安看来，智识人从学园中出来，尚未搞清楚政治生活的本性，就贸然摒弃沉思生活，全身心投入政治，非常不智。

但是，尤利安绝非反对哲人进入政治生活。尤利安认为，哲学必须在盲目乐观和绝对悲观之间保持中道。尤利安跟随的是柏拉图的教导。他引用柏拉图《法义》："神统治一切，并且依据命运和时机统治所有的人类事务；事实上，更合理的看法是，将技艺当作第三种必要之物，与命运和时机相联合。"王者仅仅凭借理智和逻各斯思虑和下命令是不够的，还要关注礼法所命令之事和机运所强迫之事。尤利安心中的哲人王，类似一位神。依照尤利安的新柏拉图主义观念，哲人的最高义务就是模仿神。简言之，尤利安心中的哲人王是一位致力于模仿神的王者。王者只有最大限度地模仿神，才能摆脱凡人的种种恶习和不义。尤利安说：

> 神圣的王者应该净化理智和灵魂，绝不与荒谬的不义站在一起……他应该弄清楚政制和正义的本性，深刻认识不义的本性。他应该能将他获得的这种智慧应用到政治中，为政治体制定共同的礼法，所立之法既非出于爱，也非出于荒谬的恨，更不受邻人和亲族的影响。他绝不应该仅仅为了他自己的同胞立法，也应为子孙后代和异族人立法。[1]

在尤利安看来，理想王者恰恰应该首先模仿神。依照新柏拉图主义哲学，模仿神是一种沉思、静观的生活。因此，沉思生活对王者必不可少。换言之，在尤利安看来，尽管王者的生活是一种实践生活，但必须凭靠

---

[1] 尤利安：《致哲人忒米斯提乌斯》，262a—c。中译本见《尤利安文选》，前揭，第51页。

沉思生活，或者说理想王者的生活是一种容纳实践生活和沉思生活的生活方式。理想王者凭借模仿神，通过为万世立法，能赢得荣耀。但是，尤利安认为，最完善的心智面对政治生活时，也难摆脱机运的无常。因此，尤利安在给忒米斯提乌斯信的结尾，比较了沉思生活（哲人）和实践生活（王者），认为沉思生活好过实践生活。他说：

> 苏格拉底热衷沉思生活，又热爱实践生活，却在他的妻子和孩子面前没有任何权威，我们哪里能说他曾统治过他的同胞呢？难道因为他没有统治任何人，所以他就没有完成任何伟大的事情？我认为，苏格拉底完成的功业要比亚历山大的要大得多，下面这些都应归功于他：柏拉图的智慧、色诺芬的帅才，安提斯泰涅的勇敢，厄立特里亚和麦加拉的哲学学校，克贝、西米阿斯和其他有名望的人。更不用说，我们这里由于他才有的吕克昂学园、廊下学园和阿卡德米学园。现在我要问，亚历山大的征服，究竟拯救了什么呢？哪个城邦因此而变得更加强大？靠着他又造就了什么更高的男儿？相反，征服者们只是变得更加富有，他们

中既没有谁变得更智慧，也没有谁变得更明智。①

尤利安的这一理解完全符合第二代智术师对理想王者问题的理解。金嘴狄翁在第四篇王政演说中，通过重释第欧根尼喝退亚历山大的著名故事，也比较过哲学生活和政治生活。第欧根尼代表的哲学生活才真正富足，才是真正幸福的生活；亚历山大虽为王者，生活却要凭靠很多东西。当亚历山大问第欧根尼，如何才能成为最好的君王时，第欧根尼的回答很简单：模仿宙斯。②即便亚历山大征服整个亚洲，若不拥有真正王者的品质，也算不上一个好君王。依照尤利安的理解，只有哲学和哲人才能做到真正模仿神。也就是说，对尤利安来说，灵魂的幸福胜过帝国的福佑！

但是，作为罗马帝国的君主，要想在个体灵魂的幸福与帝国的福佑之间轻松做出选择，远非那么容易，尤其是当自己信奉的那种文明理想陷入生死存亡境地之时。异教智识人在他生前对他的期许和死后对他的怀

---

① 尤利安:《致哲人忒米斯提乌斯》，264b7-d8。中译本见《尤利安文选》，前揭，第53-54页。
② 金嘴狄翁:《论王政》，前揭，第77-103页。

念，表明尤利安皇帝必须履行诸神委托给他的使命。那项使命并不是指求得他本人灵魂的幸福，而是救护诸神的在世存在！尤利安必须进入政治世界厮杀，即使政治世界的任何事业都要仰赖命运女神的青睐。忒米斯提乌斯对他"净化大地和海洋"的期许，实际上正是他在政治世界的所为！

第四章 尤利安与罗马帝国的文明内战

尤利安皇帝统治短暂却在世界历史上具有重要地位,是因为他发起的文明-宗教复兴运动。众所周知,尤利安原本是基督徒。在他成年之后,逐渐放弃基督教信仰,转而信服新柏拉图主义。在高卢任副帝那几年,尤利安已经放弃基督教信仰,只是出于政治原因,表面上维持基督徒的身份。[①]361年12月,尤利安一登上帝位,立即公开放弃基督徒身份,返回异教怀抱,一场具有世界历史意义的罗马帝国的文明内战就此开幕。

362年2月,尤利安首先发布宗教宽容法令,准许被基督教判为异端的派别有自由信教的权利。3月13日,尤利安宣布撤销基督徒的政治豁免权,要求他们像所有

---

① 阿米安努斯:《罗马史》,21.2.1–5。

普通臣民一样履行一切义务。6月17日，尤利安颁布更加严苛的教育法令，禁止基督徒从事公共教育。对基督教来说，这一招可谓致命。同时，尤利安大力鼓励各地恢复古老的异教献祭仪式、修复已经损坏的神庙，提升异教祭司的地位，强化异教祭司的道德品质。一场声势浩大的宗教复兴运动在帝国全境展开。在忙于各项事务期间，尤利安抓住空闲，连续撰写几部作品，从理论上指导异教的复兴事业，如《诸神之母颂》、《赫利俄斯王颂》、《反加利利人》。尤利安的文明-宗教复兴大业有明确的规划，这一规划出自他的新柏拉图主义思想。

不管基督教对尤利安叛教有多么恼火，尤利安的事业绝非仅依凭个人信念，而是基于深厚悠久的古希腊文明传统。尤利安的文明-宗教复兴运动是通过复兴古代传统重振帝国雄风的政治运动，是古希腊文明与基督教文明的一次决战，是古希腊文明拯救自身命运的最后努力。尤利安不仅有意识地主动承担拯救古希腊文明的使命，而且试图依凭新柏拉图主义思想体系更新古希腊文明，让这一文明重新焕发出生命力。简言之，尤利安的文明-宗教复兴运动与罗马帝国的文明危机密切相关，这一危机的本质是古典希腊文明与基督教文明争夺对帝国的精神领导权。

为了更全面地把握尤利安的文明-宗教复兴运动的

历史意义，有必要首先梳理罗马帝国的文明脉络，然后再深入尤利安的思想世界，考察他的复兴运动。

1 罗马帝国的文明问题

罗马帝国的文明问题主要体现为天下大一统帝国与大一统文明之间的关系。依照沃格林的看法，自波斯帝国始，西方世界进入创建天下帝国的历史运动。这一运动受"权力真空"原则吸引，波斯帝国、亚历山大帝国、罗马帝国先后试图主宰整个有人居住的地区。波斯帝国的征服是这一历史运动的序幕，在大流士"万王之王"的宣称和意图将疆域扩展到大洋边界的想象[1]，昭示着一个天下无外的帝国。在这个帝国内部，将是各民族和平的生活，从此再无部族之间的征战。

马其顿的亚历山大大帝借为希腊复仇之名发动的远征，一方面摧毁了波斯帝国，另一方面将波斯帝国曾经梦想的目标变为现实，一个横跨三大洲的帝国出现在世界历史上。亚历山大临终前谋划远征西方表明，他承继的是打造天下帝国的努力，他的帝国已经是典型的天下式帝国。亚历山大大帝的军事成就和政治功业，提出

---

[1] 沃格林：《天下时代》，前揭，第226页。

如何治理天下大一统帝国的问题。具体而言，即如何治理幅员辽阔的帝国内部习俗、语言各异的民族。就亚历山大帝国来说，这一问题体现为，如何将希腊人和以波斯人为代表的亚洲人打造为一个共同体。但是，麻烦在于，希腊人和波斯人皆有自身引以为傲的文明统绪。对西方的天下帝国来说，一开始就面临这一困境，即如何将不同的文明打造为一个普世文明。

亚历山大深入沙漠腹地拜访阿蒙神的故事和神子的传说表明，[①]亚历山大已经有意识地试图通过"神子"这一新身份来获得远远高于一般的王权继承关系的至高权威，弥合帝国境内各民族之间的隔阂，比如亚历山大没有宣称他的权力继承自波斯国王。东征结束返回巴比伦后，亚历山大一方面定都巴比伦，另一方面大量起用波斯贵族作为帝国官吏，表明亚历山大意识到将天下式帝国打造成一个和谐共同体是一个更重要的问题，毕竟靠武力赢得天下绝非最终目的。"和谐[Homonoia]"源于**伊索克拉底**（Isocrates，前436—前338年）[②]，首先用于泛希腊地区的各城邦的和谐。在亚历山大那里，和谐变成希腊人与波斯人的和谐一致。亚历山大试图借用"神

---

① 沃格林：《希腊化、罗马和早期基督教》，前揭，第109—110页。
② 伊索克拉底：《泛希腊集会辞》，第3页。

子"身份，将各民族殊异的生活习俗糅合成一个统一体。神子这个意象的功能是协调天下万民的纷争。作为神子的君王是天下和地下的沟通者。

天下帝国的出现，推动智识人打造出契合天下帝国的文明观念，其核心使命在于将天下境内各民族协理为一个真正的共同体，做到天下万民同心同德。亚历山大大帝开启的希腊化时代，出现了两种观念。第一种是希腊智识人依照柏拉图哲人王观念，打造出在世国王就是活生生的权威之源的观念。依凭"国王是活的法"这一观念，赋予君王天宇之下的最高权威。这一观念与廊下派的世界城邦理念若合符节。作为"活的法"的国王，凭借至高理性统治天下，天下各民族可诉诸国王的理性达成最终之和谐。

从此，区分人之差异的不再是习俗，而是普遍的善恶标准，即在天下帝国境内，不再有波斯人和希腊人之区分，只有好人与坏人的区分。第二种观念也由希腊智识人打造，即"神王"的观念。亚历山大的"神子"身份，已经昭示着神王这一形象。神王是在世的神。神王这一观念因应各民族的宗教差异，试图在不同宗教之上，构建一个在世的神，获得民众的崇拜。可以理解为，运用宗教方式打造普遍的精神信仰，进而达至天下之和谐。不过，"国王是活的法"的哲人王理念与"神王"观念并不冲突,而是国王的两个身份,分别对应天下境内两个等级:智识人和普通民众。"国王是活的法"昭示智识人的认同,"神王"诉诸普通民众的信仰。**狄奥托格尼斯(Diotogenes)**给出过最精确的表述:

> 国王与城邦的关系如同上帝与世界的关系;城邦之于世界,等同于国王之于上帝。由众多相异元素之协调而成的王国,乃是世界之秩序与和谐的摹本,而具有绝对统治权且本身就是活的法的国王,已变成了众人中的神。[1]

罗马帝国进入帝制后,运用的也是这两种方式打造天下君王的形象,赋予其协和万民的功能。罗马崛起于地中海,终止创建天下大一统帝国的历史运动。珀律比俄斯对之已有明确的意识。罗马凭借共和政制,西败迦太基,东攻希腊化三国,将环地中海世界纳入一个霸权掌控之下。珀律比俄斯为规模宏大的帝国更替所震撼,力图窥探掌管帝国更替的命运女神的奥秘。因此,尽管身处罗马创建天下帝国的历史性时刻,仍带有强烈的惊惧和战栗感,深恐眼下这个史无前例的帝国崩溃的那一

---

[1] 转引自沃格林:《希腊化、罗马和早期基督教》,前揭,第128页。

刻。他对罗马混合政制的洞察，更是加深了这一恐怖感：即便是举世无双、远超希腊共和制理想的罗马共和制，也终究会衰落。政体的衰落势必导致帝国的衰落。换言之，珀律比俄斯目睹的天下帝国，还只是一个空空如也的权力架子，拿什么样的文明观念塑造这头权力巨兽，要留待未来。

珀律比俄斯力图美化的罗马共和制，事实证明无法逃脱循环的命运。珀律比俄斯生前已经洞见到共和制衰落的迹象。但是，珀律比俄斯美化罗马共和制的做法却引起罗马智识人的共鸣，尤以西塞罗为代表。就天下帝国的治理而言，天下协和本质上要求赋予天下境内各民族的平等身份。鉴于罗马的统治乃是罗马城之一个城邦执天下之牛耳的现实，即少数部族统治天下的现实，要求罗马人与天下万民平等，在共和时代并不现实。沿着美化罗马共和制这条道路，走向的是将罗马共和制绝对化。[1]西塞罗力图将罗马共和制打造为政制之本身，将罗马的秩序打造为政治秩序本身，但共和晚期的大规模内战表明，共和制无法承负天下帝国的治理功能。西塞罗依仗的罗马法律普遍化，也无法真正完成协和万民的任务。法律条规之普遍化，无法触及习俗殊异的各民族的

---

[1] 沃格林：《希腊化、罗马和早期基督教》，前揭，第160—170页。

精神内心。换言之，协和万民要求打造新的心灵秩序。法律条文无法触及心灵秩序的内核。

罗马共和制的传统悠久而强大，以至于屋大维确立新的政体时畏首畏尾。任何想要在罗马明确建立君主制的企图，都会遭到巨大的压力。公元前27年，屋大维确立"奥古斯都"之职，其意思是"某种超越凡人之物"。屋大维以Princeps（元首、首席公民）自谓，新建立的政制即元首制。尽管屋大维创建的新政体仍有共和制外衣，但实质上已与君主制无异，到1世纪末，皇帝已经成为正式称号。君主制的确立使皇帝这一身份成为打造新的大一统文明观念的核心。

一方面，罗马帝制以结束共和时代晚期的内战而出现。屋大维终结天下的战乱，使世界重归和平。屋大维终结天下战乱不单单是终结共和国的内战，而且是将始于波斯帝国的天下战乱彻底终结，其标志性事件就是公元前30年，将托勒密王国纳入帝国统治，绵延数千年的埃及帝国变身为埃及行省。在漫长的战乱中，软弱无助的天下万民，以对和平的巨大渴望，欢呼能终结战乱带来和平的那个人。这种渴望如此强烈，以至将这个人视作天神，视作恩人，视作救主。简言之，奥古斯都开创的时代不是延续共和国时代的堕落时代，而是一个新的黄金时代，一个新的纪元。在这个新的纪元，罗马接续希腊化王国的传统，开启对皇帝的神化历程，将皇帝塑造为"神王"。恺撒成为神圣的尤利乌斯，屋大维乃"神子"。盖乌斯·卡利古拉强调个人的神性，尼禄将自己等同于太阳神，图密善让别人称他主和上帝（Dominus et Deus）。[1]

马可·奥勒留之子康茂德史无前例，自封为"罗马缔造者赫丘利·罗马努斯"，自称是罗马的第二缔造者。康茂德命令，一年十二个月要以他的名号的十二个部分Lucius Aelius Aurelius Commodus Augustus Herculeus Romanus Exsuperatorius Amazonius Invictus Felix Pius来命名，以代表他是横贯六合古今的天下之主。康茂德的自我神化以创制世界之神Jupiter Summus exsuperantissimus［至高无上的朱庇特］的祭仪为顶峰。朱庇特是宇宙诸神的领袖，皇帝则是朱庇特在天下世界的代表。

塞维鲁王朝开启对皇帝神圣性的系统法律建构。塞维鲁将自己的家族与马可·奥勒留家族相连，从而跻身于神圣行列，皇室变成神圣家族。随后，第一位伊利里亚人皇帝奥勒里安创建崇拜太阳神的一神教仪式，比康茂德更进一步，将异教推向一神论。太阳神直接与人世的皇帝对应，太阳神独一无二，皇帝亦然。奥勒里安钱

---

[1] 沃格林：《希腊化、罗马和早期基督教》，前揭，第234页。

币上的Deus et Dominus nostor（我们的上帝和主）表明，皇帝的神性已被广泛接受，皇帝成了在世活生生的神。

另一方面，以第二代智术师为代表的希腊智识人传承希腊化时期的传统，继续致力于打造作为理想君王的哲人王理念。这一努力在五贤帝时代，达至顶峰。数位著名智识人贡献自己的才智，如金嘴狄翁、普鲁塔克、琉善等人。如前文所说，第二代智术师通过打造从荷马笔下的王者到亚历山大大帝的理想王者形象，试图为天下帝国打造能协和万民的哲人王。哲人王就是活生生的法。鉴于前文已讨论过哲人王概念，这里只讨论哲人王概念的政制功能。

帕奈提俄斯和西塞罗的廊下派观念，认为罗马是世界城邦。整个天下除了罗马这个世界城邦之外，别无其他城邦。但是，到了2世纪，中期廊下派的世界城邦理念已经扩展至整个天下，罗马城不再是世界城邦，世界城邦是整个天下，罗马变身为天下之一城，与雅典、安提阿无异。换言之，在2世纪，世界城邦直接等同于天下。在帕奈提俄斯和西塞罗那里，由于罗马仍具有城邦属性，从而能运用共和制的政体理念。但是，在天下无外的现实中，城邦的属性已经消失。哲人王就是世界精神的化身，是世界逻各斯的模仿者和承载者。天下万民分有的逻各斯火花汇聚于哲人王身上，从而使得哲人王具有神秘的神性力量，向上对宇宙负责，向下对天下万民负责。将哲人王所具有的政制功能与康茂德的朱庇特祭仪融合，就能打造出神权政制和神权帝国。二者的结合将类似于希腊化时期神王与哲人王的结合。这两个身份对应天下的两类人：智识人和普通民众。如此，罗马帝国的皇帝将兼有中国古代皇帝的两个身份：圣人和天子。圣人对应天下的智识人，天子对应黎民百姓。

可以说，到2世纪末，第二代智术师以皇帝这一身份为核心，已经基本打造出能协和万民的大一统文明理念。但是，这一体系仍有两个隐患。第一，第二代智术师打造的君主－共和式政体很不稳定。如前文所述，它的有效运转全凭机运的青睐。康茂德极力通过独一的神王身份来巩固自己的权力，恰恰表明他缺乏哲人王的身份。单凭神王身份，并不能保证君主的至高权威。智识人对君王的认可，凭靠的是君王的智慧，而非神性。第二，神王身份所凭靠的宗教体系并不完整。

与中国不同，罗马帝国自出现起，就是一个多文明杂居的天下，好几个民族要比罗马人古老和文明得多。罗马统治者试图凭靠"万神殿"策略换取这些民族的顺服。这一策略具有一定的效果。但是，由于罗马的"万神殿"在吸纳其他民族的神灵时，采取的是来者不拒的策略，导致罗马帝国的神灵体系庞杂且混乱。而皇帝的神王身份要求一个"一神论"的宗教体系。这就要求整理净化庞杂且混乱的宗教体系。希腊智识人对这个问题有充分的意识,并且有所实践。公元1世纪至2世纪的廊下派哲人们做过这方面的努力,试图用哲学神学协和宗教体系。[1]但是,一开始这种努力就受到三方面的掣肘。

第一,反宗教的哲学学派对宗教的讥笑。贺拉斯在《讽刺集》(Satires)里有一首诗描述了这位诗人从罗马到布林迪西的旅程。在诗的结尾,毗邻布林迪西的格纳提亚村民称,在他们神庙的门口放置乳香,不需要点火乳香就会融化。贺拉斯对此的反应是伊壁鸠鲁哲学的轻蔑:"让犹太人去相信这种事吧;我反正不信。我知道诸神过着无忧无虑的生活,如果自然创造了什么令人惊奇的事,这一定不是神自己显现的。"[2]

第二,怀疑论者的质疑。协和宗教体系实际上是用一种宇宙一神论去净化庞杂的民间宗教和神话。这就需要先建立一种宇宙论神学,对宇宙的本源进行神化。但是,怀疑论者怀疑认识宇宙的可能性。廊下派宣称神以某种方式形成于人的心灵之中,其基础是心灵对周遭世界的反复体验和这种体验的理性结构。人对神有一种

---

[1] 萨勒斯:《廊下派的神和宇宙》,前揭,第336—339页。
[2] 贺拉斯:《讽刺集》,1.5。

天然认知，这种认知原则上任何人都可以通过经验来形成。但是，学院派怀疑论者与新皮浪派坚称，这种认识论的起点无法找到，理性的哲学性神学不可能存在。

第三，廊下派本身对传统宗教和神话的矛盾态度。在《上帝之城》中，奥古斯丁引用瓦罗，声称有三种基本的神学：城邦神学、神话神学和哲学神学。城邦神学主要是传统宗教仪式，神话神学主要是传统的神话故事。就传统宗教仪式而言，廊下派认为应严格遵守。廊下派协和传统宗教体系主要是重新解释神话故事，赋予其统一的意蕴。实际上，这种做法非常悠久，柏拉图在《王制》中就这样做过，让苏格拉底通过批评荷马讲的神话故事来净化神话。廊下派的天然认知认识论，引出的结论是早期神话诗人对神的观念最为纯粹。廊下派哲人的任务是通过对神的名称的词源化解释，将荷马、赫西俄德神话里的神学提升到宇宙论层面。

换言之，这就是对传统神话进行理性化阐释。但是，传统神话有极为怪诞和荒谬的一面。这意味着怪诞和荒谬的部分必须被摒弃。诚如《论神性》中廊下派发言人所说：

> 你们清楚……一种真实又有价值的自然哲学是如何演变为这样如梦如幻的万神殿的吗？

> 对自然哲学的误用产生了大量虚假的信仰、疯狂的错误与迷信，它们简直就是一些荒诞的故事。[1]

因此，这就需要对传统神话进行创造性解释，凭靠的主要手法是寓意性解释。但是，廊下派在进行寓意性解释时畏首畏尾，认为他们的神学不能保证寓意解释的可靠性，从而认为对神话的寓意性解释仅是临时性的。廊下派一方面认识到需要协和传统宗教，另一方面又认为，若无限制地协和传统宗教，将导致廊下派哲学成为传统宗教的教义体系，从而面临僵化的危险。廊下派这种矛盾心态，导致廊下派对传统宗教的整理和净化始终处于中途。也就是说，廊下派并没有建立一个统一的一神论宗教体系。这一任务将由新柏拉图主义者完成。新柏拉图主义者借用寓意解释的手法和自身的一神论哲学，[2]将多神论的传统宗教大胆整合为一个严整的一神论宗教体系。新柏拉图主义的诞生是因为帝国的文明遇到重大危机，危机的表现形式是基督教的强劲发展和异教的畸变和虚弱。

---

[1] 西塞罗:《论神性》，2.70。
[2] 萨勒斯:《廊下派的神和宇宙》，前揭，第343页。

2 新柏拉图主义与罗马帝国的文明危机

对尤利安皇帝来说，罗马帝国的文明危机显现为帝国的基督教化，因此，他回应这一危机的政治行动就是发起宗教复兴运动，为异教重新赢得对帝国的精神领导权。君士坦丁大帝开启的帝国基督教化历程已经逾一代人，基督教的教会组织和信徒数量得到极大扩展。但是，基督教并非罗马帝国的文明危机的直接原因。基督教诞生于公元1世纪初，与罗马帝国改换帝制大体同时。到2世纪末五贤帝时代结束时，基督教在帝国境内仍是少数。彼时，基督教仅限于在帝国的高压统治下维持生存，尚未有争夺帝国的精神领导权的抱负。

关键的转折发生在公元3世纪。3世纪的大混乱给罗马帝国造成了无法弥补的精神创伤，其最大的表现就是整个精神氛围发生颠转：神秘主义和狂热的苦修主义开始浸染有教养阶层。3世纪之前的智识人教导人们以自己特有的方式无拘无束地展现潜能、爱好和个体命运。[1]尘世的秩序即便有种种缺陷，但仍是值得肯定和生活于其中的秩序。即便偶有战乱摧毁这个秩序，但总有某位

---

[1] 布克哈特：《君士坦丁大帝时代》，前揭，第142页。

超凡之人终结乱局，恢复秩序。但是，3世纪的大混乱导致人们突然仿佛厌倦了此世生活，欲求灵魂之解脱和救赎。活着的无力感和被束缚感突然弥漫于整个社会。对灵魂不朽和灵魂净化的追求，成为有教养者的目标。这种精神氛围导致他们对各种秘仪的疯狂迷恋。秘仪的核心是对不朽的承诺和对灵魂的仪式性净化，如库伯勒崇拜、伊西斯崇拜、塞拉皮斯崇拜、厄琉西斯崇拜和密特拉崇拜等。[①] 罗马帝国的心灵秩序发生畸变。

异教文明的精神演化，呈现出与基督教共同的趋向，但是后者对此世与来世生活的教诲要比异教更加精致，也更具有吸引力。经过3个世纪的发展，基督教的生活方式和教义已经定型。屡受威胁和频遭迫害让基督教的共同体感觉更加稳固，同时有助于克服内部分裂。基督教成功将醉心于苦修的派别（如孟他努派）排除在外，同时反对热衷于知识思辨派（如诺斯替派），从而得以保持中道。与此同时，教会组织已经显示出正规教阶制的最初迹象，教士和平信徒的区分已经出现，一个真正具有政治力量的组织模式已经成型。就此而言，无论是精神目标还是宗教组织，3世纪之后的异教都不是

---

① 关于3世纪的秘仪状况，参见布克哈特：《君士坦丁大帝时代》，前揭，第146—160页。

基督教的对手。若没有政治力量的干预，基督教迟早会在这一竞争中胜出。

此外，从大一统帝国和大一统文明的关系来看，基督教的精神结构符合罗马帝国的需要。基督教的普世性宣称恰好可以满足罗马帝国对普世文明的需要。罗马帝国欲求的万民协和仍未实现，而基督教的普世宣称和其强大的召唤能力，如爱、平等、救赎等观念，能冲破帝国内的民族隔阂，为罗马帝国打造一个新的精神共同体。君士坦丁大帝重新统一帝国，开启基督教化进程，某种程度上是对这一关系的回应。

那么，尤利安皇帝是基于何种思想资源反对这一进程，要恢复貌似已经失败的古希腊文明理想？答案是新柏拉图主义。从师承和观念来说，尤利安是典型的新柏拉图主义者。

新柏拉图主义是支配晚期罗马帝国的思想体系，它不仅是异教智识人思想的依归，不少基督教教父也浸染这一体系颇深，如圣巴西尔、圣格列高利。众所周知，新柏拉图主义是奥古斯丁的基督教哲学的理论框架。不过，新柏拉图主义恰恰是以基督教的竞争者出现的，波菲利的《驳加利利人》(*Against Gallieans*)非常明确地表明了新柏拉图主义与基督教之间的分歧。

新柏拉图主义是古希腊文明对罗马帝国的文明危机

的最后一次思想回应。从内容上来说，新柏拉图主义是对古典哲学的大综合和异教的理论化。杨布里科称自己为所有哲学派别的哲人，[1]表明新柏拉图主义者综合所有古典哲学流派的抱负，而新柏拉图主义恢宏的神学体系建构是对多神论异教的净化和改造。总体上来说，新柏拉图主义者期待凭靠这两点来回应帝国面临的危机。对这一文明危机，诸位新柏拉图主义者皆有深切的体验。

新柏拉图主义的立派宗师是**普罗提诺**（Plotinus）。依照波菲利的传记，普罗提诺公元205年出生于埃及，天性高迈，热衷形而上沉思。不过，直到28岁，普罗提诺才发愿学哲学，到亚历山大里亚追随安摩尼乌斯·萨卡斯，立志探究天地之根底。亚历山大里亚当时是地中海的文化中心。不过，普罗提诺绝非性情淡漠的遁世者，而是对政治有极高热情。235年，**亚历山大·塞维鲁**（Alexander Severus，222—235年在位）皇帝被刺，帝国的危机迎来高潮。眼见帝国破碎，普罗提诺加入罗马军队，244年跟随戈尔迪安三世（Gordian III，238—244年）远征萨珊波斯，行军至两河流域，戈尔迪安三世被杀。这是自235年以来，被刺的第六位皇帝。普罗提诺眼见帝国政治和精神秩序崩溃，决心到帝国都城讲

---

[1] *Philostratus and Eunapius*，前揭，第235页。

授哲学，教育帝国的担纲者阶层。

普罗提诺245年抵达罗马城，彼时大约40岁。普罗提诺在伽里恩努斯（Gallienus，253—268年在位）的保护下，在罗马讲授哲学凡25年，270年逝世于罗马。普罗提诺的思想在抵达罗马后十年，大概50岁时完全成熟，此后笔耕不辍，有波菲利编辑的《九章集》(The Enneads) 存世。

普罗提诺的思想体系有哲学和神学-宗教两个面相。对普罗提诺来说，首要的任务是打通前代哲学流派之间的隔阂，锤炼出一个贯通天地古今的知识体系，从而终止前代各哲学派别之间的争吵，将天地宇宙的唯一真理展现给智识人。普罗提诺力求将宇宙大全呈现为一个和谐圆润、至善至美的大全体系。普罗提诺在哲学上迫切要达到的目标，与人世秩序的崩塌形成鲜明对比。对普罗提诺以及那个时代的智识人来说，人世秩序的崩溃让欲求宇宙秩序的和谐更为迫切，仿佛唯有首先确定宇宙大全的完美和谐，方能为人世重归秩序奠定基础。我们可以将普罗提诺锤炼宇宙大全本相的行动，视作他意在为罗马帝国奠定宇宙论基础。在此之前，人世政治秩序与宇宙秩序的契合对应，从未如此规整和严丝合缝。

为了达到这一知识目标，普罗提诺从各哲学流派中吸取精华，几乎称得上是对古代各哲学流派的大综合。

当然，其思想体系仍冠以柏拉图主义之名，核心人物仍然是柏拉图的思想。新柏拉图主义的形而上学之拱即太一、理智与灵魂的三位一体论。与基督教的三位一体论不同，在普罗提诺那里，太一、理智与灵魂并非完全平等。太一无疑是至高无上的存在，是整个宇宙的本源。

太一超越于一切，超越于宇宙之上，除了对它进行静默沉思之外，不能加以任何限定。太一既是无所不包的统一性，又是单一的神。它不是万物的总和，而是先于万物的源泉。某种意义上，太一只能从否定角度来描述，即太一不是什么，太一无形式，无善、无意志、无意识、无运动，无法依凭人的任何经验来想象。普罗提诺常常拿太阳来比喻太一。简言之，太一是宇宙万物的存在源泉，近似于"无"。普罗提诺虽然否认太一作为神是可知的，但同时又说，太一可以被观照。观照不是依靠理性的认知活动，而是热忱的道德追求。由此也可以看出，新柏拉图主义具有浓郁的神秘主义气息。

太一虽然不运动，但却能生成万物，这一过程被称为"流溢"。这是一个比喻性说法，有两方面的含义。第一，万物的生成并非如基督教上帝主动创世的结果，创造是一种外求的活动，意味着创造者对外有所求，而太一完满自足。普罗提诺说："太一既不追求任何东西，也不具有任何东西，更不需要任何东西，它是充溢的，流溢出来的东西便生成其他本体。"第二，流溢无损于太一的完善，正如太阳放射光芒无损于自身的光辉一样。太一的能量源源不断，不会因流溢而有丝毫减损。

太一作为宇宙万物之源泉，流溢出的第一个本体即Nous（理智-心灵）。这个词很难翻译。理智的第一个蕴意是指太一流溢出的万物总体原则，即理智原则。这些理智原则类同于柏拉图的诸理念，具有数学特性和神圣特性，因而既是人的理智能把握的对象，也是人的情感敬拜的对象。理智从太一中首先流溢出来，不再保有太一的原初绝对统一性。换句话说，由于Nous是太一流溢出的宇宙万物的原则，因而具有肯定性质，可以用一般的范畴加以把握和区分，从而显得多样。

但是，理智的统一性是相对的，或者说是一和多的统一。用普罗提诺的话来说就是，理智是太一的影子。理智之从太一流溢的必要性在于，太一在其自我追求中必须有所"见"，这种"见"就是理智。柏拉图将至高的善比作太阳，在至善那里，发光者和被照亮者是同一个东西。按照这一比喻，理智可以被认为是太一看见自身时所凭恃的光明。因而，理智仍享有太一的那种统一性。

灵魂从理智的流溢，类似于理智从太一的流溢，或者说灵魂的流溢是对理智的流溢的模仿。灵魂是第三本体，即柏拉图所说的世界灵魂。灵魂是一种能动力量，活跃于各个领域，既可以上升到与自己本性相一致的理智和太一，又可以下降到与自己本性不一致的低级对象。换言之，灵魂既是一，又是多，但不具有理智那样的统一性。换言之，灵魂具有堕落的可能性。当灵魂与理智和太一相通时，就复归于原初的统一；若蒙蔽于物质世界，就陷入多样性，无法复归统一。

可以说，普罗提诺在更宏大的宇宙论层面上演示了人的灵魂的命运，将之呈现为救赎和堕落的对立紧张。人的灵魂当然分有世界灵魂的神性，即复归理智与太一的神性。但是，人的灵魂也有趋向堕落，沉溺于物质世界的倾向。因此，要克服这种堕落，就必须净化灵魂，回归太一，也就是变得与神相似。回归太一的过程分为三个阶段：第一，净化灵魂的阶段，使灵魂摆脱物质的束缚，指向作为第二本体的理智。第二阶段是静观沉思，依恃理智把握第二本体。第三阶段是出神状态，即在第二本体的基础上，凭靠出神来达至与神合一。由此，普罗提诺打造出一个天人相通的哲学体系，智识人可以凭借理智静观功夫，追求与神的相似与合一。

在这个欲求天人相通的体系中，我们可以清晰看出，对灵魂救赎的渴望和对尘世的逃离态度。记载新柏拉图主义哲人生平的《哲人和智术师列传》中屡次透露这样的秘密：修习者一旦加入新柏拉图主义的秘仪，洞悉灵魂的奥秘，就会对生而为人感到羞愧。[①]如果新柏拉图主义仅有这种教诲，那么它与基督教教诲就仅在达至最高救赎的手段上有分歧。毕竟，所有思想体系，不管是宗教的还是哲学的，都意在指导人在此世的生活。因此，如何界定此世生活的地位才是关键。换言之，如何规定人的生活伦理才是识别各种思想体系品质的关键。用尼采的话来说就是："每种哲学意欲何种道德？"[②]

接下来看普罗提诺对可感世界的处理。普罗提诺承认，三大本体之外是感官可感知的物质世界。物质世界的本质是种种质料。质料没有任何规定性，但质料不是"虚无"，而是非存在。非存在并非一无所有，而是混沌。物质世界由于灵魂的流溢，而分有神圣的形式。所以，可感知世界仍是美好的，不是一个恶的世界，而是分有善的世界。从普罗提诺反驳当时甚嚣尘上的诺斯替派，也可看出他对可感世界之地位的理解。诺斯替派认为，一切神圣的东西都与物质性的东西无关，诸如日、月、星辰，皆是一个物质性的恶神制造出来，意在将人

---

① 尤纳皮乌斯：《哲人与智术师列传》，474。
② 尼采：《善恶的彼岸》，格言6，魏育青等译，上海：华东师范大学出版社，2016年，第10—11页。

禁锢于这个世界。在所有可以感知到的事物之中，唯有人的灵魂分有某种善性。因此，在诺斯替派眼中，整个世界是一个黑暗的牢笼，人必须努力挣脱。但是，若否定了可感世界的善性，也就会否定人在此世生活拥有任何意义。正是基于这一点，普罗提诺才专门撰文驳斥诺斯替派。①

不仅如此，新柏拉图主义认为人在此世的生活至关重要。天人相通的修炼只是智识人内在的修身功夫，这并不妨碍智识人履行政治责任，或者说智识人必须履行政治义务。普罗提诺在《论美德》中将美德分为公民美德、净化美德、皈转美德、努斯美德。② 在普罗提诺那里，公民美德是诸美德之基石，是人通神的起点。这意味着，人首先要拥有公民美德，成为一个政治上的好人。

杨布里科在公民美德之前又补充了本然美德、伦理美德和成事之德。这就强化了新柏拉图主义者的在世责任，以免修习者贸然越过公民美德，直奔最高的努斯美德。5世纪，普罗克洛斯大体重述杨布里科的划分，

---

① 普罗提诺：《九章集》（上），卷二第九章"驳诺斯替派"，应明、崔峰译，上海：上海三联书店，2017年，第202—234页。
② 普罗提诺：《九章集》（上），前揭，第18—30页；亦参见韩穗：《Katharsis：新柏拉图主义者如何解释净化问题》，载于《清华西方哲学研究》第二卷第二期（2016年冬季卷），第334页。

差异在于将杨布里科的"成事之德"直接定义为政治美德（vertus politiques）。普罗克洛斯的划分是，本然美德（vertus naturelles）、伦理美德（vertus morales）和政治美德，然后是净化美德、默观美德和通神美德。[1] 如此，新柏拉图主义确立起一个贯通上下的美德之阶梯，而政治美德处于人之天性与成神之间的承接部分。新柏拉图主义要求修习者在转向灵魂净化之前，必须长期地践行政治美德。具体而言，政治美德不脱离古希腊的美德范畴，仍是节制、审慎、正义、智慧、虔敬。

实际上，与神相似（imitation dei）或神化并非普罗提诺首先提出，而是源自《泰阿泰德》（176b）。廊下派就追求与神相似，模仿诸神。不管是其他哲学派别的神，还是新柏拉图主义的神，都不是一个人格化的存在。因此，新柏拉图主义在3世纪中期以后的盛行，并不意味着新柏拉图主义提出了不同于前代哲学的根本目标。毋宁说，面对3世纪大混乱导致的精神失序，新柏拉图主义者意图通过综合各哲学流派，重新奠定人世的精神秩序，其呈现出来的样式是一个纵贯天人的修身体系，以此安顿那个时代困惑的智识灵魂。

因此，新柏拉图主义就如所有哲学一样，禁欲主

---

[1] 谭立铸：《柏拉图与政治宇宙论》，前揭，第9—14页。

义只是其表面特征,内里仍是对智慧的狂热爱欲。波菲利的经历在这个方面具有示范性。据尤纳皮乌斯记载,波菲利跟随普罗提诺学习后,开始厌恶自己的身体,厌恶自己生而为人。然后,独自前往西西里,禁欲苦修。波菲利严禁饮食,差一点死掉。最后,凭借某种神秘的缘分,普罗提诺派人前往西西里,将波菲利从濒死之中拯救出来。然后,波菲利幡然顿悟,原来最高的人神合一,不是要折磨身体,而是要靠明晰的知识思辨。波菲利悟道之后,欣然娶妻,接任新柏拉图主义的掌门人,不再觉得人世难以忍受,而是勤奋地撰书,一方面阐发老师的智慧,一方面大力传播新柏拉图主义教诲。[1] 从实践效用来看,新柏拉图主义的确俘获了大多数智识人。[2]

但是,新柏拉图主义的抱负远不止于此,它不限于安顿智识人的灵魂。它还欲求安顿整个天下黎民百姓的心灵,因而发展出强烈的宗教特性。至3世纪大混乱时代时,异教诸神已经在融合中走过几个世纪。3世纪的大混乱更是加剧了这一过程。整个融合的趋向是将杂乱的异教,融构为一个体系。我们可以称之为,重新为诸神确立谱系。具体而言就是,将帝国境内各民族的神

---

[1] 尤纳皮乌斯:《哲人与智术师列传》,第456—457页。
[2] 布克哈特:《君士坦丁大帝时代》,前揭,第175页。

容纳为一个秩序井然的一神论体系。起初，这是自然而然的过程，很多外来神灵进入罗马帝国广泛流行，希腊的、埃及的、叙利亚的因素互相交织、互相影响。新柏拉图主义者基于安顿黎民百姓心灵的目标，将异教纳入新柏拉图主义体系，将其神学化。其方式是将异教诸神精灵化，精灵作为次要神灵主宰生活的方方面面。这些精灵化的神，在漫长的融合过程中，早已丧失它们本有的召唤力量。因此，传统神话被新柏拉图主义者进行道德化的寓意解释，以宣讲各种道德教诲。同时，新柏拉图主义者积极创作神话，以弥补传统神话之不足。

新柏拉图主义对异教的体系化和精灵化，意在满足普通民众的净化需求和救赎渴望。不过，对这种救赎渴望浪潮做出回应的主要不是普罗提诺，而是杨布里科，尽管普罗提诺那里也有宗教面相。

一般将新柏拉图主义分为两派，一派是以普罗提诺为代表的理智派，另一派是以杨布里科（Iamblichus）为代表的通神术派。杨布里科开创的通神术路向，导致新柏拉图主义被冠以沉溺于迷信和魔法，从而遭到现代学术的严厉批判。更重要的是，尤利安皇帝深深浸染通神术，和他那个时代的通神术大师马克西姆斯关系密切。所以，有必要搞清古人眼中的通神术。

从师承上来说，杨布里科算第三代新柏拉图主义者，是第二代新柏拉图主义者波菲利的高足。一般著作在介绍杨布里科在新柏拉图主义中的地位时，说他的通神术代表了新柏拉图主义的堕落。[1]然而，杨布里科在古代被加以"圣哲"之名，提到他时，一般称作"圣杨布里科"。时至普罗克洛斯，仍以杨布里科为最大的权威之一。既然众多智识人投身于通神术修炼，说明通神术绝非仅仅是迷信和魔法这么简单。

杨布里科大约250年出生于叙利亚的卡尔基斯（Chalcis），比波菲利小13岁，在受教于波菲利时，已极有名声。杨布里科学成之后，返回叙利亚，开创新柏拉图主义的叙利亚学派。杨布里科的创新是为人的成神开出新的路向，即θεουργία（通神术）。这个词最早见于公元2世纪奥勒留时代，迦勒底人尤利安父子所作的《迦勒底神谕》中。该神谕包含柏拉图主义的思想因素，对新柏拉图主义影响甚大。通神术顾名思义，指沟通人与神的技艺。从广义上来讲，普罗提诺的整个思想体系皆属于通神术，毕竟他的思想的终极目标是与神同一。用通神术来命名杨布里科开出的新路向，专指一种独特的路径，即凭靠宗教仪式达至通神目的。依照上文所述，普罗提诺的通神技艺具有极强的理论思辨性，全凭个人

---

[1] *Philostratus and Eunapius*，前揭，第325页。

的理智功夫。从这一点也可以看出，普罗提诺对人的灵魂的强大具有充分的信心，认为人凭靠自身的努力，能够实现与神相通。

前文已经述及普罗提诺的灵魂净化之阶梯，公民之德、净化之德、皈转之德、努斯之德。公民之德的功效在于使灵魂合于节度，即排除身体对灵魂净化的干扰。净化之德是灵魂单独向上飞升，不受身体之污染。皈转之德则指灵魂转向理智，以默观理智。最后，努斯之德在理智界与太一达至同一。因此，普罗提诺指明的是一个由低到高的净化之旅，其间要经过漫长的修炼，并且不能越过任何一阶美德向上攀升。所以，普罗提诺指出的净化之旅具有强烈的律法味道，门徒需依照他指明的路径，勤奋修炼。据波菲利说，达至最终的出神状态难而又难，普罗提诺本人也仅有寥寥几次体验。

杨布里科的《论埃及秘仪》（De mysteriis Aegyptiorum），是对老师波菲利《致阿涅波》一信的回应，是对通神术的辩护。波菲利认为，通神术只能净化大众灵魂的spiritualis，而不能引导大众灵魂的理智，从而达到与神合一。[①] 波菲利坚持认为，对智识人来说，无需凭借通神术，单凭美德就可以实现这一目的。波菲

---

① 参见韩穗：《Katharsis：新柏拉图主义者如何解释净化问题》，前揭，第343页。

利提出两个针对通神术的反击：第一，通神术只有净化灵魂的低阶部分，不能达到与神合一；第二，与神合一只能凭借理智哲学。

杨布里科恰恰持相反的看法。他认为，理性和思辨不能通达神，这种最高阶的净化只能通过通神术才能实现。杨布里科说，就普罗提诺所言的最终出神状态，只能通过祈祷和仪式达到。杨布里科的意思是，并不是完全反对普罗提诺的净化之旅，而是认为从第二本体理智到第一本体太一的归返，不能通过努斯的智性活动完成。杨布里科说：

> 也不是概念将通神师系联于诸神。因为，（若如此），有什么会妨碍静观哲思之人拥有与诸神的通神合一？然而真相并非如此。完成不可说的、其效果高于一切思想之上的神事活动，以及只为诸神所知解的无声的象征力量，这些才能建立通神合一。[1]

实际上，在普罗提诺那里，这最后一阶的归反也语

---

[1] 转引自韩穗：《Katharsis：新柏拉图主义者如何解释净化问题》，前揭，第345页。

焉不详。鉴于太一的不可描述和理智无法认识的特性，从努斯-理智到太一的归反很难依凭理智思辨完成。如果这一步骤能得到清晰的理性说明，新柏拉图主义也就不会有神秘主义气息。因此，杨布里科的通神术并不是反对普罗提诺的体系，而是试图通过宗教仪式操纵灵魂净化的最后一步，从而使得与神相通具有可操作性。换言之，杨布里科并不反对从公民美德到皈转之德的净化之旅，甚至认为那是必要之途，但是，对于如何越过通神之旅的最后一关，杨布里科提出了明确的技艺性方法，此即他的通神术。

这种通神术必定是一种秘术。在杨布里科那里，这种秘术就是新柏拉图主义的秘仪。可以将杨布里科对新柏拉图主义的发展视作后辈愈来愈强烈的通神欲求，意图找到通神的便捷法门。尤利安狂热追随杨布里科的学说和这一秘术的传人马克西姆斯，也正是源于这种最高级的秘术。至于这一法门的奥秘，则没有文献记载，也不可能有文献记载，只能依照只言片语进行猜测。

因此，杨布里科创新的这一层面的通神术，不是波菲利所指的只能完成灵魂的初级净化的那种通神术。波菲利所指那一层面的通神术，是杨布里科通神术的第二层次。换言之，杨布里科的通神术分两个等级：高等级的通神秘术，即这种通神秘术满足智识人的需要；低等级的通神秘术，这种通神术应对普通民众的净化需要。

杨布里科区分了人灵魂的两种状态：灵魂与身体相结合、灵魂与身体相分离。与身体黏合的灵魂，受制于命定的强迫，不得不屈服于各种必然。低等级的通神术应对这种状态，普通民众通过祭祀有形神灵，即被新柏拉图主义精灵化的诸神，以此改善在此世的命运。低等级的通神净化，针对身体与灵魂的黏合状态，以仪式性的宗教祭祀祈求各类守护精灵，如杨布里科所说：

> 通常，由于身体之必需，我们与守护身体的诸神和善的精灵交往。例如，我们会净化身体、使之离于宿昔污染，或消除疾病、充盈身体以健康，或捐弃身体的沉重怠惰、给予身体轻便活力，或为身体获取某种其他的善。当此之时，我们显然不以智性的和无形的方式对待身体，因为身体在本性上并不分参这样的方式；通过分参与身体本性相近者，身体才被有形治愈或净化。因此，出于同样的需求，祭祀仪式必然是有形的。[1]

---

[1] 杨布里科：《论埃及秘仪》，V.16，转引自韩穗，《Katharsis：新柏拉图主义者如何解释净化问题》，前揭，第346页。

身体的污染感和沉重感，显然来源于欲望的沉坠和生活的艰辛。心智高迈的智识人，无需此种仪式来净化身体，他们凭靠诸美德就可以节制身体的各种欲望，获得灵魂的轻盈感和自由感。只有在尘世泥沼中翻滚挣扎的各类普通人，既无理智的心力节制欲望，又无充盈的财富免除为满足温饱的艰辛。在普罗提诺那里，我们看不到对应普通灵魂的这种净化。波菲利坚持唯有凭靠美德和理智方能实现与神相通，是一种强硬的道德主义，实际上将绝大多数既无心力又无欲望的普通人隔绝于净化之外。正是杨布里科的两种通神术使新柏拉图主义成为能应对整个时代需求的周全体系，各类人皆能从中找到满足灵魂需求的方法，从而成为基督教强有力的竞争者。

杨布里科的通神术的问题在于，高等级的通神秘术很难避免被误用。从这种秘术的发展史来看，此种秘术只能凭靠秘传，即一代掌门人传给下一代掌门人。掌门人在传授此种秘术时，显然要看入教者的灵魂资质。低等级的通神术在实践中，往往凭靠各种魔法和幻术来蒙骗普通民众的感官。高等级通神术大师显然也懂得这些魔法和幻术。正是因为这些魔法和幻术，杨布里科的叙利亚学派被现代学者断定为迷信的大杂烩。

总体而言，新柏拉图主义以回应帝国的文明危机为出发点，通过普罗提诺、波菲利和杨布里科三代人的发展，至君士坦丁大帝开启帝国的基督教化进程时，已经发展为一套全面周全的、足以与基督教竞争的哲学－宗教体系。这一体系成为尤利安皇帝发起文明－宗教复兴运动的思想基础，而尤利安皇帝本人算得上新柏拉图主义者谱系中的大师级人物。

3 尤利安的师承

尤利安是新柏拉图主义的第六代传人。同属第六代新柏拉图主义者的尤纳皮乌斯的《哲人和智术师列传》是对新柏拉图主义者谱系的记载。尤纳皮乌斯的这本传记大概类似于基督教中的《使徒行传》或教父列传之类的作品。在尤纳皮乌斯笔下，尤利安皇帝是新柏拉图主义传承的核心人物，其地位类似君士坦丁大帝在基督教中的地位。

大体来说，新柏拉图主义有三个派别：普罗提诺的罗马学派，杨布里科的叙利亚学派和普罗克洛斯的雅典学派，分别支配3世纪、4世纪和5世纪。尤利安皇帝是杨布里科的叙利亚学派的传人。杨布里科算普罗提诺之后的第三代新柏拉图主义者，学成之后回到卡尔基斯，开出新柏拉图主义的叙利亚学派传统。为了回应时代危机，杨布里科遍研古代各哲学流派的经典和宗教传统，意在创建一个无所不包的体系，以满足各类人的灵魂需求。尤纳皮乌斯讲，除了著作的结构和风格之外，杨布里科在任何方面都与老师波菲利不相上下，显得杨布里科不那么注重著作的雄辩性。但这绝不意味着杨布里科不懂得修辞术。尤纳皮乌斯接着说，杨布里科不会强迫读者阅读他的著作，而是通过刺激读者，引起读者的愤怒来吸引读者的注意力。因此，杨布里科回到叙利亚后，很快引来大批学生的膜拜。

需要注意，杨布里科并不是那种满脸愁容，形容枯槁之人。从尤纳皮乌斯的描述中可以看出，杨布里科所展开的生活方式仍沾有苏格拉底的味道，只不过杨布里科发展出一套静思默想的修炼功夫。尤纳皮乌斯记述说，杨布里科一般情况下对学生们有求必应，不惜花大量时间与学生们交谈，学生们也非常陶醉于跟老师谈话。但是，杨布里科总是会抽时间独处。至于独处时杨布里科会做些什么，尤纳皮乌斯没有记载，也不可能记载。苏格拉底也有独处的时候。

对于哲人来说，独处显然是一个静思默想的沉思时刻。学生们对老师在独处时会做些什么，好奇不已，派出最能言善辩的**埃德希俄斯**（Aidesios）去问杨布里科，为何忙于独处，而不是与学生们分享智慧。埃德希俄斯补充说，杨布里科的仆人传言，杨布里科独处时腾空10尺，身体发出耀眼的金光。杨布里科听后，大笑起来，说："这样欺骗你们的那个仆人是个机灵鬼，但事实不是如此。"[①]换言之，杨布里科本人的生活并不具有苦修的悲苦，而是充满欢乐和笑声。总体而言，杨布里科的叙利亚学派并不认为人世生活难以忍受，痛苦不堪。净化灵魂乃是人追求智慧的最高目标，即达至不朽。尤利安有四封给杨布里科的信，现代学者认为这四封信是伪造的，因为杨布里科逝世于330年左右，彼时尤利安皇帝尚未出生。实际上，从这四封信的内容来看，未必就不能出自尤利安之手，因为尤利安完全可能出于对杨布里科的仰慕和敬重，写下这些未发出的、具有祈祷意义的信件。编号为74的信说：

> 我确实已经遵从德尔斐的铭文"认识你自己"，不敢冒犯像您这样伟人的耳朵。因为若某人与您相遇，只瞧一下您的脸也不是件容易的事。当您唤醒您那不朽和谐的智慧时，要是试图胜过您，就更难了，就如看到潘神用他悦耳的歌声引起共鸣，每个人都会给他让路，即

---

① 尤纳皮乌斯：《哲人与智术师列传》，第458页。

便是阿里斯泰乌斯（Aristaeus）本人也会让路；当阿波罗弹奏七弦琴时，即使听众通晓俄耳甫斯的音乐，也会沉默不语。因为差的人，只要他是差的，就应当服从更好的人，这是正当的，也就是说，如果想知道什么适合自己，什么不适合的话。

但是，那些希望将自己的凡间之歌与鼓舞心魂的音乐竞赛的人，肯定从未听说过弗里吉亚人玛尔叙阿斯（Marsyas）的悲惨命运，和以他名字命名的那条河流——这条河流见证了那位疯狂的长笛手所遭受的惩罚，他可能也从未听说过色雷斯人塔米里斯（Thamyris）的结局，他在一个悲惨的时刻，试图与缪斯比赛歌声。我还需要提到塞壬吗？——获胜的缪斯的眉毛上迄今还留着塞壬的羽毛。我提到的每个人，至今仍在按照传统为他们的粗野和鲁莽遭受恰当的惩罚，我也应该守在自己的界限之内。当我尽情享受您的音乐时，保持沉默，就像阿波罗从神圣的居所发出神谕时，静静接受阿波罗神谕的人。但是，由于您用言辞为我提供了歌曲的基调，就像用赫尔墨斯的权杖把我从睡梦中唤醒，让我观看，狄奥尼索斯敲打他的酒神杖,他的信徒狂奔着跳舞,所以让我像那些为唱诗班伴奏的人时刻回应音乐的节奏,我也要制作应答音乐以回应您的琴拨(Plectron)。

首先,让我向您献上首个供品,因为您会享受演说带来的快乐,此篇演说是我最近奉皇帝之名为纪念海峡的壮丽桥梁完工而作,尽管我献给您的供品是将小当成了大,将铜当成了金。不过,我正在尽我所有来款待我们的赫尔墨斯。当然,忒修斯不会鄙视赫卡莱提供的简陋供品,而是知道当需要的时候,如何满足于简陋的食物。牧人之神潘神,也不会太过骄傲,而不去亲吻牧童的长笛。请您以恩慈的精神接受我的言辞,不要拒绝让您大能的耳朵倾听我谦卑的言语。如果这篇演说中有任何聪明之处,那不仅是我的演说的幸运,也是作者的幸运,他得到了雅典娜那一票的支持。如果它作为一个整体还需要继续完善,请您不要拒绝添加您认为该加的部分。从前,应答祈祷者的神站在一个弓箭手旁,将手搭在箭上;再者,当一个吟游诗人正在演奏锡塔拉琴,唱一首高亢动人的曲子时,琴弦突然绷断,皮提亚的神会装扮成一只蝉，发出同样的音调。①

从中，我们可以看出尤利安对杨布里科的虔诚。在尤利安心里，杨布里科的言辞犹如神音，具有魔幻般的引诱能力。尤利安的《赫利俄斯王颂》几乎是依照杨布里科《论诸神》这篇论文而作。

杨布里科最杰出的学生是埃德希俄斯，是杨布里科之后叙利亚学派的掌门人，算第四代新柏拉图主义者。埃德希俄斯传承了杨布里科的通神秘术，但是隐藏了这种秘术。这可能跟杨布里科的另一个学生**索帕特**（Sopater）被君士坦丁大帝处死有关。埃德希俄斯的家庭并不太富裕，杨布里科去世后，他在帕加马教授哲学，帕加马是当时帝国东部的文化重镇之一。尤利安被从尼科米底亚转移到马塞卢姆软禁时，埃德希俄斯正在帕加马。351年，随着伽卢斯被提升为恺撒，尤利安获得行动自由，慕名前往帕加马追随埃德希俄斯，当时后者已经年老多病。在此之前，尤利安已经大量阅读过新柏拉图主义的著作。尤纳皮乌斯说，对4世纪的读书人来说，普罗提诺是比柏拉图更大的权威，②读书人几乎人

---

① *The Works of The Emperor Julian III*，前揭，第237—239页。
② 尤纳皮乌斯：《哲人与智术师列传》，455。

人皆读普罗提诺,远超柏拉图。

尤利安在帕加马如饥似渴地聆听埃德希俄斯的哲学讲座。学习一段时间后,埃德希俄斯推荐尤利安去跟随自己的弟子们学习。尤纳皮乌斯记载道:

> 埃德希俄斯对尤利安说:你也晓得我的灵魂,因为你多次来聆听我的教诲,但你现在想看到它如何受影响的,它的各部分是如何联系,如何与组成它的部分融为一体。但是,亲爱的智慧之子,如果你想成就什么,你灵魂的种种迹象和标记我都能看得出,去找我的学生们吧!他们的智慧宝库中有各种智慧和学问,可以填满你。一旦承认他们的秘仪,你就会为生而为一个人感到羞愧。我希望马克西姆斯能在这,但他眼下正在以弗所。普利斯库斯也已前往希腊。只有欧西比乌斯和克律桑提乌斯在这里,如果你愿意和他们一起学习,就不要打扰我的晚年了。[①]

上述引文中"一旦承认他们的秘仪,你就会为生而

---

① 尤纳皮乌斯:《哲人和智术师列传》,474。

为一个人感到羞耻"的说法表明，埃德希俄斯推荐尤利安去学习的是叙利亚学派的通神秘术。埃德希俄斯这样做不是因为他自己不懂得通神秘术，尤纳皮乌斯明确说道埃德希乌斯通晓这种秘术。埃德希俄斯表面的说法是因为他年老和身体有恙，真实的原因可能是出于审慎。毕竟，尤利安的皇室身份众所周知，而他的兄长此时在安提阿任帝国副帝，统管帝国东部行省。这也说明通神秘术在政治上是危险的。埃德希俄斯一定是发现尤利安的天资适合被引入通神秘仪，所以才鼓励他去追随自己的弟子。当然，埃德希俄斯的弟子们是否会向尤利安传授这种秘术，还要看个人的抉择。

马克西姆斯、普利斯库斯、欧西比俄斯和克律桑提乌斯是埃德希俄斯的四大弟子，算第五代新柏拉图主义者。尤纳皮乌斯是克律桑提乌斯的弟子，跟尤利安是同一代新柏拉图主义者。当时，马克西姆斯在以弗所，普利斯库斯在雅典，欧西比俄斯和克律桑提乌斯恰好在帕加马。所以，尤利安就近去跟随欧西比俄斯和克律桑提乌斯学习。照尤纳皮乌斯的说法，埃德希俄斯的四位高足大体可分为两个类型：马克西姆斯和克律桑提乌斯灵魂类似，对通神秘术非常狂热，热衷法术和预言术；欧西比俄斯和普利斯库斯性情要淡漠些。这四位师兄弟的问学路向大体对应彼时新柏拉图主义内部的两个倾向：

普罗提诺的理智派倾向和杨布里科的通神派倾向。但二者的分野绝非势同水火。普利斯库斯后来是尤利安宗教复兴的重要支持者。尤利安临终时，与尤利安进行灵魂对话的就是普利斯库斯和马克西姆斯。

欧西比俄斯的修辞术造诣很高，谈话极具魅力。尤纳皮乌斯讲，当马克西姆斯不在场时，欧西比俄斯就是最耀眼的明星。尽管尤利安非常敬重克律桑提乌斯，但更喜欢欧西比俄斯。欧西比俄斯在每次讲座结束时，都要强调"辩证式的交谈是唯一真实之物，而欺骗感官的巫术和魔法，是那些被人世物质力量引入迷途之类的疯人的魔术把戏"。这表明，在第五代新柏拉图主义者中间，对于凭靠理智达至灵魂净化和凭靠通神秘术达至灵魂净化仍存在分歧。欧西比俄斯更侧重理智－德行的修身功夫。

欧西比俄斯的频繁强调让尤利安困惑不已，想必尤利安对二者之间的分歧早有思考。所以，尤利安去问克律桑提乌斯，欧西比俄斯这样说是什么意思，因为克律桑提乌斯就热衷于通神秘术。克律桑提乌斯性情克制，没有点拨尤利安，而是将皮球踢回到欧西比俄斯那里。尤利安只得鼓起勇气再去请教欧西比俄斯。然后，欧西比俄斯给他讲了那个著名的故事：

马克西姆斯的天性轻视对这些问题的逻辑论证，而是急匆匆地选了一条疯狂之路。不久前，他邀请我们去赫卡忒神庙。我们到那里后，先敬献那位女神。马克西姆斯说："请坐，朋友们，请看看接下来会发生什么，我比你们有多强。"我们坐定后，他点燃一炷香，背诵一段韵文。然后，庙中的那尊女神像渐渐绽放微笑，并仿佛在大笑。我们都被眼前的一幕惊呆了。马克西姆斯说："不必惊慌，因为你们很快会看到女神手中的火炬会点燃。"还没等他说完，女神手中的火炬燃了起来。那一瞬间，我们对这位变戏法的魔术师充满敬意。但是，不要对这类事情好奇——至少我本人不好奇这类事——而是要相信，最重要的事是用理智净化你的灵魂。①

这是新柏拉图主义罗马学派的观点，认为唯有理智方能实现最高级的净化，杨布里科的通神术只能应对灵魂净化的低阶阶段。尤利安听完后，说道："不，祝您好运，献身您的书本吧。您已经给我展示我一直在寻找的

---

① 尤纳皮乌斯：《哲人与智术师列传》，475。

人。"然后，尤利安直奔以弗所，去追随马克西姆斯，当时最著名的通神术大师。尤利安到以弗所后，马克西姆斯建议尤利安把克律桑提乌斯也召到以弗所。之后，尤利安就跟随这两位通神术大师研习那个时代最奥秘的学问：人与神最高的合一。

这里要强调，尤利安并非直接遁入通神术的奥秘，而是在跟随马克西姆斯学习之前，已经跟随埃德希俄斯和欧西比俄斯苦读新柏拉图主义的经典，尤其是普罗提诺和波菲利的著作。前文已经说过，杨布里科的叙利亚学派并没有摒弃罗马学派的理智派传统，而是在理智派的基础上，对灵魂净化的最后一步存疑，进而提出通神秘术来完成最后一步的净化。就两派的差异来说，普罗提诺的罗马学派显然对人性之坚韧和理智具有充分的信心，认为人凭靠个人卓绝的努力，可以实现最高的认识目的，达到与太一的无我融合。杨布里科的叙利亚学派则对人之理智不那么有信心，指望凭靠某种技艺获得神的青睐，从而实现与太一的融合。两个宗派对与神合一路径的分歧，可以与基督教神学比较。对罗马学派的修习者来说，灵魂净化之旅是一个漫长的孤独寂静之旅，太一不会主动回应修习者的祈祷和恳求。

但是，对叙利亚学派的修习者来说，在灵魂净化之旅的途中，可以期待至高无上的神温情地回应修习者的祈祷。因此,叙利亚学派设想的至高无上的太一,具有某种人格化的特点,否则任何通神技艺都无法影响寂静不动的太一。我们不知道杨布里科是否出于与基督教的上帝竞争的意图,才如此设想至高无上的太一神,但实际上具有类似的效果。对于那些渴求灵魂解脱的普通民众来说,一个能够回应祈祷者呢喃的神显然更具吸引力。不过,不管通神秘术具有多大的功用,叙利亚学派的智识类修习者仍需要极高的形而上学思辨功夫。从尤利安皇帝存世的理论著作《诸神之母颂》、《赫利俄斯王颂》就可以明显看出来。

尤利安皇帝在以弗所第一次见到马克西姆斯时,后者大概40岁。据此推算,马克西姆斯应该见过杨布里科。尤纳皮乌斯亲自见过马克西姆斯,他如此描述这位风云一时的通神术大师:

> 他的双眼似乎生有羽翼……灰色的胡子很长,双眼透露出他灵魂的冲劲。眼睛和耳朵给人一种和谐感。凡是遇到他的人都被这两种感觉迷住,被他迅疾的眼神和语速所压服。即使最有经验的人也不敢在讨论中反驳他。学生们沉默地聆听他说话,仿佛他的话就是神谕。他

言辞的魅力是如此之大。①

在新柏拉图主义的传统里,马克西姆斯被称作哲人。这表明,马克西姆斯并不是像现代学者所说的,仅仅是一位贪图名利、寡廉鲜耻的江湖骗子。尤纳皮乌斯明确说,马克西姆斯是尤利安皇帝的老师。

尤利安在以弗所跟随马克西姆斯和克律桑提乌斯学习3年多。355年11月,尤利安被提升为恺撒,前往高卢就职。在此期间,马克西姆斯和克律桑提乌斯一直待在以弗所,没有像奥雷巴西俄斯那样追随尤利安前往高卢。从尤利安现存书信来看,尤利安在高卢期间没有写信给马克西姆斯。但是,尤利安甫一登基,立即公开信奉异教。新柏拉图主义的关键时刻到来。此时埃德希俄斯已经去世,担负重任的就是埃德希俄斯的弟子们。

尤利安立即召唤马克西姆斯和克律桑提乌斯前往君士坦丁堡,②开展复兴异教的大业。马克西姆斯和克律桑提乌斯为此献祭占卜,征兆不吉。马克西姆斯坚持要前往首都,因为在他看来,这既是复兴异教大业,又是将新柏拉图主义发扬光大千载难逢的时机。曾经的学生现

---

① 尤纳皮乌斯:《哲人与智术师列传》,473。
② 尤利安:Letters 8。

在是帝国至高无上的统治者，还有比这更好的机会？因此，尽管征兆不吉，马克西姆斯坚持要前往，而克律桑提乌斯严格遵从征兆，拒绝前往。照现代人看来，克律桑提乌斯是个死脑筋，不懂得变通。马克西姆斯对克律桑提乌斯说："你忘了，我们所受的教育让我们相信，这是真正的希腊人的职责，尤其是有学问的人，有责任在遇到最初的困难后不屈服，而是要同命定的力量搏斗，直到使它们愿意为你服务。"[①]马克西姆斯这话充满尼采的权力意志味道，意图征服命运。显然，这是因为马克西姆斯有政治抱负，而支持这种抱负的是他所谓的"真正的希腊人的职责"。这种职责源于他们所受的教育，新柏拉图主义者自觉地担负了复兴希腊文明的重任。然后，马克西姆斯像政治人物那样，不断献祭，直到获得前往君士坦丁堡的吉兆。

大约362年1月底，马克西姆斯率领一个庞大的随从队伍前往首都。听闻马克西姆斯抵达首都，尤利安暂停元老院会议，奔到元老院大门口，迎接马克西姆斯的到来。然后，尤利安挽着马克西姆斯的手，走进元老院，向众元老介绍马克西姆斯。尤利安此举有两个目的，一者向帝国内的基督徒表明，他复兴异教的决心坚

---

① 尤纳皮乌斯：《哲人与智术师列传》，477。

定；二者，通过礼遇马克西姆斯，吸引更多的异教智识人支持他的复兴大业。

然后，尤利安也将普利斯库斯召到君士坦丁堡。普利斯库斯当时在雅典任教。尤利安355年在雅典短暂的求学期间，见过普利斯库斯。依照尤纳皮乌斯的描述，普利斯库斯行事谦逊稳重，为人质朴，不尚奢华，性情淡漠。这两位同门师兄弟将成为陪伴尤利安度过余生的人，一直到尤利安战死于波斯前线。马克西姆斯极力建议尤利安强迫克律桑提乌斯到首都来，尤利安甚至亲自给克律桑提乌斯的妻子写了一封信，请求她劝说丈夫务必前来首都。面对种种劝诫，克律桑提乌斯异常坚定，坚决不去，理由是献祭的征兆不吉利。不过，当尤利安任命他为吕底亚行省的高级祭司时，克律桑提乌斯欣然接受。

4 尤利安的新柏拉图主义

尤利安登基后驻留君士坦丁堡期间，一边出台种种改革政策，一边写文章为改革提供理论支持。这期间，他抽空写了两篇很长的论文《赫利俄斯王颂》和《诸神之母颂》。这两篇论文系统地论述了尤利安心中所设想的异教神学体系，称得上是异教版的官方教义问答书。

维拉莫维兹认为，这两篇论文是《反加利利人》的理论基础，从而也是反基督教的理论基础。这两篇论文并非一般意义上的神学论文，而是典型的新柏拉图主义叙利亚学派的神学论文，因此其中充满新柏拉图主义的秘语和宇宙论。研究者普遍认为，这两篇论文皆是依照杨布里科的理论体系而作，尤其是后者的《论诸神》，可惜杨布里科的这篇论文已经散佚。尤利安的这两篇论文是宗教和哲学的杂糅物，不是很好读。

前文说过，新柏拉图主义的叙利亚学派在罗马学派的基础上，以新柏拉图主义的哲学为框架，将整个异教神灵体系化，形成一个附着于哲学之上的宗教体系。具体而言，这个宗教体系中的最高神灵，是**密特拉**（Mithras）。密特拉教是3世纪颇为盛行的一种异教崇拜，好些罗马皇帝跟这种崇拜有关。[1]德尔图良说，密特拉崇拜是对"基督教的一种邪恶的剽窃"，因为它的秘仪让人回想起基督教教堂中举行的圣礼。这种崇拜最初于公元前1世纪引入罗马。起初，这种崇拜跟其他异域崇拜一样，不冷不热地流传，但是到3世纪，最终统治了整个罗马帝国。**勒南**（Renan）说："如果基督教在它

---

[1] 如戴克里先皇帝、君士坦丁大帝，参见布克哈特：《君士坦丁大帝时代》，前揭，第154页。

的发展中患上了某些致命的疾病,那么整个世界就会变成密特拉的。"[1]因为密特拉崇拜也宣称许诺拯救和不朽。

密特拉是波斯古宗教中的太阳神。索罗亚德斯创立袄教时,由于无法取消密特拉,遂为密特拉安排了一个中介位置,即介于**光明神**(Ahura Mazda,即善神)和**黑暗神**(Angara Mainyu,即恶神)之间的首要天使。密特拉还是死者的保护神,站在奈何桥上评断人的灵魂。同时,密特拉也是大地、农业和丰产的保护神,象征物是公牛。随着宗教融合,密特拉演变为太阳神和行星世界的领袖,从而能够与希腊罗马的太阳神勾连起来。到罗马晚期,密特拉的形象和含义变得非常丰富。现存碑铭上刻着"献给无敌的神,密特拉""献给无敌的太阳,密特拉",等等。毫无疑问,无敌的密特拉也是胜利的赐予者,因此分有战神的角色。密特拉成为灵魂的向导,灵魂坠入尘世生活,是密特拉引领它们升到光明之境。这正是新柏拉图主义对密特拉的改造。密特拉的信徒没有基督徒的那种原罪感,只是对尘世的生活感到痛苦不已。因而,密特拉崇拜发展出严苛的苦行禁欲之法,纯化那个时代的道德原则。

尤利安本人是明确的密特拉崇拜者,他在《诸皇

---

[1] *The Works of The Emperor Julian I*,前揭,第349页。

帝》结尾就是向密特拉祈祷：

> "至于你，"赫尔墨斯对我说，"我已经将你的父亲密特拉的知识赐予你，你要遵守他的诫命，在你的一生中为自己找到可靠的支撑，当你必须离开这个世界时，你能满怀希望地将他作为你的守护神。"[1]

因此，《赫利俄斯王颂》也是《密特拉颂》，二者可以等同。这篇文章是献给撒路斯提乌斯的，后者先写了《论诸神和世界》(*On the Gods and the World*)一文。尤利安说，他是花三个晚上创作这篇论文的，每个晚上对应赫利俄斯王的一重创造力量。赫利俄斯王的三重创造力量，对应着他所创造的三个世界。

尤利安开篇即说，他接下来要讲的东西，是对大地上所有动物来说最重要的事情。但是，这些东西对他本人更重要。尤利安非常清楚，他要讲的是新柏拉图主义的宇宙秘学，外人根本无法理解。因此，他说，他要讲的内容仅对他自己来说是可知的。简言之，接下来要讲的东西来自尤利安本人的天眼洞见到的景象。

---

[1] 尤利安:《诸皇帝》，336c。

尤利安本人天性属于哲人。他说，他从孩童起，就渴望太阳神的光线能射进他的灵魂中去。从那时起，他就被太阳神的光亮统治，毫无保留地把自己交给了太阳神。这里所说的太阳神的光线，是一个比喻。可见的太阳神是不可见的理智神的象征。尤利安天生对表象世界背后的本相充满好奇。依照哲学传统，好奇可谓哲人的首要天性。尤利安说，在感受到这种强烈的爱欲前，他从未阅读过一本天象学或哲学的书。因此，尤利安对永恒和不朽的狂热追求，不是源于人世的失意或悲苦，而是源于一种天然的爱欲：他热衷于思索可见世界背后的本相。尤利安认为，唯有不可见世界的那位至高无上的神的智慧，方能满足人对不朽和永恒的渴望。因此，尤利安叛离基督教几乎是必然之事。

尽管尤利安要阐明的天象是他个人所见，但任何拥有神圣灵魂的人都能洞见到这一天象。因为赫利俄斯在某些灵魂中播下神圣的种子，这些灵魂通过所选择的生活方式——即选择侍奉赫利俄斯的生活方式——揭示出最高之神的信息。不过，拥有神圣灵魂的人很少。说完这些之后，尤利安进入正题，要称赞赫利俄斯的本质和起源，他的权力和能量，以及他赐予的神圣礼物。

尤利安遵从杨布里科的体系，将宇宙或整全划分为三个世界：第一个是纯粹理智世界，对应着柏拉图所谓的理念世界，或普罗提诺所谓的努斯世界；第二个世界是太一或善本身所产生的一个中介性的理智诸神世界，由杨布里科构建；第三个世界是可感知的世界。依照普罗提诺的说法，三个世界实际上都是太一流溢的产物。这三个世界又可以分为可见世界和不可见世界。不可见世界包括第一世界和第二世界。可见世界即人类所生活的这个世界。赫利俄斯王在这个体系中居于何种地位，具有何种功能？

总体而言，赫利俄斯是三个世界的王，所以被称作赫利俄斯王。尤利安用王来称呼赫利俄斯，显得整个宇宙或整全奉行君主制。既然是王者，那么赫利俄斯就是整个宇宙的主宰者和统治者。赫利俄斯的这一形象，类同基督教的上帝。尤利安说，赫利俄斯并非最高的神，而是太一之子，赫利俄斯拥有的一切权能皆来自太一。换言之，赫利俄斯王在尤利安的宗教神学体系中的位置，类似于耶稣基督在基督教教义中的位置。依照普罗提诺的说法，太一无情无动，完全超出流变和生成之外。赫利俄斯是太一流溢出的宇宙的主宰者。但是，这不意味着赫利俄斯是宇宙生成之后才诞生的，而是与宇宙的生成同时出现。因此，最终要想与神合一，只能通过侍奉赫利俄斯而达到。

赫利俄斯作为三个世界的王，如何发挥王者的统治功能？赫利俄斯有两重性质：可见的和不可见的，前者对应作为第三世界的可感世界，后者对应第一世界和第二世界。对于赫利俄斯在不可见世界的功能和位置的认识，只能通过对可感世界的分析实现。在可感世界中，赫利俄斯是万物之可见的原因，正是凭靠太阳的光线，万物才被看见。在理智世界中，赫利俄斯也处于类似的位置，作为智慧和真理化身的赫利俄斯是理智世界的原因。正是凭借赫利俄斯从太一那里承继而来的智慧，理智世界的诸理念和诸理智神才获得自己的存在形式。对新柏拉图主义来说，可感世界并不是指人视力所及的世界，而是指月亮以下的世界，实际上就是指地球。

但是，赫利俄斯王的三重身份同时是统一的。尤利安说，赫利俄斯的位置是"中间性"，具有调解和统一的功能。赫利俄斯位于整个理智诸神世界的中间，既与众神交流，同时又管理众神。但是，这个"中间性"不是几何意义上的中间。尤利安说：

> 我们不把"中间性"定义为那种意指离两端距离等同远的东西，例如颜色中，黄褐色或暗灰色居于中间，或温暖是冷和热的中间，以及与此类似的情况，而是指把那些彼此分开的东西联接在一起的情形，例如恩培多克勒用和

谐所指的东西，和谐完全消除了冲突。①

换言之，赫利俄斯作为王者的功能是确保整个宇宙的和谐。宇宙有一种分崩离析的倾向，唯有凭靠这样一个神才能确保宇宙的和谐有序。尤利安继续说：

> 那么，赫利俄斯把什么东西联接在一起，他所处的中间又是什么？我认为，他是在环绕宇宙的可见诸神和那些环绕善本身的无形体的理智诸神之间的中途……统一性的一种将理智世界的所有存在者联接在一起，统一性的另一种将可见世界中的万物联接成整体并赋予它们同样完美的本性——这两种统一性，就是居住在理智诸神之间的赫利俄斯王完美的统一性。②

换言之，赫利俄斯王的中间性具有双重含义：第一，赫利俄斯是三个世界各自的调解者和统一者；第二，赫利俄斯又是三个世界之间的调解者和统一者。这

---

① 尤利安：《赫利俄斯王颂》，138d；中译本见《尤利安文选》，前揭，第69页。
② 尤利安：《赫利俄斯王颂》，139a-b；中译本见《尤利安文选》，前揭，第69—70页。

意味着，赫利俄斯既是一，又是多，具有基督教三位一体式的结构。

尤利安讲完赫利俄斯的本性后，接着讲述赫利俄斯与众神的关系。之所以讨论这个问题是因为，新柏拉图主义确立的异教体系，与古典希腊-罗马传统非常不同。但是，新柏拉图主义又无法像基督教那样直接舍弃这个体系。之所以要在赫利俄斯所代表的理智神之外，创造众多影子式的理智诸神，显然是为了容纳多神论传统。在尤利安笔下，理智诸神界的各理智神，实际上不拥有独立的神性，而是赫利俄斯王的影子，因此新柏拉图主义的神学体系具有明显的一神论特征。基于这种对应关系，尤利安首先提出，所有希腊、埃及和波斯的那些重要神灵皆是赫利俄斯的部分显现。相对于赫利俄斯而言，它们都是一些调解性的精灵，而非具有神的本性。例如，古希腊宗教认为雅典娜是宙斯的孩子，但尤利安将雅典娜视作赫利俄斯拥有理智先见的证明。狄奥尼索斯成为赫利俄斯保持公正的工具，阿芙洛狄忒则是赫利俄斯生发出的一种本质。

赫利俄斯位于理智诸神世界的中间，也具有中介功能，是调解者和统一者。有研究者称，尤利安尽管将赫利俄斯视作三个世界的王，但更侧重理智诸神世界，几乎不注意遥远的理智世界。实际上，完全可以将理智诸神世界与理智世界视作对应关系,或者说,第二世界中的理智诸神就是第一世界诸理念的对应物。谈论一者就是谈论另一者。例如,尤利安在讨论过赫利俄斯在理智诸神世界的功能后,继续谈道:

> 但是,我们必须思考无形体的和理智的形式,还有那些联结物质或实体的可见形式。另外,理智世界是所有环绕着伟大的赫利俄斯的诸形式的最中间者,通过这些围绕赫利俄斯而旋转的形式,质料获得形式:正是由于赫利俄斯的帮助,质料才得以进入存在。①

作为理智诸神之王的赫利俄斯,显然也是纯粹理智世界之王。可以说,前者是赫利俄斯的宗教形象,后者是赫利俄斯的哲学形象,分别对应两类修习者:普通大众和智识人。对于像尤利安这样的智识人来说,显然不会仅仅满足于仪式性祭拜赫利俄斯,而是会上升到纯粹理智世界,掌握赫利俄斯所代表的那种智慧。

不过,总体而言,尤利安这篇论文侧重的是赫利俄

---

① 尤利安:《赫利俄斯王颂》,140d;中译本见《尤利安文选》,前揭,第72页。

斯王宗教形象和能力的建构。比如，尤利安讲道：

> 我们不要将赫利俄斯看成传说教给我们的、让我们感到颤抖的神，而是将他看成温柔的和给人慰藉的神，因为他彻底地将我们的灵魂从生成中解放出来。他没有将他解放了的那些灵魂禁锢在身体中惩罚他们，而是将我们的灵魂带到高处，并提升到理智世界。[①]

赫利俄斯不是无情冷漠的理智神，而是温和的、给人慰藉的神。尤利安赋予赫利俄斯这一特性，显然具有与基督教的上帝竞争的意味。可以说，赫利俄斯就是异教的上帝。

尤利安在《赫利俄斯王颂》中确立的赫利俄斯王的神学体系，具有直接的政治神学功能，即赫利俄斯的王者形象对应罗马帝国的君王形象。帝国的君王既是赫利俄斯王在尘世的象征，又是赫利俄斯王的侍奉者和大祭司。因此，帝国理想的君主是通天达地的哲人王，既向上对诸天负责，又向下对黎民百姓负责。君主统御天下

---

① 尤利安：《赫利俄斯王颂》，136b-c；中译本见《尤利安文选》，前揭，第66页。

的正当性来自于他通天达地的能力，来自对赫利俄斯王的模仿。前文在论述尤利安的王政观时，提到尤利安理想的君主制，是2世纪五贤帝的选任制。依照尤利安的设想，这种政体要想在尤利安之后继续运行，帝国的皇帝将成为不结婚的僧侣祭司。

《诸神之母颂》是一篇依照新柏拉图主义哲学框架解释神话的论文。诸神之母指弗里吉亚的库伯勒，又名库伯勒崇拜，在拉丁世界的名称是**大母神**（Magna Mater）。尤利安有一篇讲辞专门谈神话问题，即《驳犬儒赫拉克勒奥斯》，这篇讲辞的副标题即"犬儒是什么样的和犬儒是否有资格编造神话"。鉴于《诸神之母颂》是对一则神话的解释，我们先来看尤利安对神话的态度，再来分析《诸神之母颂》。通过探究尤利安对神话的态度，可以了解尤利安为何要对神话作哲学性的寓意解释以及尤利安的写作技艺。

尤利安跟从普罗提诺，将神话看作需要哲人解释的寓言。因为神话充满矛盾和荒诞，若是不对之进行哲学化解释，就会将人引向歧途。由于大多数民众只会听从神话，无力听得懂形而上学思辨，所以解释神话至关重要。

《驳犬儒赫拉克勒奥斯》包含三个问题：第一，对犬儒来说，写逻各斯要比写神话更像一个犬儒；第二，如果哲人需要创造神话，该创作什么样的神话；第三，讨论对诸神的虔敬。尤利安首先追溯人类编造神话的起源。要找到第一个编造神话的人根本不可能，这就如同找到第一个打喷嚏的人一样难。因为神话与人共在，没有哪个民族没有神话。尤利安说，人之需要神话，就如同鱼儿穿游、鹿儿突奔是动物的天性。尤利安通过区分灵魂的两种类型来说明神话持存的原因。每个族类皆有其天性，人这个族类的天性是学习、探究知识。尤利安还说，他自己就是这类人。但是，大多数人却是受束缚的人，沉浸在虚假的意见中。这些虚假意见生出种种怪物和荒诞，大多数人就沉浸于这些鬼怪神灵中。相反，真实的知识却被当作幻影和幻象。这就是神话持存的自然基础。换言之，绝大多数人缺乏追求知识和真理的能力。因此，各民族的圣哲才编造神话，以教育民众。尤利安说：

> 如果我必须为编造神话辩护，那么我认为，神话是为那些孩子气的灵魂编写的。如同，当小孩想要抓挠新长出的牙时，奶妈们就会将皮革做的玩具送到孩童手中，让他们沉湎于玩耍，为的是减轻孩童们所遭受的痛痒。所以，这些神话正是为了那些刚开始长出羽毛的

灵魂编写的，尽管这些灵魂渴望知道更多，但还没有能力接受真理，所以只能灌溉它们，就像给干旱的大地浇水一样，我认为其目的是减轻身体的痛痒和灵魂的苦恼。[1]

这段话含义非常丰富。首先，神话具有一种娱乐功能。绝大多数普通人偏爱神话故事带来的愉悦，就如同普通人沉浸于音乐一样。这种娱乐能让人暂时忘却生存的种种艰辛和痛苦。通过着迷于情节扑朔迷离、惊心动魄的神话故事，人暂时疏离当下生存的种种烦恼。对大多数人来说，神话的作用就是如此。如果有人认为，"孩子气的灵魂"会慢慢变得强大，最终不需要神话，尤利安会坚决反对这种看法。因为，"孩子气的灵魂"实际上是一个自然类型。其次，尤利安在这段话中讲到，那些长出羽毛的灵魂也需要神话。这类灵魂在年幼时，还不够强大，无法直面真理，因此需要神话的引导。这类灵魂若引导得好，灵魂的羽翼就会越长越大，进而能向上飞升，直达天际。与这类灵魂不同，第一类灵魂不会长出羽毛，它们永远在尘世的泥沼中摸爬滚打。可以看

---

[1] 尤利安：《驳犬儒赫拉克勒奥斯》，206c9-d2；中译本见《尤利安文选》，前揭，第5—6页。

出，尤利安在这个问题上完全追随柏拉图的看法。

尤利安接着谈到寓言、神话和诗之间的联系。赫西俄德的诗作是寓言，而神话为其提供了娱乐性因素，从而能让民众喜闻乐见。以寓言面目出现的诗歌和夹杂神话的诗歌都是为了劝诫道德。诗人们之所以将这种文学形式放到自己作品中，还有一个原因，即掩盖道德劝诫的意图。民众通过听故事和神话，潜移默化地接受隐含的道德教育。为什么不能公开进行道德劝诫呢？因为民众会嫉妒和仇恨此类圣哲。多数普通人不情愿接受道德劝诫，因此必须通过隐蔽的方式进行。

这也是新柏拉图主义者为何要对传统神话进行哲学性寓意解释的原因。就如同柏拉图在《王制》中要"删诗"，新柏拉图主义也要对传统神话进行"删减损益"，以纯化新的道德。新柏拉图主义感觉仅仅删减传统神话还不够，还需要编造新的神话。这是尤利安这篇讲辞的核心问题。通过讨论犬儒有无资格编造神话，来讨论谁才有资格编造神话。答案一目了然，柏拉图主义的传人才有资格编造。

犬儒派尽管是一个哲学流派，但与柏拉图、亚里士多德代表的哲学，在品质上迥然不同。犬儒派类似于伊壁鸠鲁派，属于哲学派别中的非政治派别，而柏拉图、亚里士多德、廊下派等属于哲学派别中的政治派别。因此，前一类型的哲学流派没有自己的政治哲学，总体上要么否定政治生活，要么对政治生活极为冷淡；后一类型的哲学流派则有自己的政治哲学教诲，认为政治生活非常重要，需要严肃对待。新柏拉图主义显然属于后一类型。

尤利安之所以写这篇讲辞，是因为赫拉克勒奥斯公开做了一次神话主题的演说，这次演说让尤利安非常愤怒。在讲完编造神话的起源后，尤利安展开对赫拉克勒奥斯的批判。首先，区分自由人和奴隶。按照犬儒学派的传统，犬儒显然应该是自由人。这里的自由人与奴隶的区分，是人的自然类型区分，而非现实政治的区分。自由人不需要神话，奴隶才需要神话。由此可以看到，自由人对应前面区分的第二类型灵魂，奴隶对应第一类型灵魂。

如果犬儒是自由人，那就不应该编造神话，而是应该探究真理。有人会提出反论：柏拉图派的哲人也是自由人，为何柏拉图派哲人就应该编造神话呢？尤利安也说，犬儒派编造神话的传统历史悠久，自第欧根尼以来，犬儒们都编造神话。看来，问题的关键不在于是不是编造神话，而是编造什么样的神话。犬儒派编造神话的意图与柏拉图派的意图完全不同，前者的意图是：

> 一方面降低民众对诸神的虔敬，另一方面贬低人类所有的智慧，不仅践踏美好且正义的礼法，而且践踏诸神写在我们灵魂中的圣法，并极力劝服我们相信某个没教养的神圣存在，又要求我们专注于这个神圣存在，甚至要求我们渴望将灵魂出卖给这个神圣存在，就像眼睛渴望光一样。[1]

犬儒派以蔑视城邦礼法、贬低政治生活闻名。但是，尤利安这段话饱含愤怒，直接指向赫拉克勒奥斯。到4世纪时，犬儒学派已经极端堕落，几近于基督徒。这段话中"劝服我们相信某个没教养的神圣存在"，即指赫拉克勒奥斯公开盛赞基督教的神话，劝诫听众将灵魂交给基督教的上帝。作为古希腊哲学流派的后代，4世纪的犬儒如此公开宣称，让尤利安忍无可忍。尤利安接着说道：

> 如果依据自然和神都属神圣的第二律法被废除——这律法命令我们凡事要团结，确保我

---

[1] 尤利安：《驳犬儒赫拉克勒奥斯》，209b6-c6；中译本见《尤利安文选》，前揭，第8页。

们的言辞和行为有秩序，不会使我们灵魂隐秘的能力变得混乱，因为对我们来说，完美的律法是正义的领路人——绝不应该赞美这种行为，也不可随便打几下板子就了事，就如同用献祭来消除罪恶，因为比起这些罪恶来说，惩罚是相对容易的，应该用乱石将做这事的人砸死。[①]

的确，就批判政治生活的世俗礼法而言，犬儒派与基督教有共同的倾向。但是，基督教有建立新礼法的意图，而犬儒派则只有破坏的意图。犬儒派编造神话意在摧毁世俗礼法，而柏拉图派意在保护世俗礼法。这是尤利安与赫拉克勒奥斯针锋相对之处。对于一个天下帝国来说，世俗礼法一旦被摧毁，会有什么可怕的后果？就帝国的危机来说，赫拉克勒奥斯这类犬儒的危害一点也不比强盗小。强盗和犬儒都会毁灭城邦，都不惧死亡，但是犬儒的危害更甚：

> 犬儒们在我们中间以四处游荡的方式讲学，毁灭共同体的礼法，从未介绍过使城邦更

---

① 尤利安：《驳犬儒赫拉克勒奥斯》，209c7-d8；中译本见《尤利安文选》，前揭，第9页。

美好和更圣洁的礼法,而是让政治生活变得更低贱、更可憎。[1]

之后,尤利安通过回溯犬儒派祖师第欧根尼的言行,来批判犬儒派的不肖后代。但是,第欧根尼蔑视城邦和世俗礼法的形象早已有之,尤其是第欧根尼的诸多言辞,充分表明对习俗礼法的蔑视。针对这一矛盾,尤利安说只能从第欧根尼的行动来解释他对诸神的虔敬,而非从其言辞。换言之,尤利安为第欧根尼的辩护,类似于色诺芬在《回忆苏格拉底》中为苏格拉底的虔敬的辩护。尤利安说,第欧根尼前往奥林匹亚的行为显然是出于对宙斯的虔敬。但是,这样的论断很难站住脚。因为第欧根尼去奥林匹亚并非朝圣和献祭。尤利安只得说,第欧根尼的内心必定是出于对诸神的虔敬才前往奥林匹亚。总而言之,这是尤利安的修辞技法,意图确立第欧根尼拥有虔敬之德。尤利安真正要表达的意思是,犬儒派应该专注于逻各斯,不应该编造神话,也没有资格编造神话。

接下来进入整篇讲辞的核心问题,什么人有资格编

---

[1] 尤利安:《驳犬儒赫拉克勒奥斯》,210c1-c4;中译本见《尤利安文选》,前揭,第9页。

造神话和如何编造神话。首先要解决的问题是，什么人有资格编造神话。对尤利安来说，这个问题的答案一目了然，显然是哲人有资格编造神话，但并非所有哲人都有资格，比如犬儒派哲人就没有资格，而像色诺芬、柏拉图这样的哲人才有资格。

要想搞清这个问题，需要探讨色诺芬、柏拉图的哲学是什么。尤利安接下来论述了哲学的组成部分。尤利安将哲学划分自然哲学、逻辑和实践哲学三部分。自然哲学包括形而上学（神学）、数学，研究万物的生成和毁灭，探究永恒和流变，万物的本质。实践哲学研究人的性情、家庭和城邦的治理。逻辑是探究真理时的论证方法，即针对充满争论的意见的武器。作为一种方法，自然哲学和实践哲学都需要它。逻辑与神话编造无关，数学也不需要编造神话。现在只剩下两部分：自然哲学的神学（形而上学）部分和实践哲学。尤利安说，这两部分都与编造神话有关联。实践哲学处理个人事务和政治事务，因而需要编造神话，这很好理解。形而上学（神学）部分为什么也需要编造神话呢？尤利安说，这个部分处理秘仪，从而需要神话。这是典型的新柏拉图主义观点。

作为研究整全之本相的形而上学，在新柏拉图主义那里变成了神学，尽管形而上学思辨的味道没有减损丝毫。依照前文所述，新柏拉图主义在对整全之本相的问题上，向前推进一大步，越过亚里士多德的形而上学的神，假定了一个越出整全之外的最高存在，即太一。新柏拉图主义修习者的目标即达到与这位太一神的相通。不管是柏拉图，还是亚里士多德，都没有说过在探究整全之本相的最后阶段，需要神话。依照柏拉图，"高贵的谎言"仅对政治世界而设。哲人哪里需要什么高贵的谎言？哲人本身不需要，但是传播关于整全之本相的教诲需要神话。尤利安说道：

> 自然喜欢隐藏，那被隐藏起来的神圣存在不能以清楚明白的言辞暴露给不洁净的耳朵。这正是自然的特征，神秘且不可知的自然已经给予我们诸多益处，不仅照料我们的灵魂，而且滋养身体，并使我们认识诸神的本质。我认为，这常常通过编造神话的方法来完成，每当最纯洁的神圣真理被编织进谜语和加入神话中去时，大多数人的耳朵就没有能力听到它们。[①]

尤利安在这里给出了哲学需要神话最为根本的理

---

① 尤利安：《驳犬儒赫拉克勒奥斯》，216c1-c4；中译本见《尤利安文选》，前揭，第15—16页。

由。自然隐藏起来的真理不能暴露给不洁净的耳朵。这里的不洁净的耳朵指没有能力接受真理的普通民众。如果必须传达至高的真理，只能通过神话的方式，因为普通民众没有能力识别神话中夹杂的真理。简言之，编造神话对哲学来说是一种秘传真理的隐微术。尤利安没有解释为何真理不能被明明白白地传达给普通民众。可能的理由在于，若非一个人艰苦卓绝地探索真理，根本不可能理解真理；相反，若直白地宣传真理，普通民众会误解甚至误用真理。

尤利安接着举了一系列例子来说明这种传播真理的神话的特征。最古的例子即柏拉图，安提斯忒涅和色诺芬也广泛运用这种手法。要想获得其中的奥秘，只能精研这类哲人的作品。

> 神话中越发离奇和奇异的隐秘，看起来是越发警告我们不要轻信神话的全部内容，而是要勤奋地研究那被隐藏起来的真理，并绝不要过早地放弃这种努力，直到在诸神的引领下，那些被隐藏起来的存在显露在我们面前。[1]

---

[1] 尤利安：《驳犬儒赫拉克勒奥斯》，217c7-d2；中译本见《尤利安文选》，前揭，第17页。

这就是研读神话的总体要求。尽管每个神话表面上前后一致，事实上神话总是充满矛盾。这些矛盾恰恰是引导认识真理的最佳途径。这些矛盾是神话作者有意留下的，以供有心的读者研究。逻各斯有两种表达方式：一种是简单直白的表达，没有什么错综复杂的东西；另一种是运用形象来表达。除非一个人深谙修辞术，否则根本不能透过形象识别真理。以形象表达逻各斯的方法就是编造神话的方法。编织神话的言辞必须遵循下述原则：

> 一方面，其言辞必须庄重，措辞风格必须尽可能节制、美好，要整个与诸神相称；另一方面，绝不能有卑劣或渎神的以及不虔敬的言辞。因为我们不应该成为民众对诸神傲慢的源头，甚至我们应该首先与民众一起表达对诸神的虔敬。因此，措辞一定不能有与刚提到的不一致的东西，而是所有言辞要庄重、美好、崇高、神圣和纯洁，与诸神的本质全能相一致。①

这是对编造神话的言辞要求，或者说神话的表面。

---

① 尤利安：《驳犬儒赫拉克勒奥斯》，218c5-d5；中译本见《尤利安文选》，前揭，第18页。

这种表面的言辞掩盖了神话中的矛盾之处，这些矛盾之处"必然被看作一种有益的恩惠，以至于不需要从某个外在的权威那里获得提醒，而是从所讲的神话中就可以求得隐秘的教诲，靠着诸神的引导，热心地追求知识"。接着，尤利安对如何从神话中获得隐秘教诲，做了一个简单的示范。他分析了赫拉克勒斯和狄奥尼索斯的神话。先来看尤利安分析神话的原则：

> 无论何时，关于神圣事物的神话与理智的思想不一致，但由于这一点，某些人大声疾呼，要求我们不要轻率地相信神话，而是要研究和仔细地探究它们隐秘的含义。在这样的神话中，那些不协调的因素恰恰比庄严且坦率的言辞更有价值，尤其是当后者被用来描述诸神的美好、伟大和善时，就会有种危险，其实它们依然是指人类。当意思被不一致地表达时，就有这样一种希望：一般人会轻视这些不一致的言辞的意思，这时，纯粹理智可能对诸神本性提出超越所有存在物的特殊理解。[①]

---

① 尤利安：《驳犬儒赫拉克勒奥斯》，222c6-d5；中译本见《尤利安文选》，前揭，第22页。

再来看尤利安对两则神话的分析。据神话讲，赫拉克勒斯是阿尔克墨涅所生，幼年时与凡人无异，历经种种教育和磨炼，然后建立种种伟大功业，凭靠自身王者般的美德，晋升为奥林匹亚诸神的一员。赫拉克勒斯的王者形象，早在第二代智术师之时就已经得到确立。神话讲，赫拉克勒斯曾去寻找金酒杯，实际上根本不是为了金酒杯，而是为了穿越世界的尽头。穿越世界的尽头是探究世界的知识的隐喻性说法。因此，赫拉克勒斯成神的根本原因不是神话所述的种种功业，而是他的神圣智慧，这一神圣智慧来自至高神。赫拉克勒斯由人入神的神话，实际上讲的是哲人成神的经历。

狄奥尼修斯诞生的神话说，狄奥尼修斯不是一个妇人所生，而是诞生自宙斯的大腿。尽管塞墨勒孕育了狄奥尼修斯，却并未生下他。塞墨勒要求面见宙斯，却被宙斯用雷电击毙。这表明塞墨勒太过脆弱，无法承受宙斯的雷电。尤利安在解释赫拉克勒斯的神圣智慧的来源时，说宙斯通过雷电召唤赫拉克勒斯。赫拉克勒斯正是由于看见这一神圣火光，才具备了神圣的智慧。因此，塞墨勒被雷电击毙可以理解为她不能承受神圣智慧。尤利安这样解释，切断了塞墨勒与狄奥尼修斯的关系。

塞墨勒是月神，依照新柏拉图主义的宗教体系，月亮以下的世界为物质世界，因此月神无法承受神圣智慧。塞墨勒因面见宙斯而被雷电击毙隐喻人与诸神相通的渴望，但并不是所有人都有能力与神相通。结合尤利安对赫拉克勒斯神话的解释，赫拉克勒斯所代指的那类哲人才有这种能力，塞墨勒所代指的那类人则没有。因此，宙斯创立酒神秘仪，塞墨勒成为酒神秘仪的第一位祭司。尤利安看来，酒神秘仪的迷狂包括两类：一种是激情的迷狂；另一种是理智的迷狂。塞墨勒是第一种类型，赫拉克勒斯是第二种类型。

这就是尤利安对神话的态度。尤利安不厌其烦地强调，要注意神话的隐秘含义，不要盲目地轻信。尤利安乃至新柏拉图主义如此解析传统神话的意图，意在针对基督教对希腊-罗马传统神话的攻击，为后者辩护。若这些神话被基督教批驳得一无是处，希腊-罗马的文明传统将完全崩溃。因此，通过这样的解析告诫不明就里的读书人，传统神话并非如敌人所攻击的那样荒谬不堪，而是隐藏着至高智慧。通过研习这些神话，完全可以掌握至高的智慧。依照尤利安的说法，既然编造神话的圣哲意图隐藏真理，那么，尤利安如此公开地解析神话背后的真理，岂不是违背传统，有泄露秘密之嫌疑？尤利安会说，他只是强调神话具有隐藏的智慧，却没有透露这种智慧是什么。不管是对赫拉克勒斯神话的解析，还是对狄奥尼修斯神话的解析，都没有谈及那种

"神圣智慧"是什么。

现在返回到《诸神之母颂》看尤利安如何解释库伯勒神话。库伯勒崇拜，又名大母神崇拜，是罗马人接受的第一个来自东方的宗教崇拜，公元前3世纪就已进入意大利半岛。罗马人引入库伯勒崇拜跟罗马历史上最大的危机有关。第二次布匿战争爆发后，汉尼拔率领大军翻越阿尔卑斯山，如雄狮般直扑意大利。罗马连战连败，陷入巨大的恐慌之中。他们请问神谕，得出的结论是，应当引入库伯勒崇拜，才能击败迦太基人。陷入绝望的罗马人立即派使节到弗里吉亚的帕加马王国去请求引入大母神崇拜。罗马引入大母神之后，战争局势开始有所转机，直至转败为胜。库伯勒由此得到罗马人顶礼膜拜。一开始，库伯勒被供奉在胜利女神神庙。前191年，罗马专门为库伯勒建立了神庙。从此，库伯勒崇拜在罗马大盛。

到3世纪中期，大母神崇拜已经与密特拉崇拜融合。大母神崇拜的祭司阿提斯（Attis）已被归为密特拉的属性。尽管这篇颂词赞美的是大母神，但尤利安更多关注的是阿提斯。原始的库伯勒神话是一个复生神话，象征季节的更替，由死到生的过程。这个神话的大体内容是，阿提斯是在亚洲弗里吉亚伽卢斯河边出生的一位神，长得非常俊美。诸神之母爱上了他。但是，阿提斯却爱上了一位洞穴仙女，并与洞穴仙女结了婚。诸神之母对阿提斯下了诅咒，阿提斯发疯自宫，因流血过多而死。三天之后，阿提斯复活。

因此，这个神话实际上是关于阿提斯由生到死，再由死到生的复活神话。换言之，阿提斯隐喻的是人的灵魂的旅程。尤利安利用他的新柏拉图主义功夫，对这个神话进行了哲学性的寓意解释。库伯勒被解释成理智世界的最高原则，是理智诸神的源泉。阿提斯则是理智世界的第二位原则，生出可见世界，赋予可见世界秩序。但是，阿提斯具有沉坠到物质世界即他所创造的生灭世界的倾向，如神话中降临到洞穴与女神结婚。库伯勒促使阿提斯回忆起自己神圣的起源，后者的自宫象征切断与物质世界的联系，重新回到库伯勒的理智世界。经过尤利安的哲学化解释，库伯勒神话具有了完全不同的意味。

尤利安首先说，波菲利曾写过一篇论文对大母神神话进行哲学解释。这再次表明对传统神话进行哲学性的寓意解释，乃是新柏拉图主义的一个传统。尤利安说，阿提斯代表生成性的本质和创造性的理智，是月亮之下的地球世界的原因。但是，阿提斯的这种本质和理智并非自有，而是源自月亮之上的更为神圣、更加纯粹的区域。依照《赫利俄斯王颂》中的解释，那个区域是理智世界。依照希腊古典哲学，尤其是亚里士多德的形式与质料的理论，物质是质料与形式的结合。但是，诸形式的起源是什么？亚里士多德的说法是，形式的所在是灵魂。但灵魂显然是原生的，也是被造的。因此，诸形式具有更高的起源，即更加神圣的理智世界。阿提斯来自那个世界，负责为整个物质世界赋予理智。因此，尤利安通过解析神话，不单单是在将库伯勒神话哲学化，也是在进行形而上学思辨。

阿提斯从理智世界降生，负责统管物质世界。换言之，阿提斯象征的是理智世界与物质世界的联结者。诸神之母则象征理智世界的源泉，是理智世界的创造者。基于阿提斯从理智世界诞生，实际上诸神之母与阿提斯是一种母子关系。所以，神话中所说的诸神之母对阿提斯的爱，就不是一种激情之爱，而是一种冷静的理智之爱。但是，阿提斯具有沉坠的倾向。神话中所谓的诸神之母劝诫阿提斯不要离开她或爱上别人时，其寓意是诸神之母作为理智世界的源泉，比阿提斯所代表的物质世界更强大，后者理应遵循前者。尤利安实际上想要讲的是，身体理应服从灵魂。但是，阿提斯仍然降临到物质世界，不能自拔。

神话说，他降临到洞穴里，与洞穴仙女结婚。这个细节寓意阿提斯受诱惑沉迷于生灭界。诸神之母派了狮神去唤醒阿提斯。狮子是库伯勒崇拜的标志性动物。这里的狮神是指赫拉克勒斯。阿提斯通过回忆天界的真实醒悟后,对自己的沉沦悔恨不已,以至发狂,进而自宫。阿提斯自宫后,因失血过多而死。诸神之母凭靠强大的权能和冷静的爱,让阿提斯三天后复活。阿提斯重启归返整全的旅程。阿提斯由生到死、由死到生的复活旅程,有两层寓意:第一,阿提斯的历程实际上是人的灵魂的历程。人的灵魂具有高贵的起源,来自至高的理智世界。它下降到物质世界,与身体结合。神话所谓的阿提斯降临到洞穴,即寓意身体。灵魂与身体结合之后,逐渐遗忘自己的高贵起源,从而沉迷于物质世界。赫拉克勒斯所寓指的哲学,让人重新想起自己的高贵起源,从而经过毅然决然地克制身体欲望,灵魂重新飞升,归返至高的理智世界。

第二,阿提斯的复活故事,可与基督教圣子的复活形象展开竞争。但是,两种复活的差异非常明显。阿提斯的复活终究凭靠自己的努力,并没有预设一个死后世界,而是着力在此世生命时,通过哲学完成灵魂的复活,归返至高的理智世界。

尤利安在这篇颂词的结尾如此祈祷:

愿您赐予所有人幸福,给予诸神最高的幸

福和最高的知识；愿您使罗马人民净化他们那不虔敬的污点；赐予他们福佑，帮助他们引导帝国直至数千年！至于我自己，作为我对您的敬拜的恩赐，请准许我拥有关于诸神的教义的真实知识！让我在通神术上变得完美！我承担着管理帝国的重任，愿您赐予我美德和好运，愿您使我们生命的终结是平静的和荣耀的，带着美好的希望，旅行到您和诸神那里！①

尤利安在《驳犬儒赫拉克勒奥斯》中编造过一个神话。在论述完编造神话的种种原则后，尤利安对当时犬儒的生活方式进行了刻薄的嘲讽。他为犬儒生活方式的堕落愤怒，因为犬儒竟然堕落成了基督徒僧侣，为基督教的神话大唱赞歌。然后，尤利安以身作则，编造了一个神话，以告诉犬儒该如何编造神话。这个神话很简单，主题是王者的虔敬。这则神话说，有一个非常富有的男人，有成群的牛羊，还有众多牧人。这些财产都继承自他的父亲。他的父亲有好几个妻子，子女众多。父亲在死前，将财富分配给诸子女。这里意指得非常直

---

① 尤利安:《诸神之母颂》，180a1-c4；中译本见《尤利安文选》，前揭，第214—215页。

白,"非常富有的男人"是君士坦提乌斯二世,他的父亲即君士坦丁大帝。所以,神话接下来说,那位父亲以为仅凭儿子众多就可以保存财富。结果每个儿子都想独占财富,引发兄弟相残。这是对君士坦提乌斯二世三兄弟争夺帝国统治权的影射。

尤利安说,君士坦丁家族之所以有这样的灾祸,在于亵渎诸神,显然意指君士坦丁大帝扶正基督教,打压异教的政策。这时,诸神之王宙斯起了怜悯之心,要求赫利俄斯派遣一位拯救者前去拯救罗马帝国,这个拯救者就是尤利安。当时,尤利安还是一个小孩。宙斯三次命令赫利俄斯,后者都保持沉默。因为,赫利俄斯早已选定尤利安做他的侍奉者,即尤利安命定是哲学的追随者。但是,迫于帝国的危机,赫利俄斯不得不忍痛割爱,派遣尤利安去拯救帝国。

5　尤利安对基督教的批判

尤利安一登上帝位,立即公开恢复对异教诸神的敬拜。阿米安努斯说,尤利安为了增强这些措施的效力,将基督教的主教们和被判为异端教派的领袖召集到首都,温和地劝诫他们放弃分歧,和谐相处。阿米安努斯补充说:

在这一问题上,尤利安立场坚定。他的意图在于,通过赋予各教派自由,将激化基督教各派之间的倾轧。如此,他就不必再担心民众团结起来,因为他从经验中懂得,没有哪种野兽像大多数基督徒那样对彼此恨之入骨。[1]

362年6月17日,尤利安颁布著名的教育法令:

> 学者和教师应首先在道德、其次在修辞上出类拔萃。但是,由于我不可能亲临每个城市,我命令,不管谁想从事教育,都不应草率地或不谨慎地选择这一事业,而是应该得到各地市议会的批准和法令,得到大家的同意和最好之人的许可。因为这法令乃奉我之名发布,所以教师若在城市里的学校中任教,需得到我的批准,以作为更高的嘉许。

尤利安的法令要求,首先,教师要有道德品质;其次,各城市元老院将许可教师任教的事务交由尤利安批准。这里对教师道德品质的要求,显然不是说之前的基

---

[1] 阿米安努斯:《罗马史》,22.5.4。

督徒教师缺德，而是要求教师践行异教的道德。鉴于基督徒教师不可能转奉异教道德，所以这一点实际上是将基督徒逐出了教育领域。关于第二个要求，可以想象，尤利安亲自批准帝国所有教师的任命状，是多么耗费精力的事。不过，这也表明尤利安认为争夺对民众的教育权至关重要。与之前的皇帝凭借暴力迫害基督徒不同，尤利安推行的是更长远的计划。他认识到，单靠武力迫害不能解决基督教问题，必须与之展开真正的竞争，与基督教争夺智识人和民众的灵魂。关键就在于教育。

因此，尤利安一方面将基督徒逐出教育领域，另一方面大力复兴古典希腊的教育。与暴力迫害基督教相比，尤利安的做法才是基督教真正的劲敌。假以时日，一代人靠古希腊的经典和异教教义成长起来，再加上帝国中央权力的大力支持，战胜基督教并非不可能，甚至有极大的希望。尤利安的这一法令令基督教教会领袖暴怒不已。基督教的史家们往往将尤利安的这一法令视作他的首要罪状。由此可见，这一法令的确击中了基督教的要害。

这一法令发布时，正值各学校的暑假。这一法令的要求看起来非常明确，实际上对于时人而言想必一头雾水。对教师的道德是否合格的判定，由各城市来决定，还是由帝国中央政府决定？教师需要拥有的道德具体所指究竟为何？对教师的道德要求，只是指新任教师，还是涵盖帝国的所有教师？如果包含所有教师，这一法令就意味着对帝国所有教师进行道德审查。要不要审查私人教师？而聘请私人教师的恰恰是富贵之家。教育包罗万象，各科目如修辞、医学、法律、哲学的教师都要满足法令的要求，还是只有某些科目的教师需要？

这一法令发布之后，尤利安很快出台了对这一法令的详细解释。尤利安说，真正的教养不在于掌握高雅的语言，而在于对理性的正确态度，对善恶、美丑有真正的认识。所以，教师若私下信靠某种观念，却公开教授相反的观念，不仅没有教养，而且不诚实。这是在欺骗学生。所以，任何科目的教师必须是正直之人，尤其是文法老师和修辞老师要做到这一点，因为他们给学生教授古典诗文，不仅教授言语表达，还塑造学生的品格，因此至关重要。

对古代经典作家来说，诸神是一切教养和文化的开端，他们的著作中大量提到诸神。基督教教师在给学生展示这些作品的同时，却攻击古代诸神，是非常荒谬的。4世纪时，基督教的教育与异教的教育还没有严格区分开，好些基督教教父浸染古典希腊文化颇深，尤利安自己的教育经历也表明，他的启蒙教师尽管是一位基督徒，却引导他读荷马等古希腊作家。但是，基督教教师在面对古典作品中的诸神时，免不了批判和攻击诸神，以基督教对神的理解取而代之。对古希腊文明来说，若从经典作品中驱逐诸神，整个文化大厦也就会崩塌。尤利安的这一法令正是针对这一现象而设，所谓的对教师道德的要求，首先就是诚实和正直。尤利安说：

> 我认为，正确教育的结果，不是花大力气让语言匀称，而是培育精神健康之人，我所谓的精神健康指对善恶、高贵与卑贱有准确的认识和理解。因此，当有的教师心里信靠某事，嘴上却教给学生另一件事，在我看来，这样的教师就没有做到教师的职分，他也不是一个诚实之人。如果一名教师的内心信念和言辞的不同仅涉及琐碎之事，那么这还可以容忍，尽管这样做也是错的。但是，在涉及最重要的事情上，教师的信念和教授的东西相反，这就不单单是商人的行为，不单单是不诚实，而且是卑鄙无耻，即高度称赞他们认为毫无价值之物，通过这种称赞来欺骗和引诱那些他们渴望改变的学生。
>
> 所有从事教育的人应该拥有正直的品格，不得在灵魂深处持有与他们公开宣称的冲突的

观点。尤其是，我认为，那些与年轻人交往密切、教他们修辞术的教师应拥有正直品格。因为他们的重心在于解释古人的经典，不管他们是修辞家还是语法学家，若是智术师就更应如此。因为这些人声称教授的东西，不仅有言辞的运用，还有道德伦理，他们声称政治哲学是他们的独有领域。暂且先不管这个说法是否真实。但是，当我称赞他们追求如此高的东西，我应该称赞他们更多，如果他们没有讲假话，没有心里想的一套、教的却是另一套。

什么！难道不是诸神将学识启示给荷马、赫西俄德、德摩斯忒涅、希罗多德、修昔底德、伊索克拉底和吕西斯？难道不是这些人认为，他们一些献身于赫尔墨斯、另一些献身于缪斯？我认为，那些解释经典作品的人不尊敬他们应当尊敬的诸神是荒谬的。不过，尽管我认为这是荒谬的，我却没有说他们应该改变信仰，再去教育年轻人。相反，我让他们选择：要么放弃教授他们不敬重的内容；要么，如果他们仍想教书，就必须真正地向学生说明荷马、赫西俄德以及任何古典作家绝非不虔敬，他们关于诸神的观点绝非愚蠢和错误。那些教师靠这些作家的作品谋生并获得报酬，虽然他们承认贪财是最可耻的，却为了几个德拉克马，什么都愿意忍受。

的确，直到现在，他们都有诸多借口不进神庙，隐藏对诸神的真实看法。但是，既然诸神赐予我们自由，那么在我看来，教师教授他们所不信的东西实在荒谬。但是，如果他们相信他们解释的作家和守护的作家是智慧之人，他们应该首先效仿古典作家们对诸神的虔敬。如果他们认为，那些作家对诸神的观念是错的，那就让他们到加利利人的教堂去解释马太和路加，因为当加利利人禁止信徒进入我们的神庙时，他们遵从的就是马太和路加。就我而言，我希望你们的耳朵和舌头可以重生，正如你们所说，在对诸神的信念上，愿你们的所思和所行能令我喜悦。

关于宗教和世俗的教师，应规定下述普遍条例：每个渴望上学的年轻人都不被排除在外；当然，让那些仍然无知的不知该如何选择的孩子远离最好的道路，违背他们的意志强迫他们接受祖先的信仰，并不合理。但是，应该治疗这类孩子，即使是违背他们的意愿，就像治疗精神病一样,除非我们纵容这种疾病。因为我认为,我们应该教育精神错乱者,而不是惩罚他们。①

阿米安努斯评价尤利安的这条法令"不近人情,应被永远埋葬",②他的意思是,尤利安这条法令太过严厉。的确,这是一条非常严苛的法令,势必在教育领域掀起一场大地震。但是,若不如此,如何能取得对帝国臣民的教育权?基督徒教师进入公共教育领域,已有一代人之久。尽管此时公共教育的主要内容仍是古典作家,但是基督徒教师一边讲授古典作品,一边用基督教上帝取代诸神,假以时日,希腊文明的根基就会被蚕食殆尽。一种基于基督教上帝的道德就会成为道德标准。

阿米安努斯的史书写于公元4世纪晚期,其时基督教已经取得绝对优势。阿米安努斯对尤利安教育法令的批评,可能跟整体氛围的变化有关,导致他不得不批评尤利安。或者阿米安努斯对帝国文明危机的严重程度感受不如尤利安那样迫切,认为通过宗教宽容就能挽救异教濒临灭亡的命运。但是,尤利安皇帝却对此种严重性

---

① 尤利安, *letters 36*。
② 阿米安努斯:《罗马史》,22.10.7。

深有体会，他几乎是以时不待我的心态出台种种政策。这可能是尤利安留给世人没有耐心、追求目标时过于匆忙这一印象的根源。对于罗马帝国的异教文明来说，所剩时间的确不多了。不过，尽管充满紧迫感，尤利安的政策和法令绝非鲁莽之举。

尤利安的这个法令不仅针对基督徒教师，还针对基督徒的子女。众所周知，家庭教育非常重要。基督徒父母必然向子女传授基督徒的信仰。基督徒教师被逐出公共教育后，那基督徒的子女的公共教育怎么办？尤其是那些身处社会上层的基督徒家庭，他们身居高位，一旦让子女脱离公共教育，某种意义上也就被逐出了统治中心。因此，基督教作家说尤利安这个法令用心险恶。的确如此，它看起来是和平的方式，实际上要比暴力迫害的威力大得多。可以设想，短时间内部分信仰坚定的父母不会将子女送到公共学校。

但是，这不太可能持续太长时间。除非他们逃离罗马帝国，否则，一旦被排除出公共教育领域，就将成为帝国境内的边缘人。世界历史上的宗教改宗现象，可充分证明这一点。没有哪个群体能主动长期隔离于主体社会。所以，尽管尤利安的教育法令丝毫没有提及学生的问题，但包含逼迫基督徒子女改宗的问题。所以，对基督教来说，尤利安的这一法令，不仅意味着基督徒教师被逐出公共领域，而且意味着逼迫统治阶层中的基督徒进行一个抉择：隔离于统治阶层还是融合于统治阶层？只要成功迫使上层基督徒子女改宗，基督教就会变成一个边缘性的教派。

除了以政治方式限制基督教，尤利安还以理论的方式批判基督教。教育法令发布半年后，尤利安利用政务闲暇写下三卷本《反加利利人》。利巴尼乌斯说，这部作品写于尤利安驻留安提阿时。现存的《反加利利人》的文本仅是第一卷的残篇，辑录自亚历山大里亚的西里尔（Cyril of Alexanderian）驳斥尤利安的作品。1638年，施潘海姆（Spanheim）首次出版这部作品的希腊文版本，1880年，诺依曼（Neumann）依照施潘海姆版，重建第一卷的文本，使其变得可读。

在尤利安之前，最为著名的宗教批判是伊壁鸠鲁主义的宗教批判。伊壁鸠鲁主义传统上被称作快乐主义传统。这种主义的教诲宣扬唯一的目标是快乐，任何一种快乐本身即为善，任何一种痛苦本身就是恶。不过，人并不追求所有快乐，也不躲避一切痛苦。因为若是为了获得更大的快乐，暂时忍受痛苦也是值得的。反之亦然，若为了避免经受更多的痛苦，远离某些快乐是有利的。由于快乐和痛苦从来都是形影相随，所以，获得最大的快乐就要求一种审慎的权衡。

但是，伊壁鸠鲁主义不认为最大的快乐是一种快乐和痛苦的混杂状态，相反，最大的快乐是没有丝毫痛苦的至纯的快乐。最能危害快乐之纯粹性的就是对往昔痛苦的回忆以及对未来痛苦的预感。因此，为了确保最大的快乐，必须消除对往昔痛苦的回忆和对未来痛苦的恐惧。但往昔的记忆中除了痛苦外，还有快乐的回忆。这种快乐是确定无疑的。人可以常常满怀甜蜜地回忆过去的种种欢乐，但伊壁鸠鲁没有交代如何避免回忆往昔的痛苦。实际上，人对已经发生之事无能为力。与对过去的回忆相比，对未来痛苦的恐惧会极大威胁当下对快乐的体验。

因此，伊壁鸠鲁主义将全部精力投入如何消除这种对未来痛苦的恐惧上。这种恐惧中最大的恐惧是，对诸神及死亡的恐惧。只有消除了对那些被认为是可怕事物的恐惧，人才能从恐惧中解脱出来，获得快乐。伊壁鸠鲁主义的自然哲学和物理学就是为这个目的服务：它们试图证明令人感到恐惧的诸神根本不存在，即便存在，也毫不关心人类。因此，伊壁鸠鲁主义的宗教批判是为了获得人之幸福而服务。如果有一位神全能、仁善、正义，从来不会恐吓与惩罚人类，那么伊壁鸠鲁的宗教批判就不再必要。正如德尔图良在反驳灵知派的马克安主义时说，马克安主义就是一种隐秘的伊壁鸠鲁主义。因为马克安主义要求的上帝完全仁善,不会给人带来任何痛苦,只给人福乐和喜悦。[1]

霍布斯是现代从哲学或科学角度批判宗教的第一人。他批判的主要对象是基督教,但不限于基督教。因为他认为基督教是宗教的最高形式,因而他的基督教批判也是对一切宗教的批判。霍布斯认为,宗教和科学是两种截然不同的思维方式,但他不是从生活方式的角度评判二者,而是从宗教和科学哪一方有益于政治的角度出发。霍布斯的结论是,科学才有益于政治,从而有益于人的幸福,宗教除了允诺人的幸福外,什么也无法实现。霍布斯宗教批判的基础在于他的政治论和人性论。霍布斯构建的绝对王权国家要求最高的权威是君主,这意味着民众除了服从君主外,不得服从任何超政治的权威。只有驳倒了基督教的上帝,霍布斯的政治才可能实现。

伊壁鸠鲁主义和霍布斯的宗教批判都以科学或哲学为工具,他们的批判不是出于哲学生活方式和宗教生活方式的对立,而是为了科学或哲学之外的某个目标。尤利安对基督教的批判没有运用哲学,而是一种政治批判

---

[1] 施特劳斯:《斯宾诺莎的宗教批判》,李永晶译,北京:华夏出版社,2012年,第一部分。

或者说道德批判。他没有批判所有宗教，而是仅仅批判基督教。即便在批判基督教时，也没有将矛头指向上帝的虚假。

尤利安之前，波菲利也写过一部《反加利利人》，不过已经散佚。尤利安肯定读过，因为公元448年，波菲利的这部著作才被皇帝下令烧毁。据现代研究者说，波菲利的《反加利利人》是驳斥基督教最严肃、最彻底的文献，同时对基督教也最公正，因为波菲利没有嘲笑基督教。与之相比，尤利安这部驳基督教的书，则夹杂对基督教的嘲讽。波菲利的公正不代表他敬重基督教，毕竟波菲利的时代恰好是迫害基督教的时代，后者距离成为合法宗教还遥不可期。实际上，波菲利作品取名为《反加利利人》就已经表明他对基督教的蔑视。

众所周知，耶稣是加利利人。但是，在基督教教义里，耶稣从来不是一个凡人，而是神子。在尤利安时代，基督教已经坐大，成为异教最有力的竞争对手。简言之，尤利安嘲笑基督教不意味着他的批判缺乏公正，毕竟单靠嘲笑不可能驳倒基督教。在尤利安看来，不公正的一方恰恰是基督教。他说：

> 我意在处理基督徒所有重要的教义，正如他们称呼的那样，我希望首先说明：如果读者

> 试图反驳我，必须像在法庭上那样行事，不要牵扯其他不相干的东西，或如俗话说的，要公平交易，直到他们已经辩护了他们的论点。因为这才是更好的和更清晰的，如果他们想要谴责我的任何论点，就得将其当作一个独立的任务，若他们通过反驳我的指责来为自己辩护，就没有公平交易。[①]

显然，尤利安力求做到公正。这表明尤利安对自己的批判极为自信。尤利安一开始就鲜明表达了自己对基督教的态度。他说，耶稣基督是一个谎言，并且是一个毫无神圣性的谎言。他的意思不是说，众使徒凭空捏造了耶稣这个人物，耶稣的的确确存在，而是说将一个人称为神，是最卑劣的谎言。这个谎言之所以广为传布，是由于基督徒利用了愚蠢者易于轻信的灵魂。在尤利安之前，基督教教父亚历山大的克莱门（Clement of Alexandria，约150—220年）在《劝勉希腊人》中驳斥过希腊诸神，认为他们皆是虚假的，不可信。双方都指责对方的神是虚假的，并且尤利安承认克莱门的驳斥是

[①] 尤利安：《反加利利人》，41e1-42a1；中译本见《尤利安文选》，前揭，第130页。

对的，尤利安明确承认：

> 事实上，希腊人关于诸神的神话都是不可信的。因为他们说克罗诺斯吞食了他的孩子，又把他们吐了出来。他们甚至讲到一些违背礼法的事情，例如宙斯和他的母亲交媾，生出一个孩子，又与他自己的女儿结婚，或是没有娶她，仅仅与她交媾之后，然后将其送给了哈得斯。又比如，狄奥尼索斯被撕碎之后，再次复原。这就是希腊人的神话里描述的事情。①

既然如此，尤利安用什么东西驳斥基督教的谎言？唯有真理可以击穿谎言，这意味着尤利安必须阐明神的真实。现存的《反加利利人》包含三个论证：第一，希腊人是从何处获得关于神的概念的；第二，比较希腊人和希伯来人对神性的看法；第三，基督教为何继承希伯来人的圣经，同时没有遵循希伯来人的信仰。尤利安的总体思路是，通过论证希腊人和希伯来人对神性的看法一致，阐明基督教背叛了希伯来人的信仰。

---

① 尤利安：《反加利利人》，44a1–75b1；中译本见《尤利安文选》，前揭，第132页。

希腊人的宗教和希伯来人的宗教要比基督教古老得多。在尤利安看来，基督教的教义从两者中吸取了罪的观念，从利未人那里吸取了无神论，从罗马人的懒惰和庸俗中吸取了卑污不堪和轻浮的生活方式。在尤利安看来，这就是基督教的组成部分：原罪论、无神论和卑劣的生活方式。

尤利安接下来首先阐述希腊人对神的概念来自何处。某种意义上，这是对神的起源的论证。由于文本缺失，这一论证并不完整。希腊人关于神的概念来自自然。人人都可见证，不管是希腊人还是希伯来人，祈祷时总是向天空伸出双手。人人都可看到，天空中的星体既不增加，也不减少，而是和谐有序地运转。月亮的圆缺、太阳的东升西落、季节的更替皆秩序井然。这些观察表明，天空是一位神，是神的宝座。这就是希腊人和希伯来人的神性意识源于自然的论证。这里的神性意识是神圣性的意思，即人观察到宇宙的和谐完美，认为其是神圣的，从而萌发神性意识。可以看到，这里的论证与赫西俄德、荷马对希腊诸神的论述完全不同。尤利安说：

> 这些天上的星体，不会增加，也不会减少，超越于一切变化之上，没有变化和不稳

定，没有衰退和生存，本性是不朽的，永不会毁损，没有任何污秽，是最纯洁的。正如我们看到的，它们处于永恒的运动之中，围绕伟大的创造者以圆周运动，不管它们是被一个居住在那里的更高贵、更神圣的灵魂所推动，我的意思是，正如我们的身体被居于其中的灵魂推动，还是一直源源不断地从神那里接受能量，它们都进行着永不停息的圆周运动。[1]

这里的论证充满形而上学的味道，神性就是完美和谐。因此，尤利安才会说古希腊人的神话荒谬不堪。基于宇宙的完美和谐，推演出宇宙的创造者概念。这个创造者即神。尤利安所理解的神性是一种理智神性，是形而上学沉思的结果。因此，尤利安才说：

对我们这些人来说，无须传授，就可以获得对这个神的信念，尽管对所有人来说，关于这个神的准确真理是不容易知道的，那些知道

---

[1] 尤利安:《反加利利人》，69c1–d6；中译本见《尤利安文选》，前揭，第132页。

这个真理的人也不可能向所有人讲明白。[1]

"我们这些人"之所以无需传授，是因为"我们是哲人"，或者是新柏拉图主义哲人。正是由于神性源自哲人对宇宙完美和谐的探究，尤利安才讽刺基督教说，基督教的上帝不是源于这样的沉思，而是源于人对神圣的普遍渴望。换言之，在尤利安看来，基督教上帝的起源不过是人的激情，准确地说是人渴望救赎的激情。正是由于它源于大多数人的这种激情，才容易传播。而尤利安的那种新柏拉图主义的神性，唯有凭靠艰深的形而上学沉思才能确证。基督教教父对希腊人的神话的批判根本驳不倒异教的神，只能迷惑那些没有教养的普通人。异教的神是哲学的神，是形而上学的神。

从基督教后世的发展来看，它是在广泛吸取异教的形而上学思辨，尤其是新柏拉图主义的形而上学后，才俘获异教智识人。因此，形而上学的神性概念难以广泛传播给普通人，不意味着尤利安的复兴大业困难重重。相反，世界历史表明，唯有首先赢得智识人，才能赢得民众。因此，尤利安的这部驳基督教的书，很可能主要

---

[1] 尤利安：《反加利利人》，52b5-b8；中译本见《尤利安文选》，前揭，第131页。

是写给异教智识人看的，是一部护教作品，以向异教智识人阐明，新柏拉图主义的神和基督教上帝之间的不同。

希腊人的神话荒谬不堪，犹太人的宗教中也有类似的内容。比如，上帝为亚当造了一个女人，但这个女人欺骗亚当，结果双双被逐出伊甸园。尤利安驳斥说，上帝不知道他用来帮助亚当的那个造物会给亚当带来不幸，这可能吗？那条蛇与夏娃说话时用的语言难道不是人的语言？尤利安说，像这样的故事与希腊神话中克罗诺斯吞食自己的孩子一样荒谬不堪。由于基督教继承了犹太教的《圣经》，所以，尤利安这里讨论《旧约》中的故事，主要矛头指向基督教。基督教正是通过亚当和夏娃被逐出伊甸园的故事，提炼出人的原罪论。尤利安接下来就猛烈批判，上帝禁止人拥有善恶判断能力的教义。对于哲学来说，这是尤其不能忍受的教义。尤利安说：

> 上帝禁止他的造物拥有善恶判断的能力，这不是太令人惊异了吗？还有什么比一个不能区分善恶的造物更愚蠢？显而易见，这样的造物将不会避免恶，也不能用善来压过恶。上帝拒绝让人品尝智慧，而除了智慧，人就没有什么值得追求。因为那种区分善恶的能力——这

> 是智慧的本性——甚至对一个更愚蠢的族类来说都是显而易见的,那条蛇给人类带来的是益处,而非毁灭。[①]

这就是尤利安与基督教,或者说哲学与基督教的根本分歧。在哲学看来,一个禁止追求智慧的神无论如何不可理解。相反,最高的神恰恰是理智神,是智慧本身。因此,不管异教对尘世的态度有多么消极,它的核心教义仍是凭靠理智追求智慧。用尤利安频繁引用的那句话来说就是:"认识自己!"认识自己是解决一切困惑、获得不朽的唯一途径。基督徒会反驳说,基督教教义根本不反对追求智慧,它只是反对希腊人的那种智慧,毕竟基督教也宣称它是一种智慧。但是,这两种智慧具有本质差异。

接着尤利安比较柏拉图的创世论和犹太教的创世论,认为犹太教的创世论不完整,缺陷甚多。柏拉图的创世论是等差创世论,因为宇宙显然并非同质,而是异质。尤利安说:

[①] 尤利安:《反加利利人》,75b2-94a3;中译本见《尤利安文选》,前揭,第133页。

> 如果天宇、人类和万物之间毫无差异的话，并且与地上的爬行族类和大海中的小鱼竟毫无差异，那么就是同一个创造者创造了它们。但是，如果死者和不朽者之间有差异的话，那么就不可能凭着增加或减少变得更伟大或更渺小，也不能混杂易朽之物，受制于被造者。因此，这就表明，部分诸神是易朽之物的创造原因，另一部分诸神是不朽之物的原因。①

因此，尤利安在《赫利俄斯王颂》中才将理智世界与物质世界分开，理智世界的源泉和物质世界的源泉不同。如此方可解释事物的异质性。

论述完希腊人与犹太人对神性的理解后，尤利安接着讨论神与政治共同体的关系。尤利安的问题是，天下有众多民族，假如摩西说的是真的——创世主耶和华挑选了犹太人，只关心这个民族——那么，其他的民族被哪类神统治？不过，尤利安不是对犹太教发难，而是指向基督教。众所周知，犹太教认为，犹太人是被拣选的民族，上帝只爱这个民族。犹太人没有传教意图，所以

---

① 尤利安:《反加利利人》，65c10—66a4；中译本见《尤利安文选》，前揭，第137页。

这个观念无甚大碍。在罗马帝国境内，犹太人只要服从帝国的法律，犹太教的观念并不对希腊-罗马传统构成威胁。但是，基督教继承了犹太教的圣典，所以尤利安的问题才构成一个麻烦。基督徒宣称他们的上帝是普世的，是所有人、所有民族的上帝，是万有之神。尤利安的驳斥手法是，通过证明《旧约》与基督教的宣称存在矛盾，证明基督教并非真理。

所以，尤利安追问，既然耶和华是万有之神，如何统治其他民族？犹太人不会发出这种疑问，但基督徒需要解释耶稣诞生之前，上帝的普遍性。毕竟存在诸多非常古老的民族。基督教无法合理解释这一点。尤利安给出的结论是，上帝通过其他诸神来治理其他民族。尤利安说，异教的宗教体系才能合理地解释这一点；

> 我们的作家说，创造者是共同的父，是万有之王，但是其他功能被分配了民族和城市的各位保护神。这些神依照自己的本性统治属于他的那部分。因为在万有之父那里，一切都是完善的，一切皆是一。然而，分离的诸神却只有一种品质，因此阿瑞斯统管好战的民族，雅典娜统管热爱智慧的民族，赫尔墨斯统管那些狡猾之徒。总之，各民族的品性与统管他们的

神的品性相匹配。①

显然，对于一个异质性的天下式帝国来说，需要尤利安这里所说的这种神学体系。这样的体系可以解释民族之间的异质性，如凯尔特人和日耳曼人勇猛，希腊人和罗马人倾向于过政治生活，埃及人更智慧，叙利亚人不好战，学东西却很快。因此，纯粹的一神论无法解释罗马这个天下式帝国的现实。这也是新柏拉图主义纯化的宗教体系为何要容纳多神教。因此，尤利安得出的结论：

> 如果宇宙的创造者就是摩西宣告的上帝，那么我们持有上帝的更高贵的信仰，我们认为，他掌控万事万物，但是也有从属他的民族性神灵，这些神灵类似于一个王国的总督，分别统治自己的省份，而且我们不会使那些从属于他的诸神与他相互倾轧。②

---

① 尤利安：《反加利利人》，115d–116a5；中译本见《尤利安文选》，前揭，第139—140页。
② 尤利安：《反加利利人》，148b1-c8；中译本见《尤利安文选》，前揭，第144—145页。

尤利安这里所说的与他在《赫利俄斯王颂》阐述的体系正好对应。假如摩西宣告的上帝真的是宇宙的创造者，是万有之神，他必然关心所有的民族，不过，尤其关心希腊人和罗马人：

> 上帝许诺你们发现任何科学研究或哲学研究了吗？如果有，请告诉我，是什么？因为天体的理论在希腊人那里得到完善，首先是产生于巴比伦的野蛮人。几何学产生于埃及测量土地的方法，从而发展到它现在所具有的重要地位。算术发源于腓尼基商人，希腊人使其成为一门规律的科学，希腊人将这三种学科与音乐整合为一门科学，因为他们将天文学和几何学、算术联系起来，并认识它们之间的一致性。希腊人将这些规则用于音乐中，结果发现了音程的和谐。①

列举一系列伟人之后，尤利安继续列举上帝赐给罗马的成就：

---

① 尤利安：《反加利利人》，178a1-b15；中译本见《尤利安文选》，前揭，第148页。

罗马建立之后就有很多战争包围着她，她全部战胜它们，由于大量的危险持续增加且需要更强大的保护，宙斯就将他最伟大的哲人努玛送来。这个居住在荒芜的果园和曾用他内心纯洁的思想与诸神亲密交谈的人是卓越的和正直的……正是他建立了敬拜诸神的大多数律法。直到现在，这些崇拜都来源于一种神圣的着迷和灵感，它们都是来自西比尔，同时用他们自己的语言发出神谕，被宙斯赐予这个城市。①

尤利安借着夸赞希腊罗马人的巨大成就，顺势提出这样一个问题：基督徒为何抛弃希腊罗马的诸神，而追随耶稣？尤利安反问道："在你们中间，难道不是那些憎恨有理智的人、怜悯更加愚蠢的人才是正义者？"在追求智慧的问题上，基督教的反理智成为尤利安对基督教的最大指责。尤利安的论述表明，选择追随耶稣意味着重新变得野蛮，意味着希腊罗马的文明的毁灭。此乃尤利安抑制基督教、复兴异教的动因之一。

---

① 尤利安：《反加利利人》，193c1-194c9；中译本见《尤利安文选》，前揭，第149页。

不过，迄今为止尤利安还未批判耶稣本人。在这部作品一开始，他就说耶稣是基督乃是最大的谎言。接下来，尤利安开始批驳这一谎言。尤利安首先指出，耶稣是一个凡人，因为有史可查，耶稣出生在屋大维统治时期。《约翰福音》第一次宣称耶稣是神。我们来看尤利安自己的论证：

> 无论如何，保罗没有，马太、路加和马可都没有冒险宣称耶稣是神。但杰出的约翰，因为他认识到，希腊和意大利的大量城镇中，大量群众已感染这种疾病（译按，指基督教）；同时，他听说彼得和保罗的坟墓受到秘密崇拜。我认为，他是第一个冒险宣称耶稣是神的人。在简短地提及施洗约翰后，他再次提到之前宣讲过的道，说"道成了肉身，住在我们中间"。但是，道如何变成肉身，约翰没有说，因为他感到难为情。然而，在称耶稣为神和道的地方，也没有将道称为耶稣或基督，如此他悄然秘密地偷走了我们的耳朵，并说施洗约翰做了这个见证，以断言耶稣即基督，我们必须相信他是神，是道。
>
> 约翰说的关于耶稣是基督的部分，我不会

否认。某种不虔敬的观点认为,耶稣基督区别于约翰所宣扬的道。然而,这不是关键。因为约翰自己声称神就是道,然后说,这就是施洗约翰关于耶稣基督所承认的。约翰是多么谨慎、多么悄无声息和不知不觉地用戏剧手法引进了他最不虔敬的言辞,他是如此卑鄙和虚伪,缩回头再次补充说:"从来没有人看见神,只有在父怀里的独生子将他表明出来。"[1]

尤利安可能是最早认识到《约翰福音》的戏剧特征的古人。《约翰福音》的序言部分的确玄妙无比。但是,对尤利安来说,确证耶稣不可能是神和道,不在于《约翰福音》中的矛盾,而是尤利安的新柏拉图主义观念:凡人不可能成神,只能与神相似。

然后,尤利安指责,模仿耶稣不能让人变得更加智慧、更加勇敢、更加高贵。基督徒当然有自己的美德,即信、望、爱。但是,这种美德不同于古希腊的美德观。基督教的美德极大降低了政治生活的地位。从基督教的美德中缺失"勇敢"之德就可以看得出来,基督徒

---

[1] 尤利安:《反加利利人》,327a1-333d11;中译本见《尤利安文选》,前揭,第164—165页。

不把尘世的荣誉视作目标。作为意图维护帝国长久的皇帝，尤利安绝无可能接受宣扬此种教义的宗教。

尤利安尤其尖锐反对基督教的洗礼。他认为，洗礼是一种赤裸裸的欺骗。因为在他看来，人的弱点和罪难以改变。尤利安认为，改变弱点和赎罪的唯一方法是在追求智慧的道路上不断磨炼自己，认识自己。因此，试图通过一种仪式性的礼仪来赦免人的罪，在尤利安看来，完全不可能。为了政治的稳定和保全政府的权威，必须坚持对罪犯的惩罚。假如像保罗宣称的那样，偷盗的、通奸的、杀人的、贪婪的人通过奉耶稣之名就能成圣称义，政治的秩序就会大乱。

总体而言，尤利安对基督教最尖锐的指责在于，基督教阻碍对智慧的追求，阻碍哲学。尤利安依凭的新柏拉图主义和基督教最根本的分歧也在于此，即如何对待哲学，尽管二者似乎都将不朽视作最高目标。不管新柏拉图主义的宗教和神学味道多么浓重，它的内核仍然是哲学。对不朽的追求仍要凭靠个人的智识努力，不朽绝非唾手可得，而是要付出极大的艰辛。

但是，基督教在三个多世纪的发展中，遭遇种种危险，仍不断坐大，靠的不只是基督教的教诲，还有它的组织结构。异教要想在新的处境中与基督教竞争，必须借鉴基督教的教会组织结构。尤利安对异教教会组织的设想正是借鉴自基督教。

6 尤利安的异教教会

尤利安在登基后，立即恢复异教的献祭仪式，修葺或重建神庙。尤利安尤其热衷于这种仪式，有时甚至亲手宰杀牺牲，有研究者称尤利安非常嗜血。实际上，这倒未必。仪式对任何宗教都具有至关重要的意义。且不说献祭的神学含义，单从民众心理和收效来说，大规模献祭对一心尽快恢复异教盛况的尤利安来说，都是一个必要的手段。恰如尤利安在《反加利利人》中所说，所有宗教都向各自的神献祭，犹太教也不例外，唯独基督教不举行献祭。恢复异教的献祭，未尝不是强化与基督教差异的一个方法。

基督教之所以强大，原因之一是信徒的团结，这种团结一方面基于共同的信仰，一方面基于强大的教会组织。4世纪的异教，尽管经过新柏拉图主义者体系化的努力，具有一神论特征，但没法跟基督教相比。与基督教相比，异教体系仍显得散漫无边，这也是尤利安创作《赫利俄斯王颂》和《诸神之母颂》的动因。单纯地复兴古典希腊的宗教体系已然不可能，必须赋予异教统一的信仰教义。单单为异教确立统一的教义还不够，还要确立统一的教会组织，以承担维持教义统一性的功能。换言之，必须培育异教的教士和祭司。凭靠帝国的行政权力，建立这样的体系化组织并非不可能。世界历史证明，任何宗教的发展壮大都依赖国家的权力。

因此，尤利安着手重整异教的教会组织。首先，整顿异教的祭司阶层，使之具有基督教教士那样的组织力和公信力。到4世纪中期，大多数异教祭司都非专职，而是兼职。祭司们履行完献祭职责后，继续普通人的生活，没有教士与平信徒的区分。最重要的是，异教祭司在自己的社群中的地位极低，无法与基督教教士相比。基督教教士在自己的社群中往往都是领袖，集宗教和政治身份为一身。因此，尤利安首先提升祭司在社会中的地位。

尤利安要求祭司，必须恪尽职守，不能随意地履行献祭职责，而是在固定的时间履行。祭司必须成为同胞的楷模。当举行宗教仪式时，祭司应当向聚集在神庙中的同胞宣道，向民众解释神话的含义，督促他们向善，解释灵魂在死后的命运，等待灵魂的惩罚和奖赏。祭司要避免有轻浮、卑贱的友人，不得去剧院，必须勤奋钻研圣书，尤其是哲学作品，不得浏览琐碎低俗的书。当然，这都要求祭司必须是职业祭司，即从民众中脱离出来，成为一个单独的阶层。总体而言，这样的一个祭司阶层类同于基督教的神职阶层。这意味着，异教的祭司必定是谙熟新柏拉图主义的智识。唯有如此，尤利安所设想的祭司阶层才能担负起维持异教信仰的使命。尤利安在《致一位祭司》中说：

> 你必须首先践行仁德，因为仁德是其他各种福佑之源，并且是一切福佑中最珍贵者——诸神的善意之源。因为正如那些在友善、雄心和爱等方面跟他们的主人一致的奴仆比其他奴仆得到更友好的对待，我们也必须假定，天然爱人类的神更偏爱那些爱同胞的人。仁德有多种类型……
>
> 我们的祭司也不能读伊壁鸠鲁或皮浪的书，实际上诸神已经毁灭他们的著作，以至于他们的绝大多数著作都已经泯灭。但是，我不得不提及这些作品，以说明祭司们应避免哪类著作。如果他们的著作还存世，祭司们更应该避免阅读。在我看来，错误的言辞与错误的思想不同，我们应尤其关心精神，因为言辞之罪与精神之罪相伴而生。我们应该用心学习荣耀诸神的诗文，那些诗文有很多，写得也很美，是由古人和今人创作。不过，我们也应该熟悉

那些在神庙中吟唱的歌曲。因为这类歌曲绝大多数都是诸神赐予我们的,以回应祈祷者,只有少数一些是由人在神圣灵感和至善灵魂的帮助下,创作出来以荣耀诸神。……

任何祭司都不得进入当今放荡的剧场,也不得让这类演员进入家中,因为这完全不合宜。事实上,如果能取消当今的这类表演,恢复往昔酒神狄奥尼索斯的那类纯洁的表演,我会尽全力做到这件事,但是,我认为不应恢复……相反,我要求所有祭司远离放荡的剧院,将它们留给民众。因此,祭司不得进入剧院,不得与演员、战车驾驶者交往;不得让舞者或哑剧演员接近他的门口。至于那类神圣的竞赛,我只允许选手参加禁止妇女参加、甚至禁止妇女观看的竞赛。至于城市剧场中上演的狩猎表演,难道还需要我说,不仅祭司而且祭司的子女都必须远离它们?

现在,我们不妨提前谈论祭司必须从哪一类人、用什么方法任命这一问题。我的论述以这个主题结束是十分恰当的。我认为,每个城市中最正直之士,即显明最敬爱诸神、最爱同胞的人，必须被任命为祭司，不管他们是穷还是富。在这个问题上，不应考虑他们是默默无闻之辈还是闻名遐迩之辈。因为，那些仁善没有引起注意的人，不应由于他们不出名而被拒之于祭司之外。即便他是一个穷人，一个平民，只要他拥有下述两项品质，即爱诸神和爱同胞，就任命他为祭司。爱诸神的证据是他能引导民众敬畏诸神，爱同胞的证据是他愉快地与那些匮乏之人分享他的财物，无论他的财产多么少，他愿意尽他所能对民众行善。[1]

其次，尤利安意图建立一个等级制的祭司体制。由于原有的祭司阶层既非专职，又非社群的领袖，所以原有的祭司体制散漫混乱，不存在一个全帝国性的教会组织。皇帝原则上是帝国的大祭司，但往往只负责首都祭祀事务。各行省、各城市的祭祀事务并不相属。因此，尤利安意图确立层级化的祭司体制，各城市的祭司服从行省祭司，行省祭司服从作为大祭司的皇帝。行省祭

---

[1] 尤利安：《致一位祭司》(*Letter to a Priest*)，288-305，版本为 *The Works of The Emperor Julian II*, trans. by Wilmer C. Wright, The Loeb Classical Library, Cambridge, Massachusetts, Harvard University Press, 1913.

类似于基督教的主教。行省祭司的权威原则上扩展到所有人。一个行省总督不合法地惩罚了一位祭司,尤利安训斥了那位总督,罚他三个月不准参加献祭。尤利安在《致一位祭司》中说:

> 我们的责任不仅在于敬重诸神的雕像,还要敬重他们的神庙、圣域、祭坛。同样,敬重作为诸神的官员和仆人的祭司是合理的,因为他们为我们服务与神有关的事情,为神赐给我们的好东西提供力量,代表所有人向神献祭和祈祷。因此,我们应该敬重他们,如果不是超过对国家治理者的敬重的话!若有人认为,我们应该给予祭司和国家治理者同等敬重,因为后者作为法律的护卫者,也算为诸神服务的人员,我认为,我们应该给予祭司们更大的敬重。
>
> 接下来依照顺序描述祭司应该成为什么类型的人是值得的,意在祭司能得到公正的尊重,诸神借此能得到敬重。对我们来说,我们不会查问他的行为如何,只要他是祭司,我们就应当尊重、爱护他,但是,若他经证明是个恶棍,我们就剥夺他的祭司职务,因为他配不上这一职务。但是,只要他为我们向诸神献祭、供奉

祭品，我们就将他视作诸神最受敬重的仆人那样去敬重他。对我们来说，只敬重那些建造祭坛的石头，仅仅因为它们是献给神的，仅仅因为它们被塑造成神的形象，同时却不认为我们应该敬重献身于诸神的人，这是荒谬的。

可能有人会反对："但是，祭司常常出错，没有向诸神敬献神圣的仪式？"我会这样回答：对这类祭司，我们应给他们定罪，免得他们的恶行得罪诸神。但是，在他们被定罪之前，我们不能羞辱他。因为当我们处理这类祭司时，不仅剥夺违规者的荣誉，而且将那些值得敬重的祭司的荣誉一并剥夺，是不合理的。因此，要让每个祭司，就如同每位长官那样，受到敬重。[1]

尤利安同时强调，异教教会也要建立孤儿院、医院和流浪者救济站。尤利安对基督教慈善组织的效仿，最充分地表明，尤利安有意地效仿基督教的做法。为了给异教的慈善组织提供理论基础，尤利安不得不发掘异教文明中的"爱人类"传统，尤其是廊下派的友爱论。廊下派和基督教都向需要的人提供帮助，然而古代城邦

---

[1] 尤利安：《致一位祭司》，296b-297b。

原来有高度发达的慈善组织为穷困潦倒之人提供食物、洗浴、医疗、娱乐、教育等等。廊下派和基督教的慈善组织本身就说明，古代城邦已经大大没落，无力再为那些穷困潦倒的人提供救助。因此，只能依赖外在的帮助。建立帝国范围内的慈善组织，只能依赖帝国财政。尤利安计划在平定帝国东部边境后，就着手这一事务。可惜，尤利安没有从东部边境活着返回。不过，他在书信中阐明了引导祭司履行职责的原则，勾勒了祭司在社会中应有的地位。在致加拉太的大祭司阿尔萨息乌斯（Arsacius）的信中，他说：

> 如果希腊文明不能获得应有的地位，错就在我们。诸神的作品之宏大，远超我们这些祈祷者的预料。因为不久之前，没有哪个人敢祈祷出现现在如此重大的突转。然后呢？难道我们就到此为止？难道没有看到，基督教兴盛的最大功臣就是它施舍陌生人、祭拜死者的坟墓和假装生活的严肃？我认为，我们都应该严肃地践行这些品德。仅仅你成为这样一个人远远不够，整个加拉太的祭司们都应成为你这样的人。要劝诫他们严肃对待自己的身份，如果他们不带领家人、仆人敬拜诸神，允许他们的奴

隶、子女、配偶对诸神不敬,敬重加利利人那个无神论的宗教,就让他们离开祭司职位。要教导你的下属祭司,不要总是流连于剧院,不要恋战酒馆,不要经营任何可耻的、卑贱的生意。尊重服从你的人,赶走不服从者。

要在每座城市建立几所济贫院,如此陌生人就能从我们的救济中获益,不仅我们自己人能获益,任何需要的人都能获益。我已经考虑为你提供财政支持。我已批准,每年为加拉太提供3万担麦子和6万品脱酒,供你推行慈善事业。其中五分之一要花在那些受雇为祭司服务的穷人身上,剩下的分给陌生人和向我们恳求帮助的人。因为没有一个犹太人是乞丐,那些不虔敬的加利利人除了救济他们自己的人外,还救济我们的人,而我们没有这样的救济,这是可耻的。劝导热爱希腊文明的朋友,把自己的部分资产贡献出来用作救济穷人,教导农民把他们的第一批收成敬献给诸神。要让希腊人习惯于这种善行,教导他们救济穷人一直是我们的传统。例如,荷马代表欧迈乌斯(Eumaeus)说:"客人,甚至是一个比你更惨的人到来,对我来说,轻视客人都是不合道义的。因为宙斯庇护所有陌生人和乞丐。我能给你的不多,但都发自我内心。"不要让别人做我们应做的善行,而我们却因冷漠让我们的事业蒙羞,或背叛我们对神的敬拜。如果我听说你做了这些,我会非常高兴。

不要总往总督家里跑;要把用书信与他们交流当作普遍规则。当他们进入城市时,不要让祭司前去见他们,只有当他们拜访神庙时,才见他们,即便这时也不要跑到前院去迎接。不要让他们带领士兵随从进入神庙。因为只要他们站在圣所内,他们就是私人公民。你知道,这是神圣律法所认可的。[①]

尤利安此时提出的另一项计划是确立异教的修道制度。这种修道院为那些潜心研究哲学和追求与神相似的人而设。从新柏拉图主义的体系里,完全可以推演出这一制度,其运行方式大概类似于学园制。这种修道制度也是尤利安异教复兴的题中之意。这种修道院兼具保有古传学问和虔敬诸神的功能,既可为帝国提供合格的祭司,又可确保异教神学的纯粹。

---

① 尤利安,*Letters 22*。

363年2月12日，尤利安又针对葬礼习俗发布法令：

经过深思熟虑，我认为我有责任恢复古代的习俗。现在我通过一项法令来强化这一习俗。当古人对待葬礼时，制定出明智的法律，认为生和死的差别极大，认为两种状态都应有适宜它们的习俗和惯例。古人认为，死亡是不间断的休息——这就是诗人所谓的死亡是无忧无虑睡眠的意思——但是，生兼有诸多痛苦和快乐，时而是不幸，时而是幸福。因此，考虑到这一点，古人规定，与死者有关的赎罪仪式应当与日常生活分开。此外，他们认为诸神是万有的开端和终结，认为当我们活在人世时受诸神支配，当我们离开人世时，是返回诸神那里。但是，公开谈论生死，或透露生死是由同一批神掌握，还是一组神掌握生，另一组神掌握死，兴许不得体。然而，正如太阳是昼夜冬夏的原因，最可敬的诸神——万物归于他们，万物从他们而来——也为生者分配统治者，为死者分配主人，我们应该依次为这两类人分配适宜他们的东西，并在日常生活中模仿存在于万物中的诸神的有序安排。

正如我刚刚所说，死是休息，夜晚与休息一致。因此，我认为，与葬礼有关的事务应该在夜晚进行，出于种种原因，我们应当禁止这种事在白天进行。整个城市白天充斥着忙碌的人，所有街道上都是前往法庭的人、往来市场的人、坐着劳作的手艺人、拜访神庙以求取诸神恩赐好运的人。这时，要是有人在街上摆了一个棺材，就会阻挡那些忙碌上述事务的人。这样做无论如何是无法忍受的。那些遇到葬礼的人往往满含厌恶，有些是因为他们认为这是一种恶兆，而对于那些前往神庙的人，途中若遇到葬礼，就不被允许进入神庙，直到他们净化自己的污染为止。因为在途中遇到葬礼后，不被允许接近作为生命和一切不朽之源的神。神域和神庙敞开着，经常会有人献祭、奠酒或祈祷，这时若抬着一具尸体经过神庙，哀恸的声音和恶兆的言语就会传到祭坛上。

难道你们不明白，属于昼夜的功能比其他一切东西更需要分开？因此，有充分的理由，葬礼必须在夜里举行。因为，一边反对穿白色丧服，一边却在白天埋葬死者，这是不对的。相比较而言，前者还好些，至少它没有冒犯诸神，但是后者是对诸神的不敬。白天埋葬死者，实际上是错误地将葬礼分配给奥林匹斯诸神，错误地将它与地下世界诸神或更受偏爱的灵魂的主人分隔开来。我知道，那些精通神圣仪式的人认为，夜晚面对地下诸神举行葬礼是正确的，或者无论如何，不能在白天的前十个小时之前举行。既然夜晚是敬拜地下诸神的最佳时间，我们当然不会将葬礼安排在其他时间。

对愿意遵从这一习俗的人来说，我说的已经够多。现在，他们知道过去所犯的错误，就会转而采取更好的方式。但是，如果有人需要威胁和惩罚才会遵从，若他在白天的前十个小时里操办葬礼，冒险在白天举行仪式，抬着尸体穿过整个城市，那就让他知道他会招致最严厉的惩罚。在日落之后和日出之前操办葬礼，让纯洁的白昼因纯洁的行为和纯洁的奥林匹斯诸神成为神圣的！[①]

尤利安对复兴异教的规划可谓涉及方方面面。尤利安皇帝应对帝国文明危机的主要思想资源是新柏拉图

---

① 尤利安，*Letters 56*。

主义。新柏拉图主义可以说是对古希腊文明的大综合，以应对3世纪大危机导致的文明危机。与常见的印象不同，新柏拉图主义并非仅仅是修炼通神功夫的教诲，也有强烈的文明危机意识。无论从师承还是观念上讲，尤利安都是典型的新柏拉图主义者。单从哲学思想来评判尤利安的新柏拉图主义对他并不公正，因为他的抱负不是成为原创性或独创性的哲人，而是追随新柏拉图主义的教诲，变得与神相似。

尤利安由哲人而入帝王，既可说是机运之偶然，又可说是必然。偶然性很好理解，因为他的人生完全称得上起伏多舛，说他成为帝王是必然，是因为尤利安所接受的教育，让他对古希腊文明有一种自觉的担纲意识。尤利安为异教复兴谋划的改革方案，绝非匆忙草就。不管是现实的政策，还是对基督教的理论批判，抑或建立异教大教会的雄心，都表明尤利安有一套完整的谋划。世界历史表明，宗教的沉浮往往跟国家权力的支持与否密切相关。基督教得势仰仗君士坦丁大帝的支持，而曾经风靡罗马帝国的摩尼教则在帝国的严厉压制之下，逐渐消失。因此，若非尤利安的统治时间太短，这一套方案完全有可能取得成功。如果是那样，世界历史就会大为不同。

第五章 | 罗马与波斯

尤利安初登帝位不久，就开始策划远征萨珊波斯的战争。361年12月11日，尤利安进入君士坦丁堡继承帝位，362年5月就从君士坦丁堡转进安提阿，开始筹备远征萨珊波斯的各项事宜。从尤利安的统治来看，他发动远征似乎是想用对外战争的辉煌胜利巩固自己的统治基础。若从罗马帝国与萨珊波斯的关系来看，尤利安远征波斯属于一场长期战争的一部分。这场战场于君士坦丁大帝统治末期爆发，已经断断续续持续二十多年。尤其是公元359年和360年的战役，罗马帝国损失巨大，11个军团中有6个军团被灭，5个军团许多人被俘。

萨珊波斯还占领三座非常重要的军事重镇：阿米达、贝扎德、辛加拉。从这场长期战争的视角来看，尤利安远征波斯属于君士坦丁王朝与萨珊波斯冲突的一部分。这也是尤利安初登帝位不久，为何不顾群臣劝阻，执意发动大规模远征的原因。依照常理，尤利安初登帝位不久，首先应稳定内部，拥有稳固政治基础之后，再发动远征为宜。萨珊波斯控制边境上的三座军事重镇，并没有对罗马帝国的安全构成致命威胁，并不是非得立即发动远征。但是，尤利安意图终结这场长期战争。

不过，仅从这两个视角出发，还不能完整把握尤利安的远征。362年至363年帝国东部的局势表明，终结这场长期战争的方式不是只有远征一种。沙普尔二世曾派出使团请求和谈。彼时，沙普尔二世已经听闻，新帝尤利安与前任君士坦提乌斯二世不同，尤利安是一位战功卓著、勇猛好战的皇帝。再者，即便发动战争，也不必然选择一场大规模的远征。从稳健的政治考虑出发，尤利安若想不失尊严地结束战争，完全可以夺回阿米达等三镇，继续维持东部边界上的传统态势即可。因为，自罗马帝国崛起，帝国东部边界始终就是这样的态势，已经持续几个世纪。

显然，尤利安发动远征还有更为宏大的目标。尤利安不仅试图结束君士坦丁王朝与萨珊波斯的长期战争，还想一劳永逸地终止战争。简言之，尤利安想彻底灭亡萨珊波斯帝国。只有从这个视角，才能理解尤利安近乎偏执地远征。这个视角背后站着亚历山大大帝的身影，尤利安意图效仿亚历山大大帝灭亡第一波斯帝国那样，灭亡萨珊波斯帝国。

为了全面理解尤利安的这场远征，有必要先考察罗马帝国亚洲疆域的地缘特征和两个帝国在这片区域的战争史。从中我们会找到尤利安的远征何以失败的一些线索。

1 罗马帝国亚洲疆域的地缘特征

罗马帝国的东部边境，大体上位于东经40°线，北起高加索山，经亚美尼亚高原，沿着幼发拉底河，向西南穿过阿拉伯沙漠，直抵红海的亚喀巴湾（gulf of Akaba）。从公元前63年庞培的东方战争到伊斯兰人征服这片区域的7个世纪里，罗马帝国的东部边界大体稳定在这条线。这条边界线是一个高度多样化的区域。

高加索以南靠西边的科尔基斯（Colchis）有两个港口，一个叫法希斯（Phasis）；另一个叫迪奥斯库里亚斯（Dioscurias），这是一个集贸市场。往东去是伊比利亚人生活的区域，即现在的格鲁吉亚东部。在伊比利亚和里海之间生活着阿尔巴尼人（Albani），他们过着游牧生活。这个地区从未完全并入罗马帝国，但黑海东南沿海的据点均被罗马军队占据，整个地区的人民以罗马为靠山。①

再往南是亚美尼亚高原。亚美尼亚高原将高加索山和美索不达米亚平原隔开。古亚美尼亚王国比现在的亚美尼亚国家要大得多，那片地域现在分属于几个国家，有亚美尼亚、土耳其、伊朗等。在罗马帝国时期，亚美尼亚王国是罗马帝国和帕提亚帝国/萨珊波斯之间的缓冲国，是双方一直争夺的对象。塔西佗曾说到亚美尼亚的尴尬窘境，既恨罗马人，又恨帕提亚人。②亚美尼亚王国西边与幼发拉底河、卡帕多西亚交界，南边与现代的库尔德斯坦为邻，东边与米底亚·阿特洛帕特内（Media Atropatene）毗邻。

亚美尼亚王国90%的地区都在海拔1000米以上。这个地区实际上是由几个海拔从1000米到2000米不等的高原平地组成，不同的平地被深深的河谷隔开。这些河流包括幼发拉底河上游的两条支流，卡拉河（Kara）和穆拉特河（Murat）；阿拉克塞河（Araxes），注入里海前汇入库拉河（Kura）；阿坎普斯河（Acampisis），在巴统（Batumi，今格鲁吉亚城市）附近注入黑海。最后是

---

① 艾萨克：《帝国的边界：罗马军队在东方》，欧阳旭东译，上海：华东师范大学出版社，2018年，第11—12页。
② 塔西佗，《编年史》，9.4.1。

底格里斯河，它的几条支流都发源于库尔德斯坦。这个亚美尼亚国家的疆域大体位于现在土耳其东部和伊朗西北部，以凡湖（Lake Van）为中心，南部控制幼发拉底河和底格里斯河的最北段，即现在土耳其的迪亚巴克尔（Diyarbakir）以北的河段。

这些河流的河谷地带同时也是主要的交通方式。这些河谷大多呈东西走向，因为要进入亚美尼亚王国的路线主要有两条：第一，在西部从卡帕多西亚进入；第二，在东部从米底亚·阿特洛帕特内进入。主要的一条南北交通大道是从黑海边上的特拉布宗（Trabzon）出发，向南至亚美尼亚王国以南的平原。这条通道与齐格纳大道相连，这样人们就可以去到叙利亚和美索不达米亚。在这条通道上，凡是东西走向的道路与之相交的地方，都被罗马人选为驻军点，如萨摩撒塔（Samosata）。从东边进入亚美尼亚王国的办法是取道库拉河谷和阿拉克赛河谷。因此，亚美尼亚具有至关重要的战略意义：它扼守小亚细亚和伊朗高原。无论哪一方控制亚美尼亚，都是对对方的严重威胁，因为从亚美尼亚出发，既可东下伊朗高原，又可西进小亚细亚腹地，直通地中海沿岸。

在亚美尼亚王国以南，幼发拉底河和底格里斯河向东南流淌，来到一片海拔200米至500米的平地。在平地的边缘散布着多个城镇，有埃德萨（Edessa）、君士坦提纳（Constantina）、尼西比斯。这里是古老的亚述王国腹地，有一条古老的通道，将安纳托利亚和叙利亚与美索不达米亚连接起来。这片区域也是所谓"新月沃土"的北部，适于种植谷物和建立城市生活。这片区域向南延伸至巴比伦尼亚，向西直达地中海沿岸，实际上是一个完整的地缘区域。

地中海沿岸有一块呈条状的肥沃地带，最宽处也不超过200公里。北部是陶鲁斯山脉西段，海拔2000多米的亚玛努斯山（Amanus）使从安纳托利亚去往叙利亚的旅客必须经过所谓的"西里西亚之门"。从"西里西亚之门"往南一点，是叙利亚行省的首府安提阿。从安提阿开始，地中海沿岸散落着一串名城，直到南部的加沙港。这片肥沃地带的中部有两道山脉，黎巴嫩山脉和前黎巴嫩山脉，海拔均达到3000米，这两条山脉与其东部的叙利亚沙漠将地中海沿岸的肥沃带与两河流域隔开。

这片地区土地肥沃，人口稠密，城市星罗棋布，建有发达的灌溉体系。但是，从安提阿向东不远处即幼发拉底河。幼发拉底河是一条高山河流，但是在祖格马附近进入平原地区，然后河水变得平缓可以行船。此后再没有重要的支流汇入，支流哈布尔河（Khabur）和巴利克河（Balikh）在夏季都会干涸，但它们是重要的交通线和居民线。幼发拉底河两岸和河流本身构成去往巴比伦、波斯湾的重要通道。从安提阿出发向东到幼发拉底河的通道既是重要的商贸通道，也是关键的军事通道。尤利安的远征大军向东走的就是这条路线。

这里还是东西方远距离贸易的汇聚点。中国的丝织品、瓷器运送到这里，然后经罗马商人转运，向西进入地中海世界。在罗马人和波斯人抵达这里之前，这里的文明已经高度发达。从罗马帝国的东部的中心城市安提阿到萨珊波斯的首都泰西封沿线，居住着讲阿拉姆语的各民族，要想将这些民族罗马化或波斯化，都不容易。这个地区自古以来就是各大帝国争相控制的目标。从苏美尔－阿卡德帝国起，亚述、巴比伦、埃及、波斯先后争相试图控制这一地区。最终，波斯帝国通过征服上述帝国的所有疆域，彻底控制了这一地区。这一地区首次被一个大帝国完全控制。亚历山大大帝的远征尽管摧毁了波斯帝国，也没有改变这一局面。亚历山大帝国崩溃后，塞琉古王国开始与随后兴起的帕提亚王国争夺对这一地区的控制权。从那以后直到尤利安时代，这一地区始终是东西方帝国冲突的最前线。

地中海沿岸肥沃带南部经内盖夫沙漠与西奈半岛相连，由此与埃及和北非连通。该地区的地理特征决定了其交通路线。从埃及的亚历山大里亚到"西里西亚之门"的陆路通道始终畅通无阻。这里就是麦金德所谓的世界地理的"十字路口"。

约旦河东边的地区是一个高原平地，海拔在800米到1700米之间。平地被东西走向的干涸河谷分割开来，这些河谷最后都汇入约旦河谷。高原的西部适合人类居住，因为有充足的水源和便利的南部交通，这条路线将红海、阿拉伯半岛与叙利亚连接起来。外约旦高原与约旦河以西的山峦一样，主要由石灰岩构成。外约旦南部和东部是一片荒漠。[1]

底格里斯河与幼发拉底河一样，在亚美尼亚是高原河流，从古尼尼微（Nineveh）附近的摩苏尔（Mosul）开始才可以通航。与幼发拉底河不同，底格里斯河在下游有多条重要支流汇入，如大小扎卜河（Zab）以及从伊朗高原流淌下来的迪亚拉河（Diyala）。底格里斯河东部则是巍峨的扎格罗斯山脉。对古代帝国的军队来说，从美索不达米亚平原翻越这条山脉进入伊朗高原，不是一件易事。

除了地中海沿海地带的气候尚佳外，这片区域是一个酷热干旱之地，亚美尼亚的夏季炎热干燥，冬季又异常寒冷。冬季发动军事战役简直是自取灭亡。因此，地

---

[1] 艾萨克：《帝国的边界：罗马军队在东方》，前揭，第16页。

理条件决定罗马人与帕提亚人/波斯人大军的行军路线不是沿着幼发拉底河，就是沿着底格里斯河。

关于这个地区的地缘史，说几句题外话。从这个地区的战争史来看，控制两河流域是确保地中海沿岸带和小亚细亚半岛的前提。例如，最初希腊人在地中海东岸建有一串城邦，即所谓的爱奥尼亚人地区。但是，波斯帝国崛起，控制小亚细亚半岛内陆纵深后，爱奥尼亚城邦被迫屈服于波斯人的统治。之后雅典海上帝国崛起，由于无力远征内陆，地中海东岸的希腊城邦仍无法摆脱波斯的控制。

反之亦然，从东边来的帝国，一旦控制两河流域，进而控制地中海沿海带和小亚细亚半岛，即可顺势进取欧洲。帕米尔高原以西的世界历史可以概括为，亚洲帝国与欧洲帝国争夺小亚细亚半岛、地中海沿海带和两河流域的战争史。居鲁士大帝创建的第一波斯帝国可以说是第一个控制这一区域的大帝国，进而对欧洲形成重大威胁。公元前5世纪至前4世纪末希腊人的历史，可以概括为用尽一切策略改变这一态势的历史。雅典和斯巴达先后试图领导希腊人完成这一任务，都以失败告终。最后，希腊北部的马其顿王国主动承担希腊人的抱负，在亚历山大大帝这个人身上实现目标，第一波斯帝国被摧毁，希腊人控制这片区域。我们可以将公元前5世纪和前4世纪的两百年，视作亚洲和欧洲冲突的第一个历史阶段。在这一阶段，亚洲起先占据优势，最后欧洲获胜。

亚历山大帝国昙花一现，随之崛起的罗马帝国继承地中海文明的历史使命，接过历史重任，试图控制这片区域。但是，罗马帝国始终没有完全控制两河流域。相反，在罗马帝国存续的几个世纪内，亚洲人和欧洲人的竞争态势呈现为拉锯式争夺两河流域。我们可以将公元前2世纪至公元7世纪视作亚洲和欧洲冲突的第二个历史阶段。在这一阶段，欧洲略居优势，但是亚洲一方有两个帝国先后承接与欧洲对抗的使命，维持了一种对峙态势。

西罗马帝国后，东罗马帝国对亚洲这片区域的控制力逐渐减弱。两个伊斯兰教帝国阿拉伯帝国和奥斯曼帝国先后崛起，将欧洲人完全驱赶出这片区域，进而形成占取欧洲的态势。我们可以将公元7世纪到公元16世纪视作亚洲与欧洲冲突的第三个历史阶段。在这个阶段，亚洲一方占据优势，以亚洲人占据半壁欧洲结束。

世界历史进入现代阶段后，欧洲人利用现代性变革实现力量大爆发，开始进行反攻。伊斯兰帝国分裂成碎片化的地区小国。这是欧洲与亚洲冲突的第四个历史阶段。在这一阶段，欧洲占据绝对优势。因此，当前，西方人与亚洲人在叙利亚、伊拉克等地的争斗，实际上是延续两千多年的冲突的继续发展。

2　罗马与波斯的战争史

罗马共和国的大军东进，扫荡希腊化三大王国后，没有像亚历山大远征波斯帝国一样，意图彻底解决东部面临的威胁。彼时，帕提亚帝国已经崛起于伊朗高原。这跟罗马帝国的政治中心位于地中海西部有关。罗马人在向东扩张的过程中，几乎是凭着地缘本能前进。罗马人从第二次布匿战争懂得，意大利的安全受到东部的希腊半岛的威胁。如果希腊半岛被一个大帝国控制，西征意大利半岛并非易事。控制希腊半岛后，若不进一步控制小亚细亚，那么希腊半岛将会受到大陆上跨海而来的敌人的威胁，就如当年波斯帝国威胁希腊一样。因此，罗马人进入亚洲，控制小亚细亚。接着，经小亚细亚南下，控制叙利亚－巴勒斯坦走廊，向西南折向埃及。前30年，屋大维彻底兼并埃及托勒密王国，罗马帝国在地中海东部世界的征服基本完成。

一旦控制叙利亚，与帕提亚帝国的对峙就是注定之事。然而，在公元前2世纪以前，罗马征服地中海东部的战争并未让罗马的影响延及两河流域。罗马人对卡帕多西亚以东和以南地区的直接介入，始于庞培在该地区发动的战争。在尼禄统治期间，将军科布罗（Corbulo）

试图征服亚美尼亚，但以失败告终。公元112年至114年，图拉真兼并亚美尼亚。115年，图拉真远征帕提亚，攻占帕提亚首都泰西封，在两河流域建立三个新的行省。但是，罗马帝国随后没有能守住战果。公元161年，帕提亚人入侵亚美尼亚，指定一位帕提亚人任亚美尼亚的国王。在那场战争中，罗马帝国叙利亚和卡帕多西亚的军队被击败，安提阿受到威胁。

163年，奥勒留皇帝派当时的共治皇帝维鲁斯远征，卡西乌斯将军率军深入到美索不达米亚腹地，泰西封遭到罗马大军洗劫。在这次战争之后，亚美尼亚重归罗马人的控制。194年，塞维鲁皇帝再次远征帕提亚，泰西封遭到第三次洗劫。塞维鲁皇帝的帕提亚战争持续四年，战果是在美索不达米亚北部设立美索不达米亚行省。此后，罗马帝国的东部边境线基本维持下来。即从底格里斯河最北端开始，从阿米达（Amida，即现在土耳其迪亚巴克尔）开始，向西南弯曲，经辛加拉城（Singara，现在伊拉克的辛贾尔），到塞斯希乌姆（Circesium，现在叙利亚的布塞拉）。这段边界以西，罗马建有多座城市和要塞。塞斯希乌姆以南则是阿拉伯沙漠，人烟稀少，仅有阿拉伯部落生活。罗马帝国和萨珊波斯也争相控制阿拉伯部落，尽可能迫使阿拉伯人成为自己的盟友。尤利安皇帝远征波斯的大军中，就有阿拉伯部落派来的部队。

此后，罗马帝国在东部边境始终采取防御型战略。实际上，只要守住幼发拉底河，就可以保证罗马帝国东部省份的安全。因此，尽管帕提亚帝国、萨珊波斯帝国先后崛起于伊朗高原，不断侵扰罗马帝国东部边境，但罗马帝国从未发动意图摧毁敌人的战争。图拉真皇帝、塞维鲁皇帝的远征，焚烧敌人的首都泰西封，属于对敌人的惩罚性远征，而非意图摧毁帕提亚帝国。显然，一旦开启旨在摧毁帕提亚帝国的战争，必将如亚历山大大帝那样，一路向东，直抵中亚和印度平原。但是，对帝国来说，每攻占一块土地，都要考虑能否守得住。进占伊朗高原后，势必要面对来自中亚和印度平原两个方向的敌人。因此，罗马人明智地固守幼发拉底河一线。即便是在3世纪大危机时代，罗马人也没有丢掉对这一地区的控制。

不过，有必要强调一下尤利安的对手萨珊波斯帝国。因为，萨珊波斯帝国挺过漫长的拉锯式对峙期，一直坚持到罗马帝国崩溃。君士坦丁大帝统治末期，萨珊波斯经过一个世纪的发展，国力正处于鼎盛时期，国王沙普尔二世在位。**阿尔达希尔一世**（Ardahir I，224—240年在位）趁帕提亚帝国末年内忧外患并重，趁机推翻帕提亚人的统治，建立萨珊波斯王国，自称对居鲁士的波斯帝国的复兴。萨珊波斯强化中央集权,复兴古波斯的祆教,经过几任国王的治理,国力渐趋鼎盛,先向东征服巴克特里亚及贵霜帝国西部,又向西与罗马帝国争夺两河、西亚地区,以意图复兴第一波斯帝国的盛况。

阿尔达希尔一世之子沙普尔一世(Shapur I,240—270年在位)率先与罗马开战。沙普尔一世一登基即发起攻占亚美尼亚的战争,并成功控制亚美尼亚。241年,沙普尔一世率大军进攻罗马帝国边界,兵败失利。246年,罗马皇帝戈尔迪安三世在波斯前线遭叛军杀害,继任皇帝阿拉伯的菲利普(Philippus Arabs,246—249年在位)与沙普尔一世订立屈辱条约,罗马须每年向波斯交付50万金币。258年,沙普尔一世再次试图侵入叙利亚地区,攻陷罗马边界大城埃德萨(Eddessa),进逼安提阿。260年,瓦勒里安皇帝率军东征,结果在埃德萨之战中大败,被沙普尔一世俘虏。沙普尔随即西进小亚细亚,结果兵败而归。沙普尔一世抱负很大,不仅意图复兴第一波斯帝国的版图,而且颇具文明自觉。沙普尔一世大力扶持摩尼教,不仅为摩尼教在萨珊波斯壮大提供支持,而且支助摩尼教向罗马帝国派遣传教士。

283年,罗马皇帝卡鲁斯(Marcus Aurelius Carus,282—283年在位)率军远征波斯,当年7月,罗马大军攻陷萨珊波斯首都泰西封。这是罗马大军第四次攻陷泰西封。卡鲁斯皇帝意图进一步深入萨珊波斯腹地，拒绝波斯人求和，率军渡过底格里斯河向东进发。但是，卡鲁斯皇帝突然暴毙。其子努梅里安意图继续东进，遭到罗马大军反对，遂被迫回师。努梅里安在回程路上驾崩，戴克里先登上帝位。萨珊波斯从危机中恢复过来后，296年，国王纳尔塞（Narse）再启战端，于卡利尼库姆（Callinicum）大败伽列里乌斯。298年，伽列里乌斯整军再战，纳尔塞连战连败，退回底格里斯河以东。伽列里乌斯则趁势东进，夺回波斯人占取的亚美尼亚及边界要塞，于当年年底再次攻陷泰西封，这是罗马大军第五次攻陷泰西封。299年，面对都城被罗马人占据的困境，纳尔塞向罗马人求和。波斯人将此前半个世纪取得的所有战果全部割让给罗马，并不得干预亚美尼亚事务。此战确保罗马和波斯近40年的和平。

纳尔塞一年后悲愤而亡，其子霍尔米兹德（Hormizd II，302—309年在位）二世接过乱局，但无力控制政局，帝国境内叛乱四起。309年，霍尔米兹德被杀，其子沙普尔二世被立为国王。萨珊波斯在沙普尔二世的领导下，渐渐恢复元气。

关于波斯人对罗马帝国持何种态度，没有可靠的知识。关于罗马人对东边的敌人持何种态度，古代文献的记载也不多。[1]塔西佗说，阿塔巴诺斯二世（Artabanus II，11—35年在位）在公元35年曾要求恢复波斯与马其顿之间的旧边界。[2] 3世纪的史家狄奥·卡西乌斯（Cassius Dio）说，阿尔达希尔一世要求得到美索不达米亚和叙利亚，并威胁说将夺回波斯人昔日曾拥有的所有地域。[3]前文引述的沙普尔二世给君士坦提乌斯二世的信中，沙普尔二世也提出类似的要求。由此来看，帕提亚帝国和萨珊波斯帝国似乎对两河流域、地中海沿岸和小亚细亚都有野心。实际上，在这两个帝国存续期间，不仅没有实现这个野心，而且都城屡次被罗马人攻陷。换言之，在与罗马帝国漫长的对峙期间，帕提亚帝国和萨珊波斯帝国居于劣势，尽管它们也宣称自己是天下帝国。

沙普尔二世在写给君士坦提乌斯二世的信中说他本可以要求得到祖先曾拥有的所有领土，即直到马其顿的所有土地。但是，随后提出用亚美尼亚和美索不达米亚换取和平的建议。显然，沙普尔二世的真实意图是得到亚美尼亚和美索不达米亚。提及祖先曾拥有的领土，完全是一种外交策略。沙普尔二世内心清楚，得到祖先曾

---

[1] 艾萨克：《帝国的边界：罗马军队在东方》，前揭，第26页。
[2] 塔西佗：《编年史》，6.31。
[3] 狄奥·卡西乌斯：《罗马史》，80.3。

拥有的所有领土根本不现实。因此，在漫长的对峙期，帕提亚帝国和萨珊波斯帝国的目标是控制两河流域和亚美尼亚。

罗马一方的态度也是如此，扼守两河流域前线的边境态势，确保亚美尼亚是罗马的附庸。图拉真皇帝曾采取扩张政策，在两河流域创建三个行省。但是，哈德良皇帝放弃了图拉真在这个地区的扩张成果。《奥古斯都史》说：

> 哈德良即位之后，就立即恢复了早先的传统而致力于在寰宇内缔造和平……如他自己所说，他效仿加图那样——加图曾因无法守卫马其顿而允许马其顿王国独立——放弃了幼发拉底河与底格里斯河对岸的一切成果。[1]

狄奥·卡西乌斯也猛烈批评图拉真和塞维鲁两位皇帝在东方的扩张。[2]阿庇安（Appian）同样认为罗马人已经征服所有有利可图的地方。[3]在帝国东部前线进行扩张

---

[1] 斯巴提亚努斯等：《罗马君王传》，前揭，第9页，有改动。
[2] 狄奥·卡西乌斯：《罗马史》，75.3、68.29.1。
[3] 阿庇安：《罗马史》，7.25–28。

战争，无利可图。换言之，塞维鲁皇帝之后，罗马帝国在意识和实际策略方面都维持一种防御战略。帝国在东方的战争史表明，整个帝国没有能力越过幼发拉底河控制两河地区，更别说摧毁萨珊波斯帝国。

3　远征波斯

362年6月，尤利安离开君士坦丁堡，前往安提阿，后者是罗马帝国亚洲地区最大的城市，也是东征波斯的前进基地。尤利安率领众随臣，渡过博斯普鲁斯海峡，经卡尔西顿、尼科米底亚（现在土耳其伊兹米特）、尼西亚，然后向东到安卡拉。抵达安卡拉前，尤利安拜访了潘西努斯（Pessinus）的库伯勒神庙。然后从安卡拉出发，到达泰安那（Tyana）。尤利安一行接着翻越陶鲁斯山，然后穿过著名的西里西亚之门，最后抵达西里西亚东部的塔尔苏斯。后来，尤利安的遗体也被安葬在此城。尤利安从塔尔苏斯出发，途经伊苏斯，于7月18日，抵达安提阿城。

尤利安在出发前往安提阿之前，就命令各地为远征波斯做准备。因此，他抵达安提阿时，战争物资和补给已经陆续汇集于安提阿。此时，沙普尔二世派使者送来一封信，建议通过谈判解决双方争端。沙普尔二世想必是获悉尤利安积极备战后提出的这一建议。他此时已经知道尤利安不同于前任皇帝，尤其是尤利安在高卢的征战表明他不会像君士坦提乌斯二世那样畏畏缩缩。利巴尼乌斯说，在座的人听到波斯使者的提议，立即跳起来，请求尤利安接受沙普尔二世的建议。

这些人的反应很好理解，因为自君士坦丁大帝时代以来，波斯人还从未这样做过，而与萨珊波斯的战争已经持续20多年。但是，尤利安命令拒收沙普尔二世的信，非常强硬地将使者打发走，并毫不讳言他很快就会率军发起远征。[1]就罗马帝国与萨珊波斯的征战史来说，362年摆在尤利安皇帝面前的任务非常清晰：稳定东部边境，即将沙普尔二世从君士坦提乌斯二世手中夺走的城市和要塞夺回，恢复到此前戴克里先时代的边界。实际上，在君士坦提乌斯二世统治时期，沙普尔二世并未占到什么关键便宜。缓冲国亚美尼亚仍然支持罗马帝国，沙普尔二世攻陷阿米达和辛加拉后，没有驻兵太久，只是占据了贝扎德城。因此，尤利安如此强硬的战争态度显得太过意气用事。通过谈判，与萨珊波斯签订一个和平条约，对尤利安的异教复兴大业不是更好？

尤利安本人对这次战争的记载很少，以至于我们无

---

[1] 利巴尼乌斯：《尤利安葬礼上的演说》，164。

从了解他内心的想法。阿米安努斯说，尤利安执意发动战争有两个原因：

> 与此同时，尤利安正在准备针对波斯人的远征。他很久前就以高昂的斗志策划这场远征，意在惩罚波斯人过去对罗马人的暴行，他知道波斯人这个野蛮民族在过去60年内对帝国东部进行了最残酷的谋杀和劫掠，并常常歼灭我们的军团。此外，尤利安还怀有对战争的双重热望。一者，他厌倦无所事事，渴望战场的号角和砍杀声；二者，他刚成年第一次参加与蛮族的战斗时，耳边充斥着蛮族的王被轻易击败而不是作为俘虏伸出双手恳求饶命的祷告，因而他梦想用"帕提库斯（Parthicus）"这个称号增加自己的荣耀。[1]

阿米安努斯的记载表明，尤利安从罗马帝国与萨珊波斯长期对峙的视角看待自己的远征。尤利安对近60年以来，萨珊波斯对罗马帝国的羞辱和攻击愤怒不已。从公元362年往前推，就是3世纪末、4世纪初。前文说

---

[1] 阿米安努斯:《罗马史》，22.12.1–2。

过，298年至299年期间，伽列里乌斯率领大军攻陷过萨珊波斯的首都泰西封。那是罗马人第五次也是最后一次攻陷泰西封。由此可以推测，尤利安打算跟沙普尔二世算一次总账，意图通过一次猛烈的攻击，如伽列里乌斯攻陷泰西封那样，为帝国东部奠定长期的和平。

谈判取得的和平毕竟不如战争得到的和平更加持久。尤利安在高卢对日耳曼人的作战经验肯定强化了这一认识，尤其是对出尔反尔的波斯人，若是能以战争的方式换取长期和平，显然更值得。所以，尽管群臣极力反对远征，尤利安仍执意发起。阿米阿努斯在这段引文中还说到尤利安性情的一个特征：尤利安厌恶无所事事，渴望战争。换言之，尤利安非常好战，他渴望获取"帕提库斯"的称号。攻陷过泰西封的诸帝，都得到过"帕提库斯"的称号。对帝制时代的罗马来说，"帕提库斯"的称号无疑最有价值。

阿米安努斯的这段说法没有穷尽尤利安远征的全部意图。从史实看，尤利安的意图绝非仅限于攻陷泰西封。实际上，阿米安努斯对尤利安"厌倦无所事事，渴望战场的号角和砍杀声"已经透露出一点真相。"厌倦无所事事、渴望战场的号角和砍杀声"还是亚历山大大帝的特征，就如那则古老的传闻所讲的，部将问及亚历山大从印度东返巴比伦后的下一步打算，亚历山大大帝回答说，准备挥师向西，征服地中海西部地区。尤利安在战场上的表现，的确有亚历山大再生的意味，他总是身先士卒、奋勇冲杀到第一线。阿米安努斯在书中，总是拿尤利安与亚历山大大帝比较，可能也有这层意蕴：亚历山大大帝是尤利安的第二偶像。5世纪的一位教会史家提到，马克西姆斯让尤利安相信，他是亚历山大的化身。尤利安在远征波斯期间的诸多战略选择，表明他的意图不仅在于给予萨珊波斯惩罚性打击，而是意图效仿亚历山大，一举摧毁第二波斯帝国，将天下大一统的地理范围扩展到他所知的世界尽头。

尤利安于362年7月18日抵达安提阿，翌年3月5日离开安提阿，踏上远征之路，在安提阿驻留近8个月。在这期间，尤利安一方面命令大军在安提阿附近集结；另一方面派使者联络亚美尼亚和阿伯拉的部落，约定远征期间所负责的各项义务。亚美尼亚国王阿尔沙克斯二世（Arsaces II）同意共同出兵，届时亚美尼亚部队将从北向南运动，进入两河流域。

在此之前，尤利安称得上一位经验丰富的统帅，但是他的战争经验主要来自与蛮族部落的战争，日耳曼蛮族尽管勇猛，却在政治上缺乏组织，军队也算不上训练有素。他在与日耳曼作战时，常常率优势兵力深入敌人境内，往往凭靠一次关键战役就可获胜。萨珊波斯帝国却是完全不同的敌人。萨斯波斯帝国实力尽管无法与罗马帝国相比,但显然要比任何蛮族更难对付,它的耐力更持久,更能经受得住失败,甚至能很快从一次失利中恢复过来,继续投入作战。总而言之,与萨珊波斯帝国这样的战争必然是长期的、不是一次战役就可以结束的。

我们不知道尤利安是否充分考虑过敌人的不同。从战争的进程看,尤利安大大低估了波斯部队的作战能力和后勤补给能力,尤其是尤利安没有考虑到沙普尔二世采取的"拖延+消耗战略"。亚历山大大帝当年率领少数精锐部队远征波斯时,大流士三世愚蠢地选择正面战略决战,结果在伊苏斯战役和高加米拉战役中被击败,从而导致波斯帝国垮台。在尤利安远征时,沙普尔二世明智地避开战略决战,一边采取疲惫敌人的骚扰战术,一边采取焦土策略,导致尤利安6万大军的士气随着战线拉长不断降低,最终不得不选择撤退。

令人惊讶的是,尤利安似乎也没有充分意识到远征波斯导致战线拉长的问题。作战地域的变化相应地要求改变作战手段。两河地区的地形地貌气候与日耳曼地区完全不同。尤利安预计的行军路线和作战地域,用作灌溉的水渠和运河纵横,且天气炎热,要塞、城池众多。在莱茵河边界两边作战,罗马大军不会远离自己的补给基地,在战场上生存下来相对容易。但是,挺进一个敌对帝国的腹地，必然带来战线拉长、补给困难的问题。要想就地解决补给问题，绝非易事。

尤利安身边的密友和大臣反对他远征波斯。出发前，尤利安举行献祭，征兆不吉。西比尔祭司警告尤利安不得离开罗马领土。但是，尤利安将这些置于脑后。这期间，发生一次针对他的暗杀，皇家卫队的两名将领尤文提努斯（Juventinus）和马克西米努斯（Maximinus）试图刺杀尤利安，这两人都是基督徒。这表明，尤利安复兴异教、打压基督教的行动正处于关键时刻，此时率军远征波斯，绝非明智之举。但是，尤利安皇帝一意孤行，不顾所有反对。这些意见无论从军事还是政治角度，都值得认真对待。

可能的原因在于，尤利安复兴异教的严苛政策导致部分异教人士的反对，尤其是那些老练的行政官员和军事将领。作为帝国的官员，他们只想确保帝国稳定，而非掀起一场精神内战。他们可能欢迎尤利安对异教的态度，但不大认可他完全依照新柏拉图主义来塑造帝国。异教人士的反对可能尤其让尤利安愤怒，因而才在远征波斯这件大事上，忽视这类人的建议。尤利安可能将这类人反对他远征波斯与反对异教复兴政策联系起来看待。阿米安努斯说，尤利安在远征上毫不动摇。随着他的复兴异教政策遭到越来越多的反对，尤利安的态度变得愈发强硬。

362年7月，尤利安抵达安提阿后，忙于两件事，首先，有条不紊地为远征波斯备战；其次，着手改组安提阿的地方元老院。安提阿是帝国亚洲疆域最大的城市，也是东进波斯的战略基地，无论繁荣程度还是战略意义，都非常重要。由于与波斯连年战争，安提阿的粮食价格飞涨。此前，君士坦提乌斯二世对波斯的战争已经严重损害安提阿普通市民的生活。尤利安再次为远征波斯筹集军粮，更加剧了安提阿的粮食危机。尤利安到达安提阿后，立即着手解决这一问题。这一问题既是经济问题，也是政治问题，考验尤利安治理帝国的政治智慧。尤利安改组安提阿元老院，是他整顿帝国内政的一部分，也是解决安提阿粮食危机的步骤。安提阿作为帝国数一数二的名城，又是东部的政治经济中心，让安提阿成为尤利安复兴帝国各城市的楷模，显然具有重要意义。此时，安提阿就像帝国境内的其他城市一样，已经丧失2世纪时那样的自治活力，富人们尽可能避免承担公共义务。

尤利安命令所有符合条件的人到元老院登记，将安提阿元老院的人数扩大到200多人。符合条件的人都是富人，他们成为市政元老院成员，就有义务救护普通市民。随着安提阿的粮食危机愈发严重，尤利安期待安提阿元老院主动配合他，解决这次危机。尤利安从埃及以及其他地方运来粮食，同时发布限价法令，让安提阿的穷人买得起粮食。但是，安提阿的富人暗中囤积尤利安运来的粮食，导致粮食价格仍然高居不下。为了得到安提阿权贵的配合，尤利安主动将原先属于帝国中央政府的农田，分给安提阿的权贵，期望通过中央的让步，换取安提阿权贵低价出售粮食给穷人。但是，安提阿权贵仍拒不配合。安提阿权贵的这种态度让尤利安震怒不已。尤利安态度愈发强硬，果断惩罚和处死部分人员。尤利安与安提阿元老院的关系完全破裂。

安提阿市政问题又与宗教问题纠缠在一起。尤利安登基时，安提阿已是一个基督徒占据多数的城市。尤利安抵达安提阿后，着手恢复位于安提阿城郊达芙涅的阿波罗神庙。阿波罗神庙后面有一座基督教教堂，那里埋着基督教的殉道士圣巴比拉斯（Babylas），后者死于德基乌斯皇帝迫害期间。尤利安立即命令移除那位殉道士的坟墓。在移除坟墓的那一天，安提阿的基督徒聚集在达芙涅，护送那位殉道士的遗体前往另一个地方。人群不断吟唱"凡敬拜、信靠雕刻的偶像的人都被迷惑了（《诗篇》97.7）"。显然，这是一种威胁。尤利安异常愤怒，命令官员逮捕罪魁祸首。几天后，362年10月22日，阿波罗神庙起火，被烧成灰烬。尤利安怀疑是基督徒干的，下令彻查，但没有结果。但是，尤利安本人心中非常清楚，谁应该对这次纵火负责。

安提阿事件表明，治理帝国绝非易事，若是意图推动某种改革，更是难上加难，而尤利安志在复兴异教大业是最难的事业。尤利安应对安提阿事件的举措表明，他还缺乏管理帝国的经验。尤利安登基不久，指望单凭出台种种贤明的法律，公正廉洁简朴的名声，就可以用行政命令解决错综复杂的政治、经济、宗教问题，显然不够明智。崇高的品德当然是统治者的必备要求，但同时政治统治也是权力博弈。如果不掌握权力，政令就不可能得到推行。尤利安在安提阿的遭遇表明，他在帝国东部的政治根基尚未稳固。从这一点来看，不仅此时远征波斯尚属鲁莽，而且一登基就发布复兴异教、打压基督教的种种法令，也太过急躁。

面对安提阿权贵阶层拒不配合的结果，尤利安坚持踏上远征之路，是这种鲁莽和急躁的明证。他最亲密的朋友、时任东部大区长官的撒路斯提乌斯，写信给他，劝诫他一定不要离开帝国边界。等尤利安收到好友的信，已经在前往波斯前线的行军路上。

363年3月5日，尤利安从安提阿启程，向东进发。此前，远征大军已经奉命集中于赫拉波利斯（Herapolis，现在叙利亚曼比季），距离幼发拉底河仅

25公里。赫拉波利斯是一个军事后勤基地，储存大量粮食、武器、材料。罗马大军汇集于此，是即将发动攻击的明显信号。但是，攻击的方向还不能确定，既可以朝东方方向，直扑阿米达，也可以沿东南方向进入波斯境内。沙普尔二世此时也在集结军队，但没有前入到罗马边境，因为他无法判明尤利安攻击的方向。

此前尤利安已经传命给亚美尼亚国王，要求他在363年春做好发起军事行动的准备。就此时的战争形势而言，若沙普尔二世贸然派大军先发制人，很可能遭到尤利安主力大军和亚美尼亚军队的联合夹击。看起来，这就是尤利安最初的战略计划。3月7日，尤利安沿着阿勒颇大道抵达柏罗阿（Beroea，即现在叙利亚的阿勒颇）。尤利安拜访柏罗阿的卫城，献祭一头公牛后，改道东北，于9日抵达赫拉波利斯。尤利安在赫拉波利斯给利巴尼乌斯写信，细致描述了行军的情况和途中的风景，[1]流露出对战争前景非常自信。

在赫拉波利斯驻留两天后，大军开拔，3月12日渡过幼发拉底河，3月13日扎营于巴特奈（Batnae，今叙土边界处）。此城距离幼发拉底河约65公里。尤利安的远征大军共9万人，外加1100艘船只。3月14

---

[1] 尤利安，*Letters* 58。

日，大军从巴特奈前进到卡雷（Carrhae，现在土耳其哈兰，尚勒乌尔法东南38公里处）。公元前53年，克拉苏（Triumvir Crassus）率领6000人在这里被帕提亚人全歼。不过，这是一座异教徒占优的城市。卡雷东北不远，是著名的埃德萨城，一座基督徒占优的城市，君士坦提乌斯二世对波斯作战时，一直将那里当作前进基地。迄今为止，罗马大军都在向东北方向运动，显得直指阿米达。埃德萨恰好位于这条线路上。

大军在卡雷休整了几天。此时有传言说，尤利安指定他的亲属普罗科皮乌斯（Procopius）做继承人，一旦他在战争中驾崩，就由普罗科皮乌斯继任皇帝。这是一个普罗科皮乌斯后来传播的谣言，365年普罗科皮乌斯以尤利安的继承者自居，起兵反叛瓦伦斯皇帝。此时，沙普尔二世仍没有动静。从卡雷有两条路线进入波斯境内。一条经尼西比斯（Nisibis，现在土耳其与叙利亚边境上的努赛宾），然后在摩苏尔渡过底格里斯河，一路南下到波斯首都泰西封，大体路线是现在的巴格达铁路沿线。另外一条路线是从卡雷南下，沿着幼发拉底河，可直通泰西封。

尤利安为了迷惑敌人的侦察队，决定兵分两路。普罗科皮乌斯与塞巴斯提安努斯（Sebastianus）共同指挥一支3万人的辅助部队，继续朝底格里斯河方向行进，届时与亚美尼亚国王阿尔沙克斯二世的部队会合后，南下与尤利安的主力部队会师于泰西封附近，一举攻克波斯首都。尤利安亲率6万主力部队，沿着幼发拉底河南下。尤利安的战略计划是，塞巴斯提安努斯和普罗科皮乌斯率领的偏师，佯装成主力继续东进，首先，可以掩护主力的侧翼，防止波斯大军切断主力回师的道路；其次，可以吸引部分波斯军队，减轻主力的压力。塞巴斯提安努斯是偏师的主将，普罗科皮乌斯是副将，主要负责与亚美尼亚军队会合的事务。尤利安的这一战略显然出自他对战争获胜的极端自信，认为偏师和主力会师于泰西封，乃必定之事。这是尤利安低估敌人实力的证据。就古代的通信和交通条件来说，两支军队长距离行军、远距离分进合围，是非常困难的事。

3月22日，尤利安率主力从卡雷启程。前一天，塞巴斯提安努斯率领的偏师已经启程。为了给敌人侦察队造成他欲跟进偏师的印象，尤利安率大军首先向东北行进一段距离。沿途建立的伪装的补给站更增强了欺骗的真实感。从后续战争进程来看，尤利安此举确实起到了成效。天黑后，尤利安命令大军掉头向南。经过四天行军，3月26日，大军抵达卡利尼库姆（Callinicum，现在叙利亚拉卡城），此城是幼发拉底河和支流巴利卡河（Balikh）的交汇处。大军抵达卡利尼库姆时，正值诸神之母库伯勒的节庆，尤利安依照古罗马的习俗参加了节庆。从卡利尼库姆出发，罗马大军沿幼发拉底河左岸，经过5天行军，4月1日，抵达边界城市塞斯希乌姆（Circesium，现在叙利亚布塞拉），即《圣经》中的名城卡尔凯美什（Carchemish）。在这次行军期间，阿拉伯部落派来的辅助部队加入尤利安的大军。

与此同时，大型攻城器械由一支运输船队，从幼发拉底河上游运送，紧追主力部队而来。这支运输船队非常庞大，阿米安努斯说，有1100艘船，大部分是用亚美尼亚群山中的树木建造。这支运输船队不仅运送攻城器械，还有大军的补给。这支运输船队的指挥官是**君士坦提安努斯**（Constantianus），未来的瓦伦提尼安皇帝的叔叔。这支船队在塞斯希乌姆稍北一点与尤利安的主力会合。幼发拉底河一般在3月份开始涨水，5月底达至最高点，然后逐渐降低，到10月份降至最低。因此，直到夏季结束前，这支船队都可以在幼发拉底河航行。

这支运输船队的到来，极大地方便了行军。塞斯希乌姆也是幼发拉底河与最大的支流哈布尔河（Khabur）的交汇处。尤利安的大军要想继续沿幼发拉底河左岸行军，需渡过哈布尔河。运输船队搭起船桥，大军很快渡过了河。正是在这里，尤利安接到东部大区长官、也是他的密友撒路斯提乌斯劝诫他召回远征军的信。可是，即便尤利安有此意愿，也已经太迟。在即将进入波斯境内前，尤利安在盖塔（Zeitha）城对大军发表演说。这是一个历史性时刻，已经60多年，罗马士兵没有踏上波斯人的土地。除了在卡雷时，见到过一小队波斯侦察兵，大军迄今为止还没有与敌人接触。史家阿米安努斯就在现场，他在自己的史书中叙述了尤利安的演说：

> 我英勇的士兵们，看到你们充满活力和斗志，我决定向你们讲话，好向你们解释，如某些恶毒之人抱怨的那样，这不是罗马人第一次侵入波斯王国。且不说卢库鲁斯、庞培穿过阿尔巴尼人和马萨格泰人的土地，我们现在称之为阿兰尼人，进入波斯人的国家，直抵里海，单说安东尼的大将温提狄乌斯（Ventidius）就在这个地区令敌人数次品尝血腥的失败。
>
> 且不说这些古代的事例，只说近代的事例。图拉真、维鲁斯和塞维鲁斯都在此地获得胜利；戈尔迪安皇帝——我们刚刚瞻仰过他的坟墓——本来在击败波斯国王后应再带着同样的荣耀凯旋，但是被他的禁卫长官菲利普和一小撮帮凶谋划的阴谋杀害，就在他被埋葬的地方。但是，戈尔迪安皇帝的冤屈很快得以昭

雪，策划阴谋的人很快遭遇悲惨的死亡。这些皇帝皆受崇高的目的驱使，完成了千古流芳的功业，而我们之所以来到这里，是因为近来那些被波斯人攻陷的城市，被歼灭的军队，所遭受的巨大灾难和损失的许多营地。因为每个人的欲望都和我们的欲望是一样的，那就是通过让我们帝国的边界更安全，来弥补过去，让我们的帝国更有力量，从而给我们的子孙后代留下赞美我们的事迹。

在永恒之神的护佑下，无论在什么地方，只要情势顺利，我都将作为皇帝、统帅、骑兵伙伴，和你们并肩作战。但是，如果无常的命运在某场战斗中压倒我，我将很高兴为帝国牺牲，那将是对古代楷模库尔提乌斯（Curtius）和穆奇乌斯（Publius Mucius Scaevola），以及高贵的德西乌斯家族的效仿。我们必须毁灭一个最邪恶的国家，它的刀剑上我们同胞的鲜血还未干。我们的祖先花了很长时间铲除一切祸根。经过漫长艰难的战争，迦太基才被击败，但是我们最伟大的统帅（斯基皮奥·埃米利乌斯）担忧迦太基会幸存下来，将之毁灭。然后，斯基皮奥经过漫长的围城后，把努曼提亚（Numantia）彻底毁灭。罗马将菲代纳（Fidenae）夷为平地，这样就不会有能与她匹敌的敌人出现，正是基于这个理由，罗马抹平了法勒里（Falerii）和维伊（Veii）两城。

即便最可信的古代史家也很难让我们相信，这些城市曾经强大到足以挑战罗马。这条原则是我通过研究古代史书提出的，它仍然是你们每个人的原则，撇开掠夺的欲望，这条原则总是吸引罗马士兵与军队并肩作战，当必须战斗时，追随他的军旗，始终牢记一旦有任何人倒下，他就会被俘。除了敌人奸诈诡计多端外，我无所畏惧。最后，我向所有人保证，待战争圆满结束，我将放弃君主的一切优先权力，因为君主有充分的理由认为他所说的或解决的任何事都是公正的。届时，我将向所有人解释我或正确或错误的行为。因此，我恳求你们，立即唤醒你们的勇气，既期待取得巨大胜利，因为你们将与我经历同等的困难，又坚信胜利总是属于正义的事业。[1]

---

[1] 阿米安努斯:《罗马史》，23.5.16–23。

布朗宁（Robert Browning）说这是一篇很奇怪的演说。他认为，这篇演说表明尤利安对于战争的目标定位不清晰。正是这种不清晰导致尤利安诸多战术战略的错误。尤利安一方面通过追忆古代楷模，提出远征波斯的目标是确保帝国东部行省的安全。这一目标实际上凭借有限胜利即可以达到。但是，尤利安又通过提及罗马对迦太基的战争，表明此次远征的目的在于彻底摧毁波斯。这意味着与波斯的战争是一场全面战争。布朗宁的说法可以得到利巴尼乌斯的印证，利巴尼乌斯提到，沙普尔二世派使节请求谈判时，尤利安的群臣皆认为应该同意谈判。[①]的确，对于确保东部行省的安全来说，通过谈判签订一份和约，或凭借有限胜利，得到一份有利于罗马帝国的和约，乃是可行的。这样做危险性最小，付出的代价也最小。

尤利安的这篇演说是罗马帝国的帝国逻辑的最佳说明，从中我们也可以窥见西方文明的帝国逻辑。从追求安全的有限目标，到欲求灭绝敌国，不是非此即彼的关系，而是逻辑的自然发展。第二次布匿战争后，迦太基遭到罗马严厉惩罚，已对罗马不构成威胁，恰如当年的维伊城也不足以挑战罗马，但是罗马都彻底铲除了这

[①] 利巴尼乌斯：《尤利安葬礼上的演说》，194。

两个城市。理由在于，罗马要剪除一切有可能与她匹敌的国家。只有铲除了一切可能的敌人，才称得上最大的安全。当下美国对中国的遏制就基于这条逻辑。由此我们可以看到，西方文明的帝国逻辑一脉相承。美国的军事政治前线位于中国边境上，美国却说中国威胁它的安全。同理，罗马帝国的东部边境紧靠萨珊波斯的首都泰西封，而罗马帝国的首都远在千里之外。此外，罗马帝国显然比萨珊波斯强大得多，萨珊波斯对罗马帝国远远构不成致命威胁。尤利安在这里仍然用安全的逻辑，作为他远征波斯的正义理据。

研究者们基于尤利安在这次远征中战死，功败垂成，故推测尤利安若追求有限的安全，可能不会遭此命运，进而批评尤利安的战争目标混乱。从帝国治理的角度讲，尤利安的确应该选择有限的安全目标。但从尤利安的战争逻辑来看，他选择摧毁萨珊波斯是帝国逻辑的自然结果。对于一心复兴帝国的尤利安来说，有什么比灭掉帝国东部的这个中型帝国更能说明帝国强盛的呢？

对于罗马帝国的天下意识来说，灭掉萨珊波斯，将有人居住的地区纳入帝国统治，符合这一意识。对古代晚期的世界来说，亚历山大始终是一个幽灵般的人物。站在幼发拉底河边的尤利安，很难不想到亚历山大。兴许，尤利安的确想效仿亚历山大，将罗马帝国的边境扩展到东方陆地的尽头。那样，整个帝国将是真正的天下式帝国。

363年4月6日，尤利安率大军越过边界，进入波斯境内。经过4天行军，遇到第一个有人守卫的波斯城市，即古城阿纳塔（Anatha，现在伊拉克的阿奈）。这座城位于幼发拉底河中的岛上。尤利安派出沙普尔二世的兄弟霍尔米兹德王子，跟守军谈判。当时，这位王子在罗马帝国避难。霍尔米兹德进入城中不久，守军投降。如果尤利安打算毁灭萨珊波斯，带着霍尔米兹德远征波斯，难道是想让霍尔米兹德看看祖国被摧毁的场景？如果说尤利安打算让霍尔米兹德登上萨珊波斯王位，当着未来国王的面，摧毁萨珊波斯的都城、屠杀波斯人民，这样能确保未来的霍尔米兹德国王听命于罗马？可以想见，无论远征胜败，霍尔米兹德难逃棋子的命运。霍尔米兹德王子很容易让人想起，小居鲁士引希腊雇佣军与兄长阿尔塔薛西斯争夺帝位的故事。

阿纳塔守军投降后，罗马人纵火烧毁。大军沿途经过的波斯城镇全部被付之一炬，未来得及逃走的居民全部被杀。尤利安对哲学的热爱，并不妨碍他在替帝国复仇时如此残酷！迄今为止，尤利安的大军仍未遇到沙普尔二世成规模的军队。从阿奈开始，大军开始进入一个运河纵横交错的地区，有些运河非常宽，足以供舟船航行。例如，最大的"国王运河"连接幼发拉底河与底格里斯河，直通波斯都城泰西封。因此，罗马大军转而离开幼发拉底河，沿着这条运河向东南行军。

4月27日，大军抵达第一座设防的大城波利萨波拉（Porisabora，现在伊拉克拉马迪），是萨珊波斯在两河地区的第二大城市，距离底格里斯河仅64公里。这座城周围运河与沟渠密布。一开始，罗马人尝试说服守军投降，没有成功。然后，开始围城。波利萨波拉的守军训练有素，装备精良，罗马人数次攻击没有取得任何进展。几番攻击之后，守军要求与霍尔米兹德王子对话。但是，当霍尔米兹德来到城墙下，却遭到守军辱骂和嘲弄。若非他离得城墙有点远，定会被守军射杀。然后，罗马人动用重型围城机械，同时挖掘通往城墙下的地道。结果，守军只得退往卫城。经过几天激战，守军被迫投降。守军投降前通过霍尔米兹德，要求罗马人保证不杀俘虏。尤利安庄严地做出保证。守军打开大门，出城投降，共计2500余人，被罗马人全部处决，城市被烧毁。

4月30日，三支罗马骑兵巡逻队在波利萨波拉附近，遭到波斯军队攻击，少数人被杀，丢失一支军旗。这意味着，附近有沙普尔二世的军队。尤利安对这次失败异常愤怒。这次小损失表明，尤利安的大军在长期的顺利行军作战之后，纪律有所松弛，放松了对敌人的警惕。因此，依照古罗马的惯例，尤利安严厉惩罚返回的两支巡逻队。同一天，尤利安再次将大军召集起来，发表演说庆贺在波利萨波拉的胜利，鼓励全军继续保持士气，并允诺每人可以多得一百枚银币。但是，士兵们没有像往常那样欢呼，而是骚动不已。显然，大军由于长距离行军，气候干燥，已经非常疲惫。尤利安大讲帝国国库贫困，鼓励士兵们节制，但没有起到什么作用。

接下来的几天，大军穿过一片大水弥漫的地区，向底格里斯河靠近。显然，这是波斯人主动挖开灌溉运河的结果。当时幼发拉底河水量大涨，以大水来阻碍罗马大军的行军，并非难事。因此，大军的行军速度放缓，波斯军队开始不断骚扰罗马人。前队士兵在经过一个犹太人村庄时，未得到上级命令，就烧毁了村庄。看来，罗马大军的纪律没有好转。因为该地的犹太人人数众多，很多可以追溯到巴比伦之囚时代。尤利安若有意将两河流域纳入帝国统治，应该区别对待犹太人和波斯人。

经过8天行军，罗马大军抵达迈俄扎马卡（Maiozamalcha）城。此城距离泰西封仅一天路程。尤利安立即发起围城战。在预备性攻击时，尤利安差点被一小群波斯士兵杀死。这次事件与他最后战死的那次特别类似。尤利安的勇敢有时近乎鲁莽。迈俄扎马卡城地势较高，难以接近。城墙非常坚固，守军众多。通过直接攻击拿下此城不太可能。尤利安再次动用大型攻城器械，挖掘通往城墙的地道。此时，前往侦察的军官报告说，从此地到泰西封，没有波斯人的主力部队。士兵们受到鼓舞，发起猛攻。遭到不小损失后，败退而归。第二天的攻击同样如此。

尤利安开始变得急躁。因为，时机愈来愈不利于罗马大军。夏天的两河流域南部是地球上最炎热的地区之一，气温常常在40℃以上。当天夜里，负责挖掘地道的官员报告，有一条地道已经抵达城墙附近。尤利安决定趁夜发起攻击。士兵们登上城墙后，发现有一位老妪带着孙女睡在一旁。在老妪即将发出喊声之际，罗马士兵一剑封喉。罗马士兵拥入城内，展开大屠杀。阿米安努斯如此记述："这样一座人口稠密的大城，被罗马人毁灭，化为一片废墟。"[1] 由此可见，萨珊波斯军队的军事素养不太高。

大概5月中旬，罗马大军离开迈俄扎马卡，向泰西封进军。由于总是需要渡过运河，行军速度非常缓慢。一支波斯军队预先占据一些要塞试图延缓罗马大军挺进，很快被击溃。第一天，罗马人抵达波斯王的动物

---

[1] 阿米安努斯：《罗马史》，24.4.30。

园，第二天抵达塞琉西卡城附近，尤利安在此休整两天。当大军休整时，尤利安亲自侦察前往泰西封的道路。尤利安在经过一个敌人要塞时，再次差点被杀。敌人通过尤利安的衣着认出了他，发动突袭。他的扈从受伤，他自己险些丧命。这是尤利安鲁莽的又一个证据。有哪位大军的统帅，会在陌生的敌国、敌人主力不明的情况下，亲自侦察敌情？尤利安难道没有想过，一旦他被杀，大军该怎么办？攻下要塞后，罗马大军挺进到底格里斯河畔。对面的泰西封城清晰可见。问题在于，如何渡过底格里斯河。河对面有一支波斯大军严阵以待，还有一支象队。大多数罗马士兵都没有见过大象，至少史家阿米安努斯觉得这种动物令人恐惧。

尤利安的决定是立即当着波斯军队的面登陆。他的将军们激烈反对。阿米安努斯没有记述将军们的计划，无非是避开严阵以待的敌人，找一个没有防御的地段，渡过河后，再找波斯大军决战。但是，尤利安坚持己见。这是因为波斯人没有紧靠河岸列阵。尤利安先派出**维克多**（Victor，后卫部队的指挥官）率领五艘船，满载士兵渡河。面对波斯人的箭雨，维克多没有成功。尤利安立即命令余下的士兵，在波斯人占领河对岸的岸边前，渡过底格里斯河。罗马大军趁夜色渡河，成功在对岸站稳脚跟。尤利安的冒险再次证明，他是正确的。天快亮时，大军全部渡河完毕，这一天是5月29日。

　　罗马大军立即发动攻击。很快波斯阵线溃败，罗马人紧追不放。尤利安取得大胜，2500名波斯人被杀，己方仅损失70人。大军的士气高涨，看来他们可以在战场上击败波斯大军，此前他们还未与波斯军队面对面激战过。罗马营地一片欢腾，对士兵们赏赐奖励后，尤利安再次得到士兵们的欢呼，感激他带领他们获得这一光辉的胜利。尤利安也更加确信，诸神站在他这一边。第二天，用来献祭的十头公牛，第十头在抵达祭坛前挣脱束缚逃跑。抓回之后，它的内脏显示不吉。阿米安努斯怀疑，有人给公牛下了毒。[①]但是，对尤利安和整支大军来说，这意味着他们的远征不得诸神欢心。

　　取得大捷之后，尤利安召开军事会议，商讨下一步的行动。但是，会议对最重要的问题没有做出决断，即是否要围攻泰西封。大多数将领反对围攻泰西封。尤利安的看法如何，没有记载下来。依照阿米安努斯的记述，尤利安同意了多数将领的意见。这意味着尤利安放弃了远征最重要的目标：消灭萨珊波斯。因为若不能攻克萨珊波斯的都城，就谈不上消灭这个帝国。

　　尤利安为何同意放弃最重要的军事目标，并不难理

---

① 阿米安努斯：《罗马史》，24.6.17。

解。将领们提出的意见是，泰西封防御牢固，若围攻，必将面临被沙普尔二世的大军合围的危险。此时，沙普尔二世的主力仍未露面，将领们怀疑波斯主力就在附近虎视眈眈。依照尤利安对目标非常执着的个性，面对这一战场困境，他应该会想方设法予以解决。兴许将领们的意见代表了全军的意见，士兵们已经极为疲惫，又是炎炎盛夏，缺乏攻城意志。在面对最大的军事冒险时，可能尤利安的审慎占了上风，才同意不围攻泰西封的决定，以免丧师于泰西封城下。实际上，从塞斯希乌姆出发至今，行军近500公里，尽管攻克城池无数，但没有大量消灭敌人的有生力量。泰西封城下的激战，砍杀敌人2500余，但大多数敌人逃进了泰西封城。

尤利安在泰西封城下，面对这种军事困境，对消灭萨珊波斯的战争可能有从长计议的想法，亦未可知。对于消灭萨珊波斯这样的敌人来说，一次远征作战没有成功，可以等待一些时间，再次兴兵。60多年以来，罗马大军第一次进入波斯境内，这已经是巨大的成就。沿途一路蹂躏敌人的土地，已经为此前罗马边境上的灾祸复仇。总而言之，尤利安基于战场的处境，放弃围攻泰西封是一个明智的决定。称职的军事统帅，总是依据战场处境的变化，做出符合处境的决定。

依照尤利安的设想，他的远征大军将在波斯境内与沙普尔二世的大军决战。决战中，沙普尔二世的大军被歼灭或击溃，就如亚历山大大帝在伊苏斯、高加米拉战役中击败大流士三世的军队一样。如此，罗马大军就可以顺势抵达泰西封城下，泰西封不攻自破。从远征过程来看，尤利安显然没有想到，沙普尔二世竟然龟缩不出，采取骚扰战略，派小股部队骚扰罗马大军，消耗其士气和精力。换言之，沙普尔二世根本没有给尤利安击败他的机会。尤利安指望在泰西封城下与沙普尔二世的主力决战，所以才一抵达底格里斯河岸边，就命令全军立即渡河。但是，陈兵对岸的波斯军队并非主力。尤利安远征虎头蛇尾的结局，表明他的确在战前对敌人估计过低，没有充分考虑到战争中可能出现的种种不利局面。这是他的失职的表现。但是，这一失职并不致命，他的大军仍然完好，没有遭到什么严重伤亡。毕竟，这是他第一次率军与一个文明帝国作战。依照尤利安好学善思的性情，他完全可以事后充分吸取经验，在下一次远征中打败沙普尔二世。

放弃围攻泰西封，就意味着罗马大军需要撤回罗马帝国境内。此时一方面天气炎热，另一方面士兵已经非常疲惫。如何撤退成为最重要、也是最麻烦的问题。沙普尔二世完全有可能在罗马大军撤退途中，发动攻击。若是原路返回，后方没有援军，还得再次经过沟渠纵横、大水弥漫的地区。从军事影响上来看，选择这条路线也不好，因为对于帝国民众来说，原路返回意味着败退而归。因此，尤利安坚持应改道北上，沿着底格里斯河向北方前进，以与塞巴斯提安努斯率领的偏师会合，然后返回罗马帝国境内。但是，尤利安此时根本不知道塞巴斯提安努斯率领的偏师的具体位置，凭借当时的通信条件也无法及时取得联络。

因此，尤利安选择的撤退路线看起来像是新的军事冒险。从泰西封沿着底格里斯河返回罗马帝国境内，仍有漫长的路途，且同样天气炎热，同样面临遭到沙普尔二世主力大军攻击的危险。尤利安表面上赞同将领们放弃泰西封的意见，但内心希望通过貌似撤退的行军，寻找沙普尔二世主力进行决战，亦未可知。那艘庞大的舰队无法返航，因为底格里斯河与幼发拉底河皆是涨水期，无法逆流而上。于是，尤利安决定烧毁舰队，这一天是6月3日。

大军沿着底格里斯河左岸向北开拔。波斯人采取坚壁清野的焦土政策，沿途的庄稼皆被烧毁，同时不断对罗马行军队伍发动骚扰性攻击。士兵们风声鹤唳，士气低落。士兵们要求改变行军路线，原路返回。尤利安再次召开军事会议，将领们倒是一致同意继续北上。毕竟，从军事角度看，如此反复显然近乎儿戏，更加危险。不过，这件事预示着大军处境不妙，士兵们很可能会爆发骚乱。

6月16日，大军继续上路。此时，已经遭遇波斯人轻装步兵的攻击。这一天，全军看到北方有一大团沙云。有人认为是一群野兽奔跑激起的尘土，有人说那是塞巴斯提安努斯的援军。还有人怀疑是沙普尔二世的大军。由于没有人知道前方是什么，全军决定就地扎营。第二天发现，那团沙云是沙普尔二世的军队。

沙普尔二世的大军列阵于前，中间有一条小河。罗马士兵要求立即发动攻击，尤利安则非常谨慎，怀疑是一个陷阱，禁止发动攻击。不过，前卫部队已经与波斯人展开激战，很快波斯人撤退。6月18日，大军行军到一处大庄园，水源丰富。全军决定休整两天。6月20日，大军再次启程。波斯的主力已经不见踪影。突然一支敌军骑兵从山坡上冲下，突袭罗马大军的后卫。罗马骑兵倾巢而出，敌人很快败退。6月21日，大军抵达一个名叫马拉加（Maranga，今伊拉克萨迈拉以南48公里处）的地方扎营。从泰西封启程起来，全军行军非常缓慢。

第二天一早，哨兵报告一支巨大的波斯军队在接近。身着铠甲的波斯士兵正在赶来，身后是令人恐惧的象队。尤利安知道，一定不能让敌人包围自己。如果波斯的弓箭手穿插到罗马大军后方，将导致灾难性的后果。他知道波斯士兵善用弓箭，但不敢面对罗马的步兵战阵。所以，他摆出新月形战阵，快速迎向敌军，以缩短敌人放箭的空间。战斗非常激烈血腥，波斯人遗尸无数后败逃。这是两军第一次决战，也是最后一次。尤利安低估敌人情有可原，波斯军队的军事素养确实无法与罗马军队相比。此后，沙普尔二世继续执行骚扰战略，不断派出小股部队袭击罗马大军。

大胜之后，罗马士兵对沙普尔二世主力的恐惧消失，看来他们能够打败任何波斯军队，于是乘着大胜，在马加拉连着休整三天。此时，罗马大军最大的麻烦是补给告急。这三个晚上，尤利安都睡得不好。有一个夜晚，他正在营帐中读书，出现了幻觉，看到罗马人民的精灵撩起他的帘幕走进营帐。同一个夜晚，他还看到一颗流星。天亮之前，他召来预言师询问，后者告诫他一定不能参加战斗。非常奇怪的是，尤利安尽管对诸神非常虔敬，却一般不理会预言师、祭司们的反对意见。比如，若是一次献祭不吉利，他会反复献祭，直到得到吉兆为止。看来，尤利安对献祭的态度和他的老师马克西姆斯态度相同。预言师同时建议尤利安，推迟出发日期，遭到尤利安的忽视。

6月26日一早，罗马大军开拔。一启程，就不断遭到波斯人的骚扰袭击。尤利安与前卫部队同行，突然获悉后卫部队遭到敌人猛烈攻击。尤利安立即策马驶向后卫，连战斗盔甲都没穿。在奔向后卫部队的过程中，尤利安得知左翼遭到敌军骑兵和象队的攻击，正在溃败。尤利安奔到战场，召集正在撤退的士兵继续作战。他的出现稳住了阵线，波斯人开始败退。尤利安骑马继续向前冲，示意身后的卫队跟紧他。但是，由于尤利安冲得太快，卫队被冲散，与尤利安脱离。一些卫队士兵看到尤利安冲进一处混战的战场，赶紧呼唤他后退。尤利安根本没有听到。突然，一支长矛贯穿他的手臂，刺入他的身体。尤利安本能地试图拔出长矛，没有成功，几秒钟后，尤利安从马上跌落，陷入昏迷。卫队立刻围在他的身边，将他抬回营帐施救。全军立即停止前进，就地扎营。在此期间，罗马大军仍在与波斯人战斗。战斗中，尤利安的一名将军阿纳托利乌斯（Anatolius）战死。

在医生奥雷巴西俄斯的努力下，尤利安逐渐清醒，但非常虚弱，对泪水涟涟的众同僚说道：

> 我不后悔我的行为，我也没有任何重大罪行的回忆折磨我，无论是我被置于黑暗和阴影中时，还是在我成为皇帝之后，我始终爱护我的灵魂，紧紧追随它与诸神的关系，一直保持

纯洁，节制地处理民政事务，只有深思熟虑后才发起和拒绝战争。然而，周密的计划并不总是与胜利相辅相成，因为更高的存在宣称他们才是一切事业的裁断者。一位公正的统治者的目标是臣民的福佑和安全，我总是更愿意采取和平的措施，在我的行动中排除一切放纵的行为和败坏的品格。另一方面，我也为离开此世感到高兴，因为帝国就像一位专横的父亲，常常故意将我置于危险之中，让我挺立四方，仿佛让我将命运的风暴踩在脚下。

我不会羞于承认，多年前一位值得信赖的预言师告诉我，我将死于战争。因此，我感激不朽的神不是让我死于秘密的阴谋、恼人的病痛、作为罪犯被杀，而是让我在获得辉煌名望的中途，发现我值得如此高贵地离开这个世界。因为那些在本不该死之时却觅死的人，和那些大限已经来临却试图避死的人，都是软弱和怯懦之辈。我要说的就这么多，因为我的气力正在衰退。至于皇帝的人选，我保持沉默，以免由于我的无知错过更称职的人。若我认为某个人适合继承帝位，但有别的人更受欢迎，我就是将他置于险境。但是，作为我们帝国一名值得敬重的养子,我希望你们能找到一位好皇帝继承我。[1]

说完这些后,尤利安沉默了一会。然后,他想将自己的财产分给密友们。他唤人将阿纳托利乌斯叫来,有人回答说,阿纳托利乌斯已经战死。对自己即将死去毫不在意的尤利安,却为朋友的死陷入深深的悲伤之中。在场的群臣哭得更凶了。尤利安责备说,不应为一位即将返回天宇的君王哀恸。群臣的哭泣声消失后,尤利安与马克西姆斯和普利斯库斯进行了一场关于灵魂命运的哲学对话。突然,尤利安被奥雷巴西俄斯包扎好的伤口爆裂,血流如注。尤利安要求喝一点水之后,平静地躺下,几分钟后驾崩,享年32岁。

第二天早上,全军召开会议讨论继承者问题。约维安努斯被推举为皇帝,他立即披上尤利安的紫袍,率大军继续撤退。大军一直沿着底格里斯河左岸北上,沿途不断遭到敌人袭击。7月的前四天,大军渡过底格里斯河,沿着右岸北上。沙普尔二世仍然不敢与撤退的罗马大军决战,于是决定谈判。双方经过谈判,签订了一个为期三十年的和约。约维安努斯放弃边境上的5个行

---

[1] 阿米安努斯:《罗马史》,25.3.17–20。

省，包括关键的要塞城市辛加拉和尼西比斯。同时，罗马帝国放弃对亚美尼亚的宗主权。随后，亚美尼亚国王阿尔沙克斯二世被沙普尔二世逮捕。这份和约是罗马帝国历史上最大的耻辱性条约，意味着丧失了罗马帝国此前几个世纪在两河流域的优势。当大军抵达尼西比斯时，约维安努斯只能在城外扎营，因为此时这座要塞城市已成为波斯领土。第二天，一名波斯官员当着罗马大军的面，器宇轩昂地进入尼西比斯。约维安努斯立即彻底废除尤利安复兴异教的全部法令。

塞巴斯提安努斯和普罗科皮乌斯率领的偏师，在尼西比斯与大军会合。普罗科皮乌斯受命将尤利安的遗体运往塔尔苏斯，后者是尤利安原先准备在大胜归来后建造宫廷的城市。尤利安被安葬在塔尔苏斯城外，对面是第二代四帝共治皇帝之一马克西米努斯·戴亚的坟墓。363年秋，约维安努斯途经塔尔苏斯时，对尤利安的陵寝装饰一番。尤利安的陵寝前刻着这样的碑铭。上联写着：

面对汹涌的底格里斯河后，尤利安躺在这里。
一位伟大的君王和勇敢的士兵。

下联写着：

> 在银色的希德诺斯河（Cydnus）旁边，
> 在发起远征幼发拉底河
> 和波斯的战争失败而归后，
> 尤利安在这里找到他的坟墓，
> 一位伟大的君王和勇敢的战士。①

尤利安皇帝的驾崩，标志着绵延千年之久的异教文明在与基督教的竞争中落败。这是具有世界历史意义的大事件。此后，地中海文明迅速基督教化，393年狄奥多西皇帝下令彻底废除异教，基督教被立为国教。尤利安皇帝是异教世界最后的希望，而异教看起来终结于尤利安在底格里斯河畔马加拉城附近那次鲁莽的行动。如果他穿上铠甲，长矛就不会刺入他的身体造成致命伤口。从约维安努斯的撤退来看，尤利安若不战死，完全可以成功撤回罗马帝国境内。那样，他主导的异教复兴就会持续下去。

尤利安甫一登基时，亚里士多德学派的哲人忒米斯提乌斯写信给他，劝他成就前无古人的千古伟业，建议他净化大地和海洋。收到信后，尤利安回了一封讨论哲

---

① 两条铭文转引自Robert Browning, *The Emperor Julian*，前揭，第217—218页。

学与政治的信。他在信中说，政治世界是命运女神掌控的世界，"命运主宰着绝大多数必做的事情"。尤利安在底格里斯河畔意外战死，正好印证了他的这句话。尤利安跌宕起伏的一生，更是这句话的注脚。起先，仅仅由于年幼免遭家族屠杀。此后，常年生活于君士坦提乌斯二世的监视之下，时刻有性命之忧。转瞬之间，他的兄长伽卢斯被提升为帝国恺撒，他也随之获得自由。他原想投入新柏拉图主义学派，修炼通神之术。仅仅三年之后，兄长被杀，他受到牵连，差点被皇帝处决。因有一位天使般的皇后的庇护，尤利安得以躲过灾祸，重回哲学研究的生活。但是，转眼间竟被提升为帝国恺撒。

同时代人的记载说，尤利安有一种使命感，认为自己乃是天选之子，是诸神选中他复兴异教文明。斯特拉斯堡大捷后，尤利安确信诸神站在他这一边。君士坦提乌斯二世突然暴毙，他意外避过内战，成为帝国唯一的皇帝。尤利安再次确信诸神站在他这边。他在《驳犬儒赫拉克勒奥斯》中编的那个神话，更是近乎直白地说，他乃是宙斯选中拯救帝国的人。我们不知道尤利安在生命的最后时刻，有没有怀疑过，既然神无所不能，为何不能令命运女神听命。看起来，就连诸神也无从管控命运女神。

在新柏拉图主义的神学－宗教体系中，显然没有命运女神的位置。大多数深陷尘世泥沼的普通民众之所以虔诚地仰望神，往往是出于对无常命运的恐惧，渴望凭某个神的帮助抵御命运女神的打击。但是，最终证明任何神都不是命运女神的对手，仿佛她才是人类真正的统治者。尤利安一生遇到过许多要做出抉择的危急时刻。首先是355年11月在米兰。他要权衡是否接受恺撒的任命。依照他自己的叙述，他反复思量，跟心中的神较量、对话。他没有提到在这样的时刻去求神谕。

其次是360年2月巴黎的那个夜晚，他面临是否要接受士兵们拥戴他为奥古斯都的抉择。他仍然是跟心中的神斗争一整晚，最后接受了士兵们的呼声。可以想见，这样的心理斗争是理性的反复权衡。远征波斯前，西比尔祭司不建议他远征，他没有听从。363年6月25日，同样是预言师建议他第二天不要让大军开拔，或不要亲自参加战斗，他都没有听从。远征开始前，尤利安举行献祭，征兆不吉。与马克西姆斯去君士坦丁堡一样，尤利安不断献祭，一直得到吉兆为止。看来，尤利安根本不相信一般的宗教献祭和神谕。他相信自己的理性判断，相信心中之神的判断。

实际上，尤利安将此世的生死完全交给偶然。在生命的最后时刻，尤利安根本没有质疑他最高的神何以不能掌控命运。他在生命垂危之际，对泪水涟涟的同僚说道：

> 朋友们，眼下最幸运的是我有时间跟此生道别，我很高兴应自然的要求，将回归自然（resposcenti naturae），像一个体面的欠债人一样。不是像有人认为的那样屈服于悲伤，我已经从哲人们的普遍观念中懂得，灵魂比身体幸福得多，始终牢记当更好的状态将离开更坏的状态时，应该感到高兴而非难过。请想想天上的诸神也给一些有最伟大德行的人带来死亡，以作为对他们的奖赏。现在我们知道，这个奖赏也降临到了我身上，我不会屈服于巨大的困难，贬低和羞辱我自己，因为经验告诉我，所有的悲伤只会打败弱者，屈从于坚定者。[①]

在尤利安看来，死亡本身就是自然的一部分。命运女神并非自然的对立面，而是自然本有的特性之一。正因如此，尤利安才不听信祭司和预言师的告诫。据阿米安努斯说，尤利安在生命垂危之时，与马克西姆斯和

---

① 阿米安努斯：《罗马史》，25.3.15–16。

普利斯库斯进行哲学对话,主题是人之灵魂的命运。[①]如果他们之间的对话能流传下来,必定会是非常有意思的文献。利巴尼乌斯后来在《尤利安葬礼上的演说》中写道,尤利安应该被葬在雅典的柏拉图学园,靠近柏拉图墓地旁,如此他就可以分享代代学生献给柏拉图的祭物。[②]这可能真正符合尤利安的心愿,他始终是一位真诚的爱智者。

听闻尤利安驾崩的消息,利巴尼乌斯第一反应是想自杀。但是,基督徒却为此陷入狂喜之中,利巴尼乌斯异常恼怒。随着瓦伦斯治下,尤利安任命的祭司和官员被审讯,一度繁盛的神庙再度被毁坏,利巴尼乌斯除了愤怒和悲痛之外,更强烈的感受是沮丧。利巴尼乌斯的心境代表着那些追随尤利安的智识人的心境:没有了尤利安,没有帝国皇权的支持,复兴异教简直是痴人说梦。在这样的心境之下,利巴尼乌斯决定创作一篇葬礼演说,以纪念尤利安。他必须把尤利安所代表的那种精神和传统传递给后代,以待后来者效仿尤利安。365年,利巴尼乌斯的《尤利安葬礼上的演说》才完成。这是一篇旨在称颂尤利安的演说。在彼时基督教反攻异

[①] 阿米安努斯:《罗马史》,25.3.23。
[②] 利巴尼乌斯:《尤利安葬礼上的演说》,306。

教、异教智识人闭口不言的情况下,这篇演说难能可贵。这是尤利安死后,第一部纪念尤利安的文学作品。利巴尼乌斯在这篇演说中说:

> 你们这些诸神和不死的存在,为何不把它实现呢?你们为何不让人类因知道你们而幸福,和他是他们的幸福的创造者?你们发现他的品质有什么缺点吗?他的哪个行动没有得到你们的批准?他竖起祭坛、建立神庙,以盛大的仪式崇拜诸神和英雄,天空、陆地和海洋,群山和河流。他和那些与你们为敌的人战斗。他比希波律图斯节制,像拉达曼图斯(Rhadamanthys)一样正义,比忒米斯托克勒斯(Themistocles)明智,比布拉希达斯(Brasidas)勇敢。他使一个病入膏肓的世界恢复健康。他憎恨错误、友爱正义,与恶人为敌,与所有好人为友。[1]

尤利安弥留之际可能对诸神的质疑,由利巴尼乌斯清晰地表达了出来。对利巴尼乌斯来说,尤利安才是真

---

[1] 利巴尼乌斯:《尤利安葬礼上的演说》,281。

正的救世主，是异教世界最伟大的守护者，是古老的罗马帝国的守护者。但是，这一希望破灭了。

> 哀悼声在大地和海洋回荡，不是没有道理。在他死后，人们不是为死而高兴，而是为活着感到遗憾。对他们来说，在他活着的时候，黑夜永不会降临，而在他死后，黑暗再次降临，他统治的短暂时期是一缕最纯洁的阳光！唉！你们想要建造的城市、想要修复的衰败、想让变得受尊重的演讲书，想要拥有的一切美德和力量，都飘散了！
>
> 唉，那从天上降下来，又离开我们回到天上的正义！唉，命运的突然变化！唉，普遍的幸福一开始就结束了！我们的情形就像一个口渴的人，把一杯清凉的泉水举到唇边，只喝了一口就被别人抢走。如果我们注定要在这么短的时间内蒙受这样的损失，那么与其在饱餐之前就失去，还不如压根就不尝！事实上，他让我们尝到这种味道，又收了回去，不是为了让我们享受美味，而是让我们悲哀地意识到，我们再也不能享受那种美味，就像宙斯把太阳赐

给人类，然后又带走，让人间永处黑暗！①

利巴尼乌斯这段饱含感情的言辞，不是夸张，而是异教智识人真实情感的表达。从尤利安驾崩到狄奥多西皇帝正式立基督教为国教的这段时间，可能是异教智识人最痛苦的一段时期。378年，瓦伦斯皇帝在阿德里亚堡战役中阵亡，六个精锐军团被歼灭。狄奥多西皇帝登基为帝国东部皇帝。眼见这样重大的灾难，年老的利巴尼乌斯仍上书狄奥多西皇帝，②借为帝国危机出谋划策的机会，请求恢复尤利安的复兴异教大业。在利巴尼乌斯眼中，瓦伦斯皇帝在阿德里亚堡史无前例的大败，是帝国信奉基督教的恶果。古老的帝国唯有凭靠古老的希腊－罗马传统方能守护。

阿德里亚堡战役后，曾追随尤利安的史家阿米安努斯开始写作《罗马史》。他的史书接替塔西佗的《编年史》，从五贤帝的涅尔瓦写起，到378年的阿德里亚堡战役为止。阿米安努斯的这部史书可谓第一部罗马帝国衰亡史。在阿米安努斯看来，阿德里亚堡战役是罗马帝

---

① 利巴尼乌斯：《尤利安葬礼上的演说》，283-284。
② 见利巴尼乌斯演说24，《论为尤利安复仇》，见 Libanius, Selected Works，前揭，第489—524页。

国衰落确凿无疑的证据。这部史书前13卷已经散佚，剩下的部分开头即尤利安登上政治舞台的关键时刻。整部史书横跨280年，前面13卷叙述公元98年到355年的历史，表明对这段历史的处理相当简略，这与后面23年所占的篇幅形成鲜明对照，23年的时间占了17卷的篇幅。其中，355年至363年这8年，占了12卷，从卷14到卷25。显然，阿米安努斯叙述的重心是尤利安皇帝。尽管阿米安努斯批评过尤利安的教育法令，但对他来说，尤利安皇帝是他的英雄，是挽救帝国免于衰亡，或者说复兴帝国的关键人物。

阿米安努斯在叙述完尤利安之死后，紧接着对这位皇帝盖棺论定。他写道：

> 他是一个真正有英雄气概的人，因其辉煌的成就和天生的威严而出类拔萃。哲人们认为有四种主要的美德，节制、智慧、正义和勇敢，与之相应的还有一些其他品质，如精熟战争技艺、权威、好运和胸怀广阔，尤利安孜孜不倦地将这些美德作为一个整体或单独地加以追求。
>
> 首先，他的纯洁是如此引人注目，以至他的妻子去世后，他从未想过再娶。他始终牢记柏拉图说过的话，当索福克勒斯被问，在这

样高的年龄是否还想与女人交媾时，索福克勒斯回答说，不想，并补充说他非常高兴从疯狂的、残暴的性欲中解脱出来。尤利安常常重复抒情诗人巴库里德斯（Bacchylides）的说法，尤利安很喜欢这位诗人。巴库里德斯说，正如一名灵巧的画家赋予一张脸以美丽，贞洁赋予目标高远的人生以魅力。尤利安谨慎地避开了成熟男子的这一瑕疵，就是他最亲密的仆人也从未指责过他私下放纵。

其次，这种自我克制让他在饮食和睡眠时非常节制，不管是在家里还是外面都严格遵循。和平时期，他节俭的生活和朴素的餐饮让那些正直之士非常惊讶，仿佛他打算很快恢复哲人的生活。在各种战斗中，常常能看到他吃非常普通的事物，有时像一个普通士兵那样站着。他的身体一旦通过小憩从疲累中恢复精力，就挨个视察士兵和卫兵，完成这些职责后，就钻到学问中去。如果他工作的夜灯能开口作证，它们会证明，尤利安与其他君王非常不同，他不会放纵身体欲望，即便是身体的自然需求。

有很多证据可以证明他的智慧，这里只提到一小部分。他精通战争与和平的技艺，十分谦恭有礼，认为只有免于被蔑视和侮辱，才能得到别人的尊重。在智慧这种美德上，他远远超过实际年龄。他非常注重统治的正义，是一位刚正不阿、坚守正义的法官。在规范审判方面，他是一位非常严格的监察官，非常蔑视财富和一切会朽之物。总而言之，他常常宣称，对一个智慧者来说，追求物质礼物的赏赐是可耻的……

众多战役和战斗表明他具有英勇无畏的品质，能够忍受极端的寒冷和炎热。尽管身体方面的职责是一位士兵的必备要求，但一位统帅也需要承担精神职责。他曾经在战场上勇敢地击杀一名敌人。当我们的士兵想要放弃战斗时，他好几次单枪匹马通过鼓励他们的士气，稳住了阵线。在与日耳曼人和波斯人作战时，他通过与士兵们并肩作战，增强士兵们的信心。还有很多证据表明他对战争事务的精熟：城市和要塞围攻战，面对极端的险境，娴熟地调整战斗阵型，营地位置的选择，前哨卫兵和警戒士兵位置的选定。

他的权威建立在士兵对他的敬畏和爱戴之上，因为他一方面与士兵们共同经历危险和困难，另一方面在激战的关头谴责和惩罚懦弱之徒。当他还是恺撒时，他没有为士兵提供军饷，士兵们却能跟随他与野蛮人作战。当士兵们威胁反叛时，尤利安毫不畏惧地向他们发表演说，威胁说，如果士兵们继续抗命，他将丢下他们不管。最后，仅仅下面这件事就充分表明他的权威：他仅凭一次演说，就促使他习惯莱茵寒冷气候的高卢部队，长距离横穿整个帝国，又跟随他远征炎热的亚述地区，直达米底亚边境。

他的胜利是如此显著，以至很长一段时间他似乎骑在命运女神的肩上，在他光辉的事业中，命运女神引导他克服巨大的困难。在他离开帝国西部登临帝位后，只要他还在世上，所有的民族就保持安静，仿佛是墨丘利的尘世魔杖让他们保持安定。[1]

在阿米安努斯看来，尤利安是罗马帝国的守护神。单从军事才能来讲，尤利安也是能让天下保持安定、复兴帝国的人物。但是，这样一个人物统治帝国的时间仅有18个月！

---

[1] 阿米安努斯：《罗马史》，25.4.1–14。

结　语

　　从地理角度讲，亚欧大陆是一块连续的陆地。但是，在世界上古史阶段，这个大陆大体可分为两个地理-文明单元：中华帝国和中华帝国以西的世界。二者的边界即亚洲中心处雄伟的山脉和高原：帕米尔高原和喜马拉雅山脉。为了更好地描述中华帝国以西的世界，这里将地中海周边的地区称作小西方，将帕米尔高原以西直到大西洋的世界称作大西方。从地理上讲，从欧洲的大西洋沿岸到中亚和印度，并没有不可逾越的地理障碍。但是，就古代的科技条件而言，帕米尔高原和喜马拉雅山脉是任何大规模的政治军事行动的天然障碍。

　　因此，帕米尔高原以东的世界和以西的世界在古代基本上是一个相互隔绝的世界。这不是说二者没有任何交流，而是说二者都没有将对方视作一个值得严肃对待、值得警惕的对象。西方文明很早就知道地球是球体，但是，直到上古史晚期，对于东亚地区的认识仍然非常模糊。我们的史书中早有罗马、安息等国的记载，但是从没有与之发生过激烈的政治军事冲突。与之相反，帕米尔高原的以西的世界，自波斯帝国崛起，就逐渐连同为一个整体的地理区域。不同的文明帝国为主宰这片地区进行激烈的政治军事冲突，其血腥和残酷程度远超中国与北方游牧民族的冲突。

初始的人类文明都选择得天独厚的地理区域作为自己的发源地。埃及文明、两河文明、印度文明皆是如此。以埃及文明为例，埃及北边是地中海，西边是广袤的撒哈拉沙漠，南边则是无人居住的非洲大草原和森林，只有东边狭窄的西奈半岛与亚洲大陆相连。这些地理障碍是天然的防卫屏障，可以免于敌人的威胁。两河流域的地理优势大体与埃及类似，但不如埃及那么优厚。两河流域北部的亚美尼亚高原并非不可逾越的屏障，东部的扎格罗斯山脉也无法阻挡从伊朗高原而来的游牧部族。

因此，自两河文明于公元前2000年左右成熟之后，就不断陷入周边强权的争夺之中。阿卡德帝国、巴比伦帝国、亚述帝国这些帝国的历史就是争相主宰两河流域的历史。帝国的征伐导致文明区域的扩展，从而将战争带到更广阔的世界。亚述帝国对埃及帝国的征伐，已经表明两河地区可以与埃及连为一体。因为从西奈半岛经巴勒斯坦走廊，再经叙利亚到幼发拉底河，有一条可供大规模军队通行的通道。帝国的征伐在扩展文明区域的同时，大大扩展人类的地理视野，从而能够想象将有人居住的地区纳入一个帝国统治之下。这种想象的出现，带来了天下大一统式帝国。阿契美尼德王朝治下的波斯帝国是大西方世界首个意欲创建天下大一统帝国的政权。经过阿契美尼德王朝前三任帝王的征伐，波斯帝国已是横跨亚洲非三大洲的大帝国，具备了天下大一统的样式和视野。与此同时，在帕米尔以西的东亚，中华文明已经形成，天下大一统的观念已经成熟。

波斯帝国对希腊的征伐可以视作创建天下大一统帝国的最后一步。波斯帝国对天下的征服引发征服天下的帝国运动。波斯帝国止步于地中海沿岸，继希腊城邦而起的马其顿王国借为希腊复仇之名，由亚历山大大帝率马其顿-希腊联军通过十年左右的向东征服，一举摧毁波斯帝国。亚历山大的军队所到的区域皆成为帝国的一部分，将古代西方人的地理视野推至极致。波斯帝国被摧毁，彻底消失于世界历史的烟尘之中。与之相比，同属天下大一统的中华帝国从未遭遇过这样的政治军事冲突。

亚历山大的东征同时将希腊文明带到中亚和印度，孔雀帝国和贵霜帝国皆有希腊文明的因素。亚历山大帝国很快崩溃，同时导致天下的破碎和权力真空。罗马帝国乘机崛起，将环地中海的世界纳入一个权力统治之下，从而创建出西方人第一个真正的天下大一统帝国。不过，罗马帝国从未能继承亚历山大帝国在两河流域以东的地区。从亚历山大帝国的视角来看，罗马帝国将两河流域以东的世界隔绝到天下之外。这个地区恰好属于第一波斯帝国的核心区域，从而为波斯人复兴自己的文明和继续追求天下大一统帝国提供了机会。

罗马帝国与帕提亚帝国、萨珊波斯帝国前后几百年的冲突，可以视作第一波斯帝国的继承者与亚历山大帝国的继承者之间的冲突，冲突的核心在于对天下的主导。从大空间视角来看，帕米尔高原以西的大西方世界，在创建天下式帝国的历程中，分化出两个主要代表：依凭希腊文明的罗马帝国和依凭波斯文明的波斯帝国（帕提亚帝国和萨珊波斯都是这一帝国的继承者）。二者基于不同的文明原则和地缘诉求，始终处于冲突和对抗之中。从空间上看，罗马帝国是小西方的代表，帕提亚和萨珊波斯是伊朗高原的代表。

从整个亚欧大陆的帝国分布来看，帕提亚和萨珊波斯代表的波斯文明处于西边的罗马帝国与东方的中华帝国的中间。在罗马帝国的存续期间，帕提亚和萨珊波斯处于劣势。但是，随着罗马帝国分裂，东罗马帝国式微，崛起的阿伯拉帝国继承了波斯帝国的天下视野，不仅恢复了第一波斯帝国的地理范围，而且远远超出。这意味着，争夺帕米尔高原以西的大西方世界主导权的历史运动并未停止，而是在新的层面继续扩展。不过，中国始终未参与这一历史运动。

罗马帝国是西方文明唯一的一个天下大一统式帝国。同时，它也是一个多民族帝国。但是，不同于统治民族占主体的多民族帝国，罗马帝国是一个少数族群统治的帝国。罗马人不仅在人数上属于绝对少数，而且帝国境内的民族比罗马人古老得多。如何统治这样一个帝国，始终是一个大麻烦。最可行的方案就是将帝国境内各民族融合成一个新的民族，这就需要打造一种大一统文明。罗马帝国刚形成，希腊智识人就致力于这一目标。当然，希腊智识人的意图非常清楚，将希腊文明塑造成大一统文明样式，以契合罗马帝国这一庞大的身体。希腊智识人的努力取得相当大的成就，其标志就是2世纪的五贤帝时代。

但是，罗马君主制皇权继承的问题导致了3世纪的大混乱。就如同任何帝国一样，大混乱严重削弱了罗马帝国。以普罗提诺为代表的新柏拉图主义者看到，帝国的大危机实际上是文明危机的一种反映，因此在综合各类古典哲学流派的基础上，打造出新柏拉图主义哲学体系。新柏拉图主义者意图通过这个具有浓厚神秘主义色彩的思想体系，继续打造守护帝国文明的智识人阶层。

从实际效果来看，新柏拉图主义取得相当成功，的确打造出一批守护希腊文明的智识人。尤利安皇帝就属于这个智识人群体。

从结构上来讲，基督教拥有一种大一统形态，它的普世宣称的确契合罗马帝国对大一统文明的需要。但是，它的教义原则与希腊文明有根本冲突。新柏拉图主义尽管拥有极强的禁欲主义特征，也追求灵魂的不朽，但是它在本质上仍是一个哲学体系，承载的内核仍是古希腊文明的理想。它们的确有一致之处，恰如儒教和佛教亦有一致之处，但二者对人的生活方式的理解本质上不同。这是异教和基督教之所以形成竞争的根源。

如布克哈特所言，君士坦丁大帝在赋予基督教合法地位时，兴许更多的是出于帝国政治斗争的考量。但是，这一做法开启了帝国基督教化的进程。基于基督教汲汲于对帝国精神的领导权，君士坦丁大帝的政策无异于在政治上支持基督教、打压异教。从世界历史来看，尤利安的异教复兴运动是必然之举，因为即便不是尤利安皇帝，也会有另一个皇帝发动这样的复兴运动。

因此，尤利安皇帝发起异教复兴，绝非仅仅出于个人对异教的狂热，更高层面上是出于复兴古希腊文明的使命感。正是这一目标才将当时的异教智识人团结到自己周围。尤利安皇帝本人是新柏拉图主义的虔诚追随者，是新柏拉图主义者眼中的理想君王。因此，他的异教复兴运动看起来具有强烈的理想主义色彩。但是，这并不是尤利安的复兴运动失败的缘由。无论是从实际效力还是基督教的反应来看，尤利安的异教复兴政策都击中了敌人的要害。尤利安复兴运动的失败，仅仅归因于他偶然地战死于波斯前线。假如他能多统治十年或二十年，异教未必然会失败，就如中国儒佛之间的相争，总是要提到"三武灭佛"运动。没有政治权力的支持，任何宗教都不可能得势。这是世界历史证明的普遍法则。

在罗马帝国衰亡史的叙述中，尤利安所占的比重并不大，因为他的统治时间太短。但是，由于异教智识人将帝国的衰亡归因于帝国的基督教化，尤利安总是进入帝国衰亡论述的视域，阿米安努斯和佐西莫斯是最早的例子。将帝国的衰亡归因于基督教是一个无从证实的命题，正如异教智识人也无法保证，若尤利安的异教复兴取得成功，帝国就一定不会衰亡。帝国的衰亡有太多复杂的因素。东罗马帝国的历史倒是证明，一个基督教帝国仍然可以保有强大的战斗力。帝国自有帝国的生存逻辑，面对生死存亡，基督教信徒也会拿起武器勇敢战斗。历时数百年的十字军东征和各类骑士团组织证明，凭借信仰也可以打造颇具战斗力的军队。

但是，尤利安所代表的异教文明和基督教文明之间决战，仍具有重要意义。后人往往觉得基督教与新柏拉图主义没有本质差异，实际上这是基督教取得胜利后，充分吸收了新柏拉图主义理论打造自身政治神学架构的结果。基督教对新柏拉图主义的吸收，可以视作基督教对异教文明的容纳和妥协，以此吸引异教智识人。可以设想，尤利安的复兴运动若取得成功，整个异教教会也将明显具有基督教教会的特征，新柏拉图主义的至高之神也会愈发具有人格化特征。这就如同儒佛在漫长的竞争和打斗过程中，相互影响，儒教不得不吸纳佛教的形而上学，佛教不得不吸收儒教的政治哲学，到明代竟有儒释道合流之事。但是，儒教文明在艰难地打斗过程中存活下来，异教的希腊文明却消散于世界历史的深处。

在中国古代史上，有"亡天下"和"亡国"的论争，儒教智识人普遍将"亡天下"视作最可怕之事。"亡天下"指的就是儒教智识人所承载的文明理想的灭亡。用之比附尤利安的异教复兴，尤利安的驾崩标志着西方"天下"的灭亡。从这个角度看，利巴尼乌斯对尤利安驾崩的后果的铺陈，就没有丝毫夸张。对异教智识人来说，大地的确陷入了黑暗。

与中国古代的文明冲突相比，罗马帝国的文明冲突有一点颇令人诧异。中国古代的儒佛相争绵延千年，有三位不同朝代的皇帝灭佛，而罗马帝国史上，尤利安皇帝是唯一一位发起文明内战的皇帝。在他之后，竟然再没有异教皇帝。绵延千年的希腊－罗马文明竟然在一次决战之后，就偃旗息鼓，着实令人诧异。是基督教文明太过强悍，还是异教文明本身存在问题？这里仅限于给出一般性的观察。

我们常常将异教文明统称为希腊－罗马文明，有时也称作古典文明。实际上，在这一传统内部，希腊文明和罗马文明并非铁板一块。罗马人称雄于地中海时，在希腊人看来，实属一个蛮族。当时的罗马人，尚未有自己经典的诗文作品，拉丁语仍是乡巴佬的乡间俗语。面对辉煌的希腊文明，罗马人倾心学习。但是，罗马人的意图不是希腊化，而是通过学习希腊文明，打造自身的拉丁文明。罗马人在这个方面取得了辉煌成就，但远远说不上达到希腊文明的高度。罗马人自身的文明意识导致帝国分为两个文明区，说拉丁语的西部和说希腊语的东部。从语言的角度来说，罗马帝国从未实现大一统文明。两个语言区的区分，大体上对应了后来帝国分裂后的地区。

不管是基于希腊文明还是罗马文明，帝国智识精英在打造帝国的大一统文明时，从未能成功打造出一个主动承载帝国文明理想的担纲者阶层。换言之，罗马帝国从未能像中华帝国那样，将儒生打造成一个负载"天下兴亡"的担纲者阶层。要想打造一个文明的担纲者阶层，必须是政权和智识人合作的结果，即通过成熟的官制和官办学校的配合。智识人既是文明的守护者，又是帝国的真正的统治者。新柏拉图主义本来能履行这一功能，尤利安皇帝亦有意识地通过公共教育改革，试图打造一个这样的阶层。但是，历史没有给尤利安这个机会，也没有再给异教文明机会。基督教教会史家尤塞比乌斯在君士坦丁时代试图将基督教与帝国融合成一个神权帝国，由基督教教士来承载帝国的兴衰。但是，到了5世纪初，奥古斯丁迫于异教智识人对基督教的指责和帝国极度虚弱的现实，竟将上帝之城和地上之城剥离，拒绝让基督教教士承担救护帝国兴亡的政治责任。

西方异教文明的命运告诉我们，一种文明一旦灭亡了，指望凭借智识人的薪火相传在未来的某一天复兴，是不可能之事，至少世界文明史没有任何先例。这应当是中国文明的担纲者值得警醒的教训！

参考文献

1 中文文献

1.吉本：《罗马帝国衰亡史》（上），黄宜思、黄雨石译，北京：商务印书馆，1996。

2.尤塞比乌斯：《教会史》，瞿旭彤译，北京：生活·读书·新知三联书店，1999。

3.叶民：《最后的古典：阿米安和他笔下的晚期罗马帝国》，天津：天津人民出版社，2004。

4.罗特：《古代世界的终结》，王春侠，曹明玉译，上海：上海三联书店，2008。

5.勒特韦克：《罗马帝国的大战略》，时殷弘，惠黎文译，北京：商务印书馆，2008。

6.戈德斯沃司：《非常三百年——罗马帝国衰落记》，郭凯声，杨抒娟译：重庆：重庆出版集团，2010。

7.谭立铸：《柏拉图与政治宇宙论》，上海：华东师范大学出版社，2010。

8.安德森：《第二代智术师：罗马帝国的文化现

象》,罗卫平译,北京:华夏出版社,2011。

9.佐西莫斯:《罗马新史》,谢品巍译,上海:上海人民出版社,2013。

10.韩穗:《Katharsis:新柏拉图主义者如何解释净化问题》,《清华西方哲学研究》第二卷第二期,2016年冬季卷。

11.希斯:《罗马帝国的陨落》,向俊译,北京:中信出版集团,2016。

12.布朗沃斯:《拜占庭帝国》,吴斯雅译,北京:中信出版集团,2016。

13.布克哈特:《君士坦丁大帝》,宋立宏等译,上海:上海三联书店,2017。

14.斯巴提亚努斯等:《罗马君王传》,谢品巍译,杭州:浙江大学出版社,2017。

15.沃格林:《天下时代》,叶颖译,南京:译林出版社,2017。

16.普罗提诺:《九章集》应明、崔峰译,上海:上海三联书店,2017。

17.布兰特:《古典时代的终结》,周锐译,上海:上海三联书店,2018。

18.塞奇威克:《马可·奥勒留传》,刘招静译,上海:上海人民出版社,2018。

19. 刘小枫编:《西方古代天下观》，杨志城等译，北京：华夏出版社，2018。

20. 沃格林:《希腊化、罗马和早期基督教》，段保良译，上海：华东师范大学出版社，2019。

21. 金嘴狄翁:《论王政》，王伊林译，北京：华夏出版社，2019。

22. 萨勒斯:《廊下派的神和宇宙》，徐健等译，北京：华夏出版社，2019。

23. 艾萨克:《帝国的边界：罗马军队在东方》，欧阳旭东译，上海：华东师范大学出版社，2018。

24. 塔尔伯特:《罗马帝国的元老院》，梁鸣雁、陈燕怡译，上海：华东师范大学出版社，2018。

25. 梅列日科夫斯基:《诸神之死：叛教者尤利安》，刁绍华、赵静男译，北京：北方文艺出版社，2017。

2　外文文献

1. *The Works of The Emperor Julian I II III*, trans. by Wilmer C. Wright, The Loeb Classical Library, Cambridge, Massachusetts, Harvard University Press, 1913–1924.

2. *Philostratus and Eunapius*, trans. by Wilmer C.

Wright, The Loeb Classical Library, London: William Heinemann & New York: G. P. Putnam's Sons, 1922.

3. *Ammianus Marcellinus I II III*, trans. By John C. Rolfe, The Loeb Classical Library, Cambridge, Massachusetts, Harvard University Press, 1935–1940.

4. T. S. Brown, *Onesicritus: a study in Hellenistic historiography*, University of California Press, 1949.

5. H. Dvornik, *Early Christian and Byzantine Political Philosophy: Origins and Background*, Dumbarton Oaks Center for Byzantine Studies, Washington DC, 1966.

6. *Libanius: Selected Works*, 2 volumes, trans. by A. F. Norman, Loeb Classical library, Cambridge, Massachusetts, Harvard University Press, 1969–1977.

7. R. Browning, *The Emperor Julian*, Berkeley, 1976.

8. G. W. Bowersock, *Julian the Apostate*, Harvard University Press, 1978.

9. B. Issac, *The Limits of Empire: The Roman Army in the East*, Oxford University Press, 1992.

10. F. Millar, *The Roman Near East 31BC-AD337*, Harvard University Press, 1993.

11. Michael. H. Dodgeon and Samuel. N. C. Lieu, *The Roman Eastern Frontier and the Persian Wars (AD226-363)*,

Routledge, 1994.

12. Gregory. Shaw, *Theurgy and the Soul: The Neoplatonism of Iamblichus*, Pennsylvania, Pennsylvania State University Press, 1995.

13. *Iamblichus and the Foundation of Late Platonism*, ed. E. Afonasin, J. Dillon, J. F. Finamore, Leiden/ Boston: Brill, 2012.

14. Lloyd P. Gerson, *From Plato to Platonism*, Cornell University Press, 2017.

15. Iamblichus, *De Anima*, text, translation and commentary by John F. Finamore and John M. Dillon, Leiden/Boston: Brill, 2002.

16. Wilmer C. Wright, *The Emperor Julian's Relation to the New Sophistic and Neo-Platonism: With a Study of His Style*, London: Spottiswoode & Co., 1896.

尤利安年表

年	月	日	大事
331	5或6		尤利安出生于君士坦丁堡,两个月后其母去世
336	冬		在维持近40年的和平后,萨珊波斯国王沙普尔二世重启战端,进攻罗马帝国东部边境
337	5	22	君士坦丁大帝在前往帝国东部前线的路上,驾崩于尼科米底亚
337	6或7		尤利安的父亲和几个堂兄弟被君士坦提乌斯二世谋杀,尤利安和同父异母的哥哥伽卢斯幸免于难,被送往尼科米底亚软禁,欧西比乌斯主教成为尤利安的老师
340	3		君士坦丁二世与君士坦斯一世争夺帝国西部统治权,兵败被杀
343			欧西比乌斯主教去世,尤利安和伽卢斯被送往卡帕多西亚的马塞卢斯城堡软禁
348			尤利安短暂返回君士坦丁堡
350			玛格嫩提乌斯叛乱,谋杀君士坦斯一世,高卢遭到日耳曼蛮族的蹂躏
351			君士坦提乌斯二世挥师平叛,伽卢斯被任命为帝国恺撒,尤利安获得自由,前往帕加马和以弗所求教于新柏拉图主义哲人
355	初夏		伽卢斯被君士坦提乌斯二世处死,尤利安受牵连,被软禁于米兰。得皇后欧西比娅调解,尤利安得以赴雅典求学
355	11	7	尤利安在米兰被君士坦提乌斯二世任命为帝国恺撒,负责治理高卢禁卫大区,包括不列颠、高卢和西班牙三个地区
355	11		尤利安与君士坦提乌斯二世之妹海伦娜结婚

续表

年	月	日	大事
355	11		尤利安写作《君士坦提乌斯颂·一》《欧西比娅皇后颂》
357	秋		尤利安取得斯特拉斯堡大捷
358			尤利安写作《君士坦提乌斯颂·二》
358—359			大体平定莱茵河边境的蛮族，恢复高卢的政治经济秩序
359			因撒路斯提乌斯被调走，尤利安写作《慰藉》
359	秋		萨珊波斯国王沙普尔二世重启战端，攻占罗马帝国底格里斯河西岸的阿米达、辛加拉两城；君士坦提乌斯二世率军前去抵御
360	2		在巴黎被士兵拥戴为奥古斯都
361	夏		君士坦提乌斯二世匆忙结束与波斯的战争，集结兵力西进讨伐尤利安；尤利安起兵东进，意图与君士坦提乌斯二世争夺帝位
361	10		尤利安写作《致雅典元老院和人民》
361	11	3	君士坦提乌斯二世驾崩于西里西亚
361	12	11	尤利安进入君士坦丁堡，继承帝位
361	12		尤利安写作《诸皇帝》
362	2		尤利安颁布法令，复兴帝国各城市的议会
362	2		尤利安颁布宗教宽容法令
362	2		尤利安写作《驳犬儒赫拉克勒奥斯》《致哲人忒米斯提乌斯》
362	3	13	尤利安取消基督徒的豁免权
362	3	15	尤利安颁布税收法令
362	3		马克西姆斯抵达君士坦丁堡

续表

年	月	日	大事
362	3		尤利安写作《赫利俄斯王颂》《诸神之母颂》
362	6		尤利安写作《论没教养的狗》
362	6	17	尤利安颁布教育法令，禁止基督徒从事公共教育
362	6		尤利安出发前往安提阿，为远征波斯备战
362	7	18	尤利安抵达安提阿
362	10		尤利安为安提阿颁布最高价格法令
362	10	22	达芙涅的阿波罗神庙大火
362	冬		尤利安撰写《反加利利人》
363	1		尤利安撰写《憎恶胡子的人》
363	3	5	尤利安从安提阿出发，远征波斯
363	5	59	罗马大军渡过底格里斯河，陈兵于萨珊波斯都城泰西封城下
363	6	3	尤利安下令烧毁舰队，沿底格里斯河向北撤退
363	6	26	尤利安在马拉加附近的战斗中战死
363	6	27	约维安努斯继任为罗马帝国皇帝
363	7		约维安努斯与沙普尔二世签订屈辱的条约，将底格里斯河西岸5个重要城市割让给波斯
363	8		约维安努斯取消尤利安复兴异教的全部法令
378	8	9	瓦伦斯皇帝亲率6个罗马军团，在阿德里安堡战役中被哥特人全歼
393			狄奥多西皇帝立基督教为国教，同时全面废除异教

后 记

我对尤利安的兴趣始于硕士阶段。2010年9月，我进入中山大学哲学系宗教学专业就读，导师是已故的张宪教授。彼时，我全无学术训练，总问些幼稚可笑的问题。张宪教授和蔼可亲，常耐心回答。我还记得跟他在珠江边散步时，问起如何看待基督教与罗马帝国的关系。我的问题是，既然基督徒宣称爱人如己，他们如何面对战场的杀戮？当时正好有一位著名学者到中山大学哲学系讲基督教与罗马帝国的关系问题，我就顺便提了这样一个问题。张宪教授微笑着反问我："东罗马帝国怎么持续那么久呢？"看来，基督教与帝国的关系问题不简单。不过，当时只是随便一问，没有放在心上。不想半年多后，张宪教授病故。

当时，我的硕士学位论文的题目还没有定。想来想去没有头绪，我去找当时在中山大学博雅学院做博士后的李致远老师请教。闲谈中，我提到曾问张宪教授的那个问题。李致远老师建议我研究尤利安皇帝，因为尤利安皇帝跟我的问题关系非常密切。这是我第一次听说尤利安这个名字。李致远老师随后还建议我将论文的名称定为《诸神与基督之争》。这样，我开始了对尤利安的阅读和研究。

由于缺乏基本的研究文献，我着手翻译尤利安的一些重要文本。在尤利安作品的基础上，撰写了硕士学位论文。由于学术视野的限制，当时仅关注尤利安叛教的哲学理由和他对基督教的批判，研究做得很不深入。不过，当时已经留意到尤利安与新柏拉图主义的关系。从尤利安的新柏拉图主义思想出发，有可能建立一套气势恢宏的政治神学体系。这个体系会有助于解决罗马帝国在4世纪的文明危机。

进入博士阶段后，由于尤利安研究引发的对世界历史的兴趣，转而投身世界历史，选择首位记述罗马帝国崛起的古希腊史家珀律比俄斯作为博士论文的研究对象。博士毕业后，我来到湖南大学马克思主义学院工作。2017年9月，我编译的《尤利安文选》出版。我的博士导师刘小枫教授建议我应将尤利安的研究深入下去。于是，我重拾尤利安……

眼下这本小书，是对一段长期求学经历的纪念。感谢在求学期间帮助过我的所有人！

2021年2月4日于湖南大学马克思主义学院

图书在版编目（CIP）数据

尤利安与晚期罗马帝国/马勇著.——成都：四川人民出版社，2022.10
ISBN 978-7-220-12064-0

Ⅰ.①尤… Ⅱ.①马… Ⅲ.①罗马帝国—历史 Ⅳ.①K126

中国版本图书馆CIP数据核字（2022）第037821号

YOULIAN YU WANQI LUOMADIGUO
尤利安与晚期罗马帝国

马 勇 著

出 版 人	黄立新
策划统筹	封 龙
责任编辑	赵 静
封面设计	张 科
版式设计	戴雨虹
责任印制	周 奇
出版发行	四川人民出版社（成都三色路238号）
网 址	http://www.scpph.com
E-mail	scrmcbs@sina.com
新浪微博	@四川人民出版社
微信公众号	四川人民出版社
发行部业务电话	（028）86361653 86361656
防盗版举报电话	（028）86361653
照 排	四川胜翔数码印务设计有限公司
印 刷	成都东江印务有限公司
成品尺寸	130mm×210mm
印 张	13.75
字 数	237千
版 次	2022年10月第1版
印 次	2022年10月第1次印刷
书 号	ISBN 978-7-220-12064-0
定 价	89.00元

■版权所有·侵权必究
本书若出现印装质量问题，请与我社发行部联系调换
电话：（028）86361656

壹卷
YE BOOK

让 思 想 流 动 起 来

官方微博：@壹卷YeBook
官方豆瓣：壹卷YeBook
微信公众号：壹卷YeBook
媒体联系：yebook2019@163.com

壹卷工作室
微信公众号